製程安全管理

CHEMICAL PROCESS SAFETY MANAGEMENT

張一岑◎著

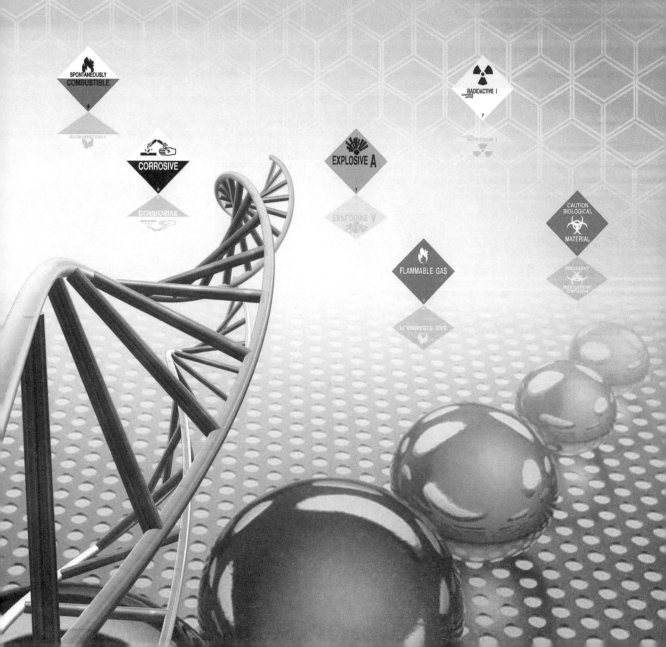

序

　　1974年，傅立克斯鎮（Flixborough, UK）人纖工廠爆炸事件大幅改變英國政府與工業界對於工業安全的態度。英國政府先後發表了三個影響深遠的報告，並且列出了：鑑定、認知、去除／降低危險機率、評估等四個控制工業危害的原則。

　　1989年，美國德州菲力浦石油化學公司聚乙烯工廠意外發生後，促使美國職業安全衛生署（OSHA）在1992年頒布「製程安全管理法規」（29CFR1910.119），以監督生產與使用高危害性化學物質的事業單位，期望透過製程安全管理達到預防與製程有關的重大意外事件的發生。自此，製程安全管理制度已成為國際潮流，普遍為跨國企業與各國政府所接受。我國行政院勞工委員會也於1994年5月2日頒布「危險性工作場所審查暨檢查辦法」，1997年6月18日修訂，規定危險性工作場所應經審查暨檢查合格，始得使勞工在該場所作業。

　　拙著《化工製程安全管理》自1995年出版後，承工業先進們鼎力支持，除作為安全工程參考書與大專院校教科書外，還成為高考與技師考試必讀參考書之一。雖然過去十六年間，製程安全管理的基本觀念與內容變化不大，但原書未包括早已修正更新的工業衛生相關數據與最近國際間普遍推動的OHSAS 18001與TOHSMS等職業安全管理制度，仍有修訂的必要。近年來，高科技產業亦使用許多危害性物質，也已積極建立製程安全管理制度。製程安全管理不僅局限於化學工業製程，早已成為工業界普遍的共識；因此，本書將「化工」兩字刪除，以免造成讀者的誤會。

　　本書分為七章，前三章為基本觀念、化學品的毒性與火災、爆炸的特徵。第四章危害辨識，不僅介紹主要辨識方法，並列舉實例。第五章為可能性與後果分析，第六章為風險分析與風險評估案例。最後一章為安全管理，除介紹OHSAS 18001與TOHSMS職業安全管理制度外，還介紹歐美先進國家主要跨國公司的安全管理政策與規範。

　　本書承揚智文化事業公司葉忠賢先生鼎力支持，閻富萍小姐協助編輯出版事宜，在此謹向他們表示最大的謝意。

張一岑

高雄第一科技大學環安系

目 錄

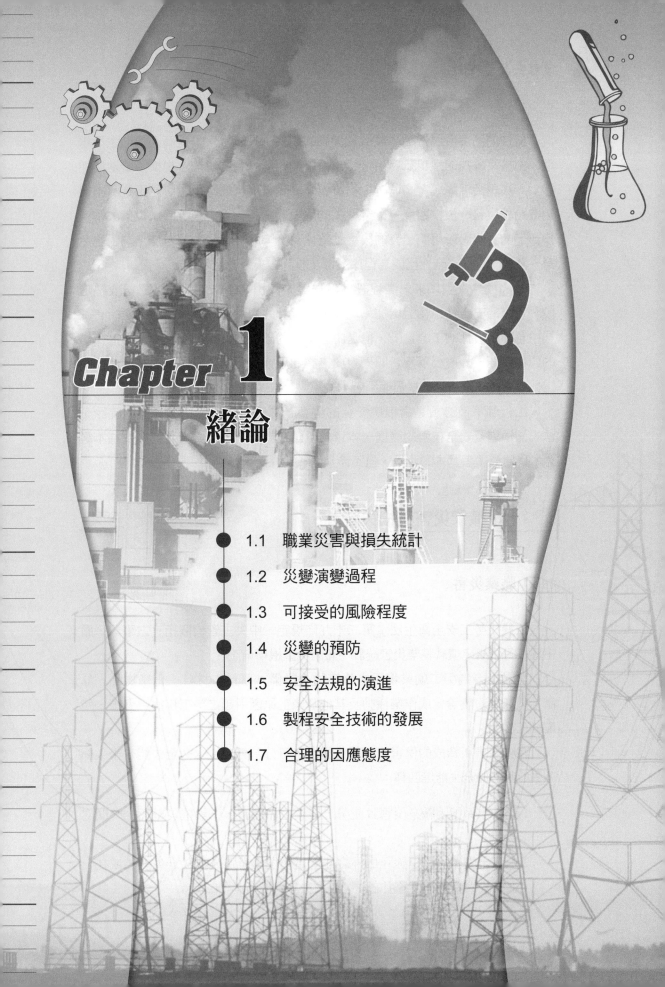

Chapter 1

緒論

科技的高度發展帶動了經濟及工業的成長，同時也大幅提高人類的生活水準。由於高科技的進步及應用，工業程序的複雜性更為增加，規模不斷地增加擴大，高壓高溫系統、高危害性物質與詭異化學反應的應用也屢見不鮮。由於製造過程複雜及規模龐大，工業程序的危險機率相對地提高，機械設備失常或操作上的失誤，所可能引發的後果嚴重性及災害的影響也大幅增加，為了避免意外發生，程序安全性已成為程序選擇及設計的主要考慮。

　　二次世界大戰以來，製程設計方法與設備標準不斷地演進，已屆成熟階段，製程的安全性也相對增加。純以安全統計的觀點而論，化學工業是所有工業中意外率最低的工業之一，但是由於災變的破壞力太大，往往成為傳播媒體的頭條新聞，一般公眾及新聞界對於工業的恐懼及反感，日益增加，因此加強工業程序的安全，是工業界亟須努力的重點。

　　工程師不僅必須具備程序安全的觀念，同時也應熟悉化學災變的統計、法規的演進及安全技術的發展，本章的重點在於介紹一些與安全有關的基本觀念，以建立讀者基本的背景，但不涉及深入的探討。

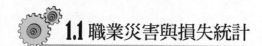

1.1 職業災害與損失統計

1.1.1 職業災害

　　依據「勞工安全衛生法」第二十九條規定，中央主管機關指定之事業，雇主應按月依規定填載職業災害統計，報請檢查機構備查。

　　職業災害為勞工就業場所之建築物、設備、原料、材料、化學物品、氣體、蒸氣、粉塵等，或作業活動及其他職業上原因引起之勞工疾病、傷害、殘廢或死亡。

　　職業災害所造成的傷害依其嚴重程度，可分為死亡、永久全失能、永久部分失能與暫時全失能等四種：

1. 死亡：係指因職業災害致使勞工喪失生命而言，不論罹災至死亡時間之長短。

2. 永久全失能：係指除死亡外之任何足使罹災者造成永久全失能，或在一次事故中損失下列各項之一，或失去其機能者：

(1)雙目。

(2)一隻眼睛及一隻手，或手臂或腿或足。

(3)不同肢中之任何下列兩種：手、臂、足或腿。

3.永久部分失能：係指除死亡及永久全失能以外之任何足以造成肢體之任何一部分完全失去，或失去其機能者。不論該受傷之肢體或損傷身體機能之事前有無任何失能。下列各項不能列為永久部分失能：

(1)可醫好之小腸疝氣。

(2)損失手指甲或足趾甲。

(3)僅損失指尖，而不傷及骨節者。

(4)損失牙齒。

(5)體形破相。

(6)不影響身體運動之扭傷或挫傷。

(7)手指及足趾之簡單破裂及受傷部分之正常機能不致因破裂傷害而造成機障或受到影響者。

4.暫時全失能：係指罹災人未死亡，亦未永久失能。但不能繼續其正常工作，必須休班離開工作場所，損失時間在一日以上（包括星期日、休假日或事業單位停工日），暫時不能恢復工作者。

1.1.2 失能傷害統計指標

1.1.2.1 我國職業災害統計指標

目前我國職業災害統計常用的指標有三：(1)失能傷害頻率（Disabling Frequency Rate, FR）；(2)失能傷害嚴重率（Disabling Severity Rate, SR）；(3)失能傷害平均損失日數（Average Days Charged for Disabling Injuries）。現分述如下：

(一)失能傷害頻率（FR）

定義：係指每一百萬工時中所發生的失能傷害件數。

公式：

$$失能傷害頻率（FR）= \frac{失能傷害次數 \times 10^6}{總經歷工時}（單位：次／百萬工時）$$

(二)失能傷害嚴重率（SR）

定義：係指每一百萬工時中，因失能傷害事故所造成的損失工作天數。

公式：

$$失能傷害嚴重率（SR）= \frac{失能傷害損失日數 \times 10^6}{總經歷工時} （單位：日／百萬工時）$$

(三)失能傷害平均損失日數

$$失能傷害平均損失日數 = \frac{總損失日數}{傷害總次} = \frac{SR}{FR} （單位：日／失能傷害）$$

說明：

1. 失能傷害為受傷人員於二十四小時後仍不能返回崗位工作的事故，包括死亡、永久全失能、永久部分失能及暫時全失能，但不包括輕傷事故。
2. 總經歷工時為工廠工作人員數目與其工作時數相乘後之總和。

1.1.2.2 國際上主要的損失統計

國際上最主要的損失統計有下列三種：(1)致命意外率（Fatal Accident Rate, FAR）；(2)年平均致命機率（Fatality Rate Per Person Per Year）；(3)美國職業安全衛生署事故發生率（OSHA Incidence Rate），茲分述如下：

(一) 致命意外率（FAR）

致命意外率（FAR）是英國化學工業界所使用的統計數值。它是根據1,000個員工一生中工作的死亡率。由於此統計假設一個人一生工作年限為50年。每年平均工作2,000小時。因此，此統計數字為一億（10^8）工時內的死亡率：

$$致命意外率 = （意外致命或死亡人數 \times 10^8）／（所有員工 \times 計算時間內的工作時數） \tag{1-1}$$

(二) 年平均致命機率

年平均致命機率為每年每人的致命機率，數值與實際工作時間無關，僅考慮每年死亡人數及考慮範圍內的總人數：

年平均致命機率＝（每年死亡人數）／（總人數）　　　　　　　（1-2）

如果已知致命意外率及平均個人工作時數，即可求出該工作的年平均致命機率：

年平均致命機率＝（致命意外率）×（平均每年個人工作時數）（1-3）

例如，化學工業的致命意外率為$4/10^8$時，每星期工作44小時，每年工作48星期。年平均致命機率為：

$4/10^8$時×44時／星期×48星期／年＝$8.4×10^{-5}$（次數／年、人）

(三) 美國職業安全衛生署事故發生率

最後一個統計方法為美國職業安全衛生署使用的事故發生率，它是以每百人工作年為基準計算，由於美國平均每人每星期工作40小時，每年工作50星期。因此它是2,000小時暴露於工作危害所發生的意外的統計，意外可分為下列兩種：

1.傷亡或疾病

美國職業安全衛生署事故發生率（傷亡或疾病）＝（意外傷亡或疾病次數×2,000）／（員工總工作時數）　　　　　　　　　　（1-4）

2.工作天數的損失

美國職業安全衛生署事故發生率（工作天數的損失）＝（工作天數的損失×2,000）／（員工總工作時數）　　　　　　　　　　　（1-5）

美國職業安全衛生署職業傷亡、疾病及工作天數的損失等定義[1,2]
如下：

1.職業性受傷：工作環境下單次意外直接或間接（暴露或接觸）造成的人體損傷，例如割傷、破裂、關節或筋骨扭傷、切斷等。
2.職業性疾病：員工由於暴露於工作環境因素所發生身體不正常狀況、不適或疾病，包括由於吸入、吸附、消化或直接接觸所造成慢性疾病，但不包括職業性受傷中所列的人體損傷。
3.工作天數的損失：由於職業性受傷或疾病所造成的員工無法工作的天數，包括因職業性受傷或疾病的緣故，員工無法全時、全天工作，或因受傷、疾病而被調至臨時工作所損失的工作天數。

由於美國職業安全衛生署事故發生率包括所有與工作或職業有關的傷亡及疾病，較僅考慮死亡（致命）的致命意外率或年平均致命機率等統計數據，更能反應實際勞工意外狀況，因為大部分的職業性或工作相關的活動並不具嚴重的死亡威脅，但是小地方的疏忽經常可能造成人體的受傷，而且長期性暴露於不健康的環境（危害性物質或空氣、水的汙染），很可能造成慢性的皮膚病或呼吸系統不適，這些肢體受傷或身體不適雖不致於致人於死，但是卻值得警覺及改善，如果統計數據僅考慮死亡的威脅，根本無法精確測出及分辨工作環境的好壞程度，以作為改善的依據。由於美國職業安全衛生署事故發生率包括受傷及疾病，無法直接轉換為致命意外率或年平均致命機率。

1.1.3 職災統計數據

表1-1、表1-2列出我國1996年至2006年間全產業、製造業與營造業職業災害比例關係。過去十年間，死亡人數逐年降低，但傷病人數卻逐年增加，傷害與死亡比例由1996年25.29增至2006年的108.73。比例對時間呈現正相關，顯示台灣地區在勞工意識抬頭的過程中，隱匿不報的情況逐漸減少，代表社會進步的現象。[1]

表1-3中列出不同產業的意外統計，如以致命威脅（致命意外率）而論，化學工業僅略高於運輸工具（汽車）業，但是如果將工作天數損失包括在內（美國職業安全衛生署事故發生率），則化學工業遠較其他工業安全。如與非工業

表1-1　全產業及製造業、營造業比例關係1[1]

全產業			製造業			營造業		
年	死亡	殘廢	傷病	死亡	殘廢	傷病	死亡	殘廢	傷病
1996	712	4,127	18,005	236	2,931	10,271	160	453	4,349
1997	688	4,225	20,358	210	3,039	11,330	188	433	4,910
1998	631	4,299	23,622	176	2,886	12,648	183	527	6,040
1999	650	4,815	28,244	219	3,075	14,306	146	691	7,420
2000	602	5,207	33,053	181	3,262	16,715	156	723	8,488
2001	543	4,839	33,004	186	2,941	16,126	144	733	8,435
2002	507	4,456	31,363	159	2,652	15,055	128	690	8,008
2003	401	3,974	32,113	110	2,418	15,251	118	565	8,174
2004	366	3,695	34,094	84	2,245	15,995	89	547	8,512
2005	382	3,361	33,605	106	2,084	15,390	118	528	8,254
2006	325	3,321	35,338	97	2,018	15,600	113	502	8,781

*1996年至2006年勞工死亡、殘廢、傷病的數據。

表1-2　全產業及製造業、營造業比例關係2[1]

全產業比例關係			製造業比例關係			營造業比例關係		
年	死亡	殘廢／死亡	傷病／死亡	死亡	殘廢／死亡	傷病／死亡	死亡	殘廢／死亡	傷病／死亡
1996	1	5.80	25.29	1	12.42	43.52	1	2.83	27.18
1997	1	6.14	29.59	1	14.47	53.95	1	2.30	26.12
1998	1	6.81	37.44	1	16.40	71.86	1	2.88	33.01
1999	1	7.41	43.45	1	14.04	65.32	1	4.73	50.82
2000	1	8.65	54.91	1	18.02	92.35	1	4.63	54.41
2001	1	8.91	60.78	1	15.81	86.70	1	5.09	58.58
2002	1	8.79	61.86	1	16.68	94.69	1	5.39	62.56
2003	1	9.91	80.08	1	21.98	138.65	1	4.79	69.27
2004	1	10.10	93.15	1	26.73	190.42	1	6.15	95.64
2005	1	8.80	87.97	1	19.66	145.19	1	4.47	69.95
2006	1	10.22	108.73	1	20.80	160.82	1	4.44	77.71

死亡人數為基準的比例關係。

性活動，例如居家、旅行、戶外運動（**表1-4**）相比，化學工業的致命意外率僅略高於居家，遠低於乘坐小汽車、飛機，或戶外休閒活動，更較現代人的吸菸或吞服避孕丸安全。

表1-3　不同產業的意外統計[2,3,4]

產業別	美國職業安全衛生署事故發生率 （包括死亡及工作天數的損失）	致命意外率 （死亡人數／10^8時） （註一）
化學	0.49	4.0（註二）
		5.0（註三）
		5.0（美國）
		5.0（西德）
		8.5（法國）
運輸工具	1.08	1.3
鋼鐵	1.54	8
造紙	2.06	-
煤礦	2.22	40
食品	3.28	-
營建	3.88	67
農業	4.53	10
肉類	5.27	-
卡車運輸	7.28	-
空服業（飛行員及空服員）	-	250

註一：英國統計數據。
註二：不含1974年傳立克斯鎮爆炸事件數據。
註三：含1974年傳立克斯鎮爆炸事件數據。

　　雖然化學工業的意外統計數據遠較其他工業為低。但是為何社會大眾仍然不信任化學工業呢？主要的原因為化學工業或相關活動的意外破壞威力太大，往往造成少則數十人，多則數百人的傷亡，與數千萬美元的財產損失；以1984年印度博帕市化工廠毒氣外洩事件為例，附近居民傷亡者高達三千人之多，全世界為之震驚。

　　表1-5列出1870年至1990年間化學災變的統計，早期（1870年至1910年）化學工業尚在萌芽階段，主要的意外為鍋爐爆炸，四十年間共發生10,000次意外；1911年至1940年間，化工業多為無機化學品的製造，劇毒性氯氣外洩及硝酸銨的爆炸是造成災變最主要的原因。二次世界大戰以後，煉油、石油化學及塑膠工業興起，易燃性物質失火及蒸氣雲爆炸所占的比例大幅上升，破壞力及傷亡人數也大幅增加。1911年至1940年約三十年間，平均每年傷亡人數為48

表1-4 非工業性人數活動的致命統計[2]

活動 （自發性活動）	致命意外率（FAR） （死亡人數／10^8時）	致命機率 （平均每年每人致命率）
1.居家	3	
2.乘坐交通工具		
・公共汽車	3	
・火車	5	
・小汽車	57	17×10^{-5}
・自行車	96	
・飛機	240	
・摩托車	660	
3.戶外運動		
・打美式足球	-	4×10^{-5}
・獨木舟	1,000	
・攀爬岩壁	4,000	4×10^{-5}
4.吃避孕丸	-	2×10^{-5}
5.抽菸（每天一包）	-	500×10^{-5}
（非自發性活動）		
被隕石擊中		6×10^{-11}
被雷擊中		1×10^{-7}
失火		150×10^{-7}
被車輛撞倒		600×10^{-7}
核能電廠的輻射外洩（一公里內） （英國）		1×10^{-7}
飛機失事（英國）		0.2×10^{-7}
壓力容器爆炸（美國）		0.5×10^{-7}
潮水漲出堤防（荷蘭）		1×10^{-7}
白血病		800×10^{-7}

人，以後四十年間（1940年至1980年）平均每年傷亡人數高達81人。

　　根據英國原子能局安全與可靠度部門（Safety and Reliability Business of United Kingdom Atomic Energy Authority）所收集而成之資料「重大危害事故資料庫」（Major Hazard Incident Data Service, MHIDAS）[20,21]。從西元2000年至2005年為止，全球化工產業共發生4,564件職業災害事故。歐洲占22.9%，美國占45.7%，合計占全球68.6%，代表著歐洲與美國有值得探討重大職災案例之價值與代表性。

表1-5　1870年至1990年間化學災變統計[2,5]

期間	意外次數	毒物外洩	沸化液體氣化爆炸	局限性蒸氣爆炸	一般性爆炸	火災	非局限蒸氣雲爆炸	塵爆	其他（詳見說明）	死亡人數	受傷人數	說明
1870-1910	10,000				10,000							鍋爐爆炸
1911-1920	4	2			1			1		108		
1921-1930	6	3		1	1			1		502		
1931-1940	4	4								63		
1941-1950	11	4		1	2	2	2			861	6,328	
1951-1960	12	1			7	1	2		1	85	300	可燃氣體外洩，未點燃
1961-1970	52	13	2	11	10	8	8			168	2,817	
1971-1980	77	16	2	10	18	11	16	1	3	367	1,315	2次為可燃氣體外洩 1次為台架崩潰
1981-1990	41	1	2		6	19	11		2	不詳	不詳	1次為颱風吹毀儲槽 1次為柴油洩入河川之中
1961-1990	170	30	6	21	34	38	35	1	5	535（註）	4,132（註）	

註：僅含1961-1980年統計數值。

依據MHIDAS所記載，歐洲自西元2000年至2005年止，共計發生1,047件化工產業職業災害，其中外洩事件占47.1%（546件），火災占17.1%（199件），爆炸占12.8%（149件），其他占23%（267件），造成災害之原因則以不明原因最高占31.8%（365件），其次為衝撞摩擦占26.5%（304件），外在影響（即環境影響）占16.5%（190件），人為失誤占12.4%（143件），機械故障占9%（103件），反應失控占3.1%（36件），維修缺失占0.7%（8件）。

　　美國自西元2000年至2005年為止，總共發生2,086件化工產業職業災害，其中外洩事件占47%（1,122件），火災占21.9%（522件），爆炸占13.7%（328件），其他占17.4%（417件）。造成災害原因則以衝撞摩擦最高占35.8%（819件），其次不明原因占27.7%（633件），外在影響占12.5%（285件），機械故障占12.1%（178件），人為失誤占9.9%（227件），反應失控占1.2%（28件），維修缺失占0.8%（9件）[20,21]。

1.1.4 財產損失統計

　　化學災變的財產損失數據多由保險公司收集，保險公司必須根據行業別及製程的歷史性意外機率及損失，以計算保險率及決定是否承擔風險。美國M & M保全顧問公司（M & M Protection Consultants）每年發表過去三、四十年間主要化學災變統計，以供保險業者參考。附錄二列出1970年至2009年間100件重大工業意外統計，以供參考。

　　表1-6列出過去四十年間（1970-2009）意外事件及財產損失，損失統計以十年為單位，四十年間總損失達298億美元，平均每事件損失達2億9,800萬美元，平均損失有逐年增加的現象，八〇年代的平均損失最高。

表1-6　過去四十年間（1970-2009）100件主要石油與化學工廠災變損失[6]

	意外次數	損失金額 （百萬美金*）	平均損失 （百萬美金*）
1970-1979	12	2360	196.7
1980-1989	27	9730	360.4
1990-1999	24	6710	279.5
2000-2009	37	11040	298.4
小計	100	29840	298.4

＊2009年幣值。

　　過去四十年間，化學製程技術不斷地革新、改良、安全技術及管理早已由早期的管家方式（housekeeping）演變成高度專業技術，但是仍然無法在災變統計數字上顯示出進步的現象。

　　其主要的原因為：

1. 化學工廠規模增大，高危害性物質使用種類及數量增加。
2. 自動化及電腦化的結果，雖大幅降低員工的需求，並且提升生產力，但是由於操作及維修人員長期須依賴精密儀器及電腦，不僅易疏漏於直接接觸設備，而且還喪失危機及危險意識，一旦發生意外，或設備失效時，往往無法及時判斷及處理。
3. 大型石化原料生產工業的發展已經非常成熟，利潤低、生存不易、多數工廠為了降低成本，不願意多僱用永久職工，工作量高時寧可要求員工加班或僱用短期合約職工，工作品質無法保持，易由於訓練不足或能力不足而造成意外。
4. 美國境內煉油、石化及化學工廠多在五〇年代及六〇年代興建，設備及製程遠較中東、遠東新興化學工業老舊，1982年至1986年間經濟衰退，工廠不僅無力投資改善，甚至大量裁減人員，以降低生產成本，間接造成八〇年代末期大型災變不斷發生。
5. 八〇年代新興國家開始發展石油與化學工業，導致2000年後，大型意外不斷發生。

1.2 災變演變過程

　　化學工廠災變的發生是由於一個或者是數個非企劃性事件所引發的，其發生的過程約可分為：發起（initiation）、散布（propagation）以及後果（consequences）等三個階段。首先發生的意外事件稱之為發起事件（initiating event）。如果發起事件並不引起其他的事件，同時也未造成任何後果，災變不致於發生，例如一個備用壓力計的損壞，並不會影響程序的正常操作，也不致於造成毒性物質的外洩甚或引起火災或爆炸的發生。如果發起事件引起其他設備或元件的操作失常時，一連串的連鎖反應即會產生，最後則造成可怕的災害，例如高壓反應槽的壓力不斷上升，終於超過殼壁所能承受的最高壓力。而

造成反應槽的破裂及反應物的外洩，這種機械、系統或操作人員對於發起事件的反應事件稱為中間事件。中間事件發生後的階段為散布階段，此階段的設計或人為性的疏解、災害控制或制止的因應措施也屬於中間事件。

中間事件演變的結果會造成可怕的後果，例如火災、爆炸、有害或物質的洩漏，這些後果發生後，又會引發出其他的事件及後果，例如管線破裂後，可燃性氣體外洩，而形成蒸氣雲，遇火源著火後爆炸；蒸氣雲爆炸會造成其他桶／槽或設備的損壞，又可引發出毒性物質的外洩、散布、火災與爆炸的後果，進而造成人畜傷亡及社區環境、生態的破壞。

表1-7列出化學工廠的危害、發生事件、散布及後果的例子，危害（hazard）是造成化學工廠災變的隱因，例如易燃、可燃、反應性或劇毒性物質。意外發生時，足以造成廠區及附近地區人員的傷亡及財產的損失。發起事件則為設備失常、失控、人為失誤、公共設施的中斷、洪水、地震、雷電、颱風等天災或恐怖份子蓄意破壞；散布階段的中間事件為操作條件（壓力、溫度、流速、濃度及相態）的變化、圍堵失效、有害物質外洩、潑灑及控制失常；後果則為火災、爆炸、撞擊、毒物散布等。

化學災變演變過程可以用1974年英國傳立克斯鎮人纖工廠的爆炸事件來說明，該工廠中儲存過多（1,943公秉，或434,000加侖）的易燃性物質，例如環己烷、石油腦、苯、甲苯等，整個工廠相當於一個定時炸彈。發起事件為反應器之間的連接管線修改時設計不良，管線因支持力不足而破裂；中間事件則為環己烷的外洩、揮發，形成蒸氣雲；後果則為蒸氣雲著火爆炸，大火連續了十天，造成28人死亡，119人受傷，並波及附近社區及商店，財產損失高達四億一千萬美元（1990年幣值）。此事件震驚了整個英國化工界，促起工業界對於化學工業安全的重視及檢討。

圖1-1顯示造成1967年至1996年間100件最嚴重的化學災變的主要原因，機械失常（43%）所占的比例最大，操作失誤（21%）次之，其他的原因如程序反常、天災人禍或設計錯誤僅占三分之一左右（36%）。機械失常多由機械設備或元件的維護不良所引起的；操作失誤則為操作人員的判斷錯誤或忽略正常操作步驟；程序失常主要是由於公共設施（水電、蒸汽、空壓系統）中斷所引起的。如果執行合理及正常的操作及維修步驟，機械失常、操作失誤及程序反常等三項主要肇事的原因皆可避免。

圖1-2顯示造成大型災變的硬體設施，管線破裂所占比例最高（33%），反

表1-7 災變演變的過程[7]

危害	發起事件／意外	中間事件		災變後果
		散布	修正及控制	
過量的危害物儲存量	機械設備失常	程序參數失常	安全系統反應	火災
・著火物質	・泵、閥、壓縮機	・溫度、壓力、濃度	・疏解閥	爆炸
・可燃物質	・儀器、偵測器	・流率	・備用公共設施	撞擊
・不穩定物質		・相態	・備用機件／系統	劇毒物質散布
・毒性物質	圍堵失效			人為失誤
・過熱或過冷物質	・管線	圍堵失效	緩和系統應變	快速反應物質散布
・惰性物質	・桶槽	・同左	・通氣	
	・儲槽		・短堤	
快速反應特性	・氣密墊	物質外洩	・火炬	
・反應物		・可燃性	・噴水系統	
・產品	人為失誤	・爆炸性		
・中間產品	・操作	・毒性	控制反應	
・副產品	・維修	・反應性	・計畫中	
	・測試		・臨時決定	
對下列參數或物質敏感的反應		著火及爆炸（操作員失誤）		
・雜質	公共設施中斷	・忽略	意外發生後應變措施	
・溫度、壓力、濃度、酸鹼度等程序參數	・電力	・安裝	・警示	
	・水	・診斷／決策	・緊急應變	
	・空氣		・個人防護設備	
	・蒸氣		・疏散及警衛	
		外在因素		
		・警示遲滯		
		・未警示	外在事件	
	天災人禍		・早期偵測	
	・洪水、颱風、地震、雷擊	方法／資訊錯誤	・早期警告	
	・恐怖份子破壞	・數量		
	方法及資訊錯誤	・實用性	資訊傳送	
	・設計	・時效性	・路徑	
	・傳播		・方法	
			・時效	

應器、塔槽則占25%。值得注意的是機械設計複雜的泵浦，壓縮機的失常所占的比例甚低，僅8%左右。由此統計數字可以看出大部分的化學災變的發生並非由於技術的不足，而是由於基本安裝及維修的不確實所造成的。

　　高科技的設備及複雜的程序仍需人來控制、管理；如果管理、操作及設備維護不足，意外及災變仍然無法避免。

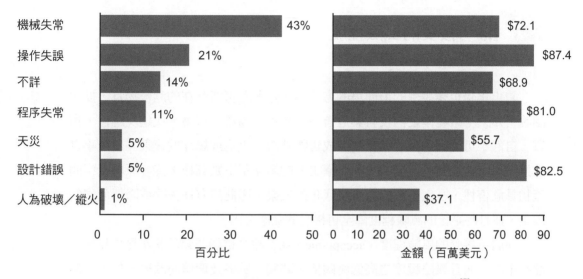

圖1-1　1967-1996年100件主要化學災變發生的原因[5]

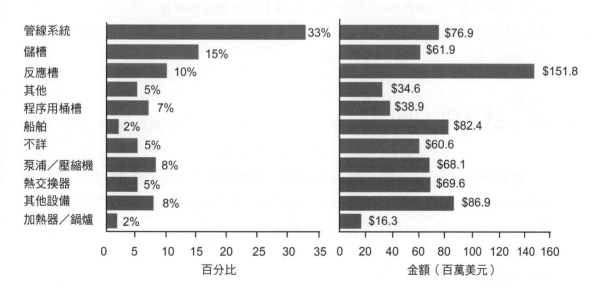

圖1-2　1967-1996年100件主要化學災變設備分類[5]

1.3 可接受的風險程度

防止化學災變發生的最簡單的方法為去除所有可能存在的危害物質，換句話說，如果工廠範圍之內沒有具危害性（劇毒、易燃／可燃、快速反應性）物質，自然不可能因意外的發生而造成毒物外洩、火災或爆炸的後果。但是事實上這是不可能達到的，因為現代化學工業的產品不下數萬種，許多原料及中間產物具危害性，吾人不可能放棄現代化的成果，因此只有從去除或降低危害的因素，並且將系統的風險程度降至可接受的範圍之內。

何謂可接受的風險程度（acceptable risk）呢？這個問題的答案見仁見智，難有定論，而且風險程度之高低隨國情、時間、風俗及環境而改變。如果一個環境中的化學工廠的風險程度遠超過一般，日常生活中非工商業性活動的風險程度時，自然不會被社會大眾所接受。反過來說，如果要求化學工業的風險程度，遠低於正常生活活動的風險，便會造成工業的遲滯及物價的上升，因為過分安全的設施及管理，不僅會大幅增加生產的成本及建廠的費用，而且會加速產業的衰退及外移。由**表1-4**所列的一些非工業性的一般活動的致命意外率，可以看出化學工業的致命意外率為$4/10^8$小時，略高於待在家中的風險程度，且遠低於駕車、騎自行車或乘坐飛機的危險。

1.4 災變的預防

圖1-3顯示災變演化的流程圖，此流程圖雖與**表1-7**類似，但是將發展過程分類為四個大類：(1)評估（evaluation）；(2)工程技術（engineering）；(3)管理實施（enforcement）；(4)教育訓練（education）。

1.4.1 評估

評估包括危害辨識、風險評估等，危害辨識的目的在於發現製程中可能造成危害的因素，危害辨識的方法很多，工程師可依據其需要，選擇適當方法執行，有關危害辨識的詳細內容將在第四章中介紹。

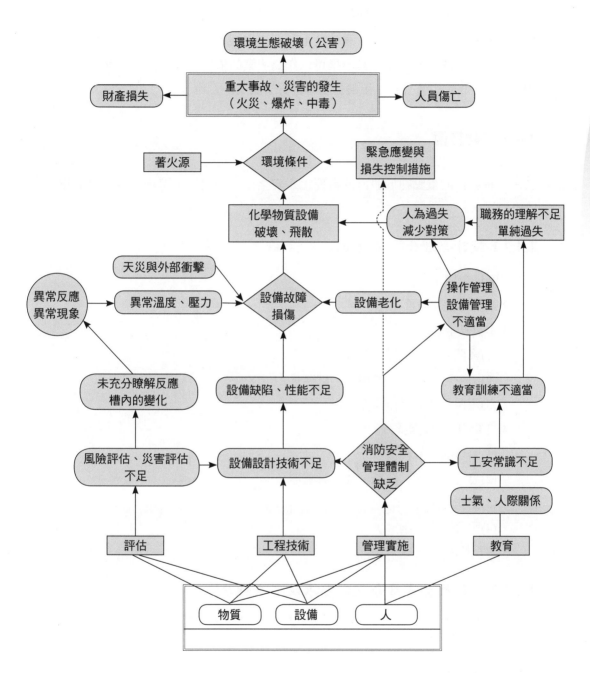

圖1-3 化學災變演化流程[22]

風險是意外發生的機率與損失的組合，風險評估為評估一個系統的危險程度的系統性方法，其目的在於意外發生前即找出製程中危害、機率、影響，以及由三者組合的風險程度，其結果可以作為決策的依據，風險評估包括危害辨識、機率分析、影響分析、風險分析等部分（第五、六章）。

1.4.2 工程技術

　　工程技術的重點在於設計的合理化、安全化，營建的水準符合設計要求及安全標準。

1.4.2.1 設計合理化、安全化

1. 廠址選擇。
2. 廠房、設備佈置。
3. 本質安全設計：
   (1) 降低／去除製程中的危害。
   (2) 減少可燃物質的使用量、儲存量。
   (3) 選擇和緩的操作條件。
4. 足夠的安全防範設施：
   (1) 緊急疏解系統。
   (2) 急冷、緩和、洗滌、焚化等處理。
   (3) 消防設施。
   (4) 緊急因應企劃。
5. 安全檢討。

1.4.2.2 工程及營建符合設計要求及安全標準

1. 標準規範。
2. 安全準則。
3. 品質保證。

　　圖1-4顯示一個現代化工廠必須具備多層保護措施，才可將災變的發生機率及損壞降到最低。

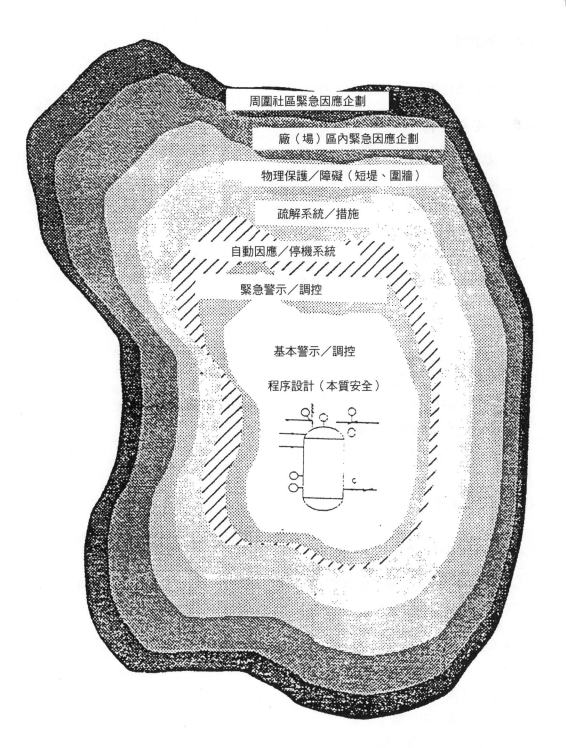

圖1-4　具多重保護措施的現代化工廠[23]

1.4.3 管理實施

管理實施包括安全運轉與安全管理。

1.4.3.1 安全運轉

1.試俥／啟動前檢討。

2.檢視。

3.操作及維修步驟。

4.員工配置及訓練。

5.緊急因應措施。

6.實際操作（手冊及指令、安全規則、訓練）。

1.4.3.2 安全管理

1.定期安全查核。

2.風險評估、危害辨識。

3.意外調查、改善。

4.製程修改專案許可及執行。

5.安全管理組織。

1.4.4 教育訓練

1.4.4.1 教育訓練的內容

教育訓練是防火防爆工作中不可缺少的一環，其目的在於不斷地建立員工正當的安全意識、工安規則以及緊急防範逃生措施。其內容為：

1.安全意識之建立。

2.安全政策及責任。

3.危害通識。

4.基本防火防爆作業。

5.危險物品之處理及儲存。

6.物質安全資料表（MSDS）。

1.4.4.2 教育訓練的方式

訓練方式可分為：

1.課堂講習。
2.現場實習，例如消防及緊急應變、疏散。
3.定期性檢討會。
4.電腦模擬。

1.5 安全法規的演進

安全法規是政府針對過去發生的意外經驗及民眾的要求，與工業及利益團體的協商後所產生的反應，法規由特定主管機關如勞工署（局）、工業局的工業安全單位負責執行，法規包括工業安全標準、準則、政策、工安檢視、處罰條例等。**表1-8**列出英、美、荷蘭、歐洲共同市場、聯合國等有關工業安全的法案。由於空氣／水的汙染及廢棄物皆會影響大眾安全，許多環保法規亦可歸類為工業安全法規．不過環保法規的加強及執行，多由環保主管機關（環保署、局，空氣／水／廢棄物管理處等）負責，而不是由勞工或工業管理機關負責。

1.5.1 英國

英國是安全法規最先進的國家之一，早在十九世紀初期，即公布學徒健康及品德法案與工廠法案，主要目的在於建立一個合理而安全的工作環境，重點在於勞工個人的安全。1906年的鹼類法案及1927年的爆炸物質法案的制定及執行是為了防止具危害性的鹼類及炸藥造成嚴重災害。1950年以後雖然陸續公布一連串與公共安全有關的法案，但是除了工作場所健康及安全法案（1974年）與工業主要意外控制法案（1984年）以外，其餘的法案皆為環境保護或汙染防制的法案，與工業製程安全並無直接的關係。

1974年傅立克斯鎮人纖工廠爆炸事件震驚了整個英國，大幅改變政府與化學工業界對於安全的態度，一夕之間，工業安全變成產、官、學界最重視的

表1-8　世界各國工業安全法規及訓令

國家	年	法規名稱
英國	1802	學徒健康及品德法案（The Health and Morals of Apprentices Act）
	1831	工廠法案（The Factories Act）
	1906	鹼類法案（The Alkali Act）
	1927	爆炸性物質法案（The Explosive Substances Act）
	1951	河川及汙染防治法案（The Rivers, Prevention of Pollution Act）
	1952	清潔空氣法案（The Clean Air Act）
	1960	噪音防制法案（The Noise Abatement Act）
	1961	工廠法案（修正案）（The Factories Act）
	1974	工作場所健康及安全法案（The Health and Safety at Work Act）
	1974	汙染控制法案（The Control of Pollution Act）
	1984	工業主要的意外控制法案（The Control of Industrial Major Accident Hazards Regulations）
美國	1908	炸藥運輸法案（The Explosives Transportation Act）
	1956	聯邦水汙染控制法案（The Federal Water Pollution Control Act）
	1968	天然氣管道安全法案（The Natural Gas Pipeline Safety Act）
	1970	危害性物質運輸法案（The Hazardous Materials Transportation Act）、職業安全衛生法
	1970	清潔空氣法案（The Clean Air Act）
	1972	噪音控制法案（The Noise Control Act）
	1972	有害廢棄物儲存法（The Deposit of Poisonous Wastes Act）
	1976	毒性物質控制法案（The Toxic Substances Control Act）
	1986	緊急應變規劃及社區知曉權法案（The Emergency Planning and Community Right-to-Know Act）
	1992	職業安全衛生署程序安全管理系統（OSHA 1910.119）
美國紐澤西州	1986	紐澤西州毒性災禍防範法案（New Jersey Toxic Catastrophe Prevention Act, TCPA）
荷蘭	1982	工作環境法案（The Working Environment Act）
德國	1974	職業安全衛生法
日本	1949	勞動基準法（含安全衛生法）
	1974	工作安全衛生法
中華民國	1974	勞工安全衛生法
	2011	改名為職業安全衛生法
加拿大	1978	職業衛生與安全法
芬蘭	1979	職業衛生法
香港	1997	職業安全衛生條例（香港法第509章）

（續）表1-8　世界各國工業安全法規及訓令

國家	年	法規名稱
中國大陸	1993	礦山安全法
	1995	勞動法
	2002	職業病防制法、安全生產法
歐洲共同市場（EEC）	1982	薩維梭訓令（Seveso Directive, 82/501/ EEC）
經濟合作暨發展組織（OECD）	1987	經濟合作暨發展組織之化學品計畫（OECD Chemicals Programme）
聯合國（UN）	1977	聯合國之危險物品運輸規定（The Transport of Dangerous Goods, UN Code of Practice）
國際海洋會議（IMCO）	1977	國際海上危險物品運輸規定（The International Maritime Dangerous Goods Code）
國際原子能委員會（IAEC）	1973	放射性物質的安全運輸規定

課題。英國政府召集專家學者及工業界代表，成立了一個重大危害諮詢委員會（Advisory Committee on Major Hazards, ACMH），全面檢討重大性工業危害。這個委員會不僅發表了三個影響深遠的報告[9]，並且列出了：鑑定、認知、去除／降低危險機率、評估等四個控制工業危害的原則。這四個原則已普遍為工業化國家及國際性工業組織所接受。

英國政府也將鑑定、評估及控制、緩和及抑止等列入法規之中：

1.鑑定：將處理危害性物質場所設立之申報，列入1982年修正的工作場所健康及安全法案（The Health and Safety at Work Act, 1982）之中。
2.評估及控制：首先出現於1974年公布的工作場所健康及安全法案中，在1984年的修正法案中，又將主要工業災害的控制規定包括在內。
3.緩和及抑止：列入1984年修正的工作場所健康及安全法案中有關主要工業災害控制規定中。

1.5.2 其他歐洲共同市場國家

1976年義大利薩維梭鎮劇毒物質外洩事件發生之後，歐洲共同市場即著手

研擬有關控制重大化學災變的訓令，此訓令於1982年發表，正式名稱為嚴重工業災害控制訓令（Directive of Major Industrial Accident Hazards, 82/501/ EEC），簡稱為薩維梭訓令（Seveso Directive）。此訓令包括公共安全報告及操作安全報告兩個主要部分，操作安全報告包括工業場所的技術安全措施及公司管理的說明。

荷蘭是執行薩維梭訓令最澈底的國家，也將訓令的要求列入工作環境法案（The Working Environment Act）及公害法案（Nuisance Act）中，有關工作環境安全的規定列入工作環境法案，有關公共安全（非工業區及非工作場所）的規定則列入公害法案中。工作環境法案是由社會部（Ministry of Social Affairs）勞工署屬下的勞工督查處負責執行。工作環境法案明文規定事業單位如果使用或儲存過量的危險性物質（薩維梭訓令中規定者）時，必須申報界外安全報告。

報告包括下列主要資訊：

1.所有可能對廠區以外地區造成危害的意外的風險及後果分析。
2.標明個人風險程度等值線的區域圖。
3.廠區內設備及製程設計與操作資訊。

依據荷蘭的經驗，工業災變的發生主要是由於公司的安全管理不當所造成的，而不是因為製程設計上的缺失或硬體設備的不足[10]。

其他歐洲共同市場國家對於薩維梭訓令的重視及執行程度不一，西德政府認為工業標準的修正及演進足以達到控制工業災變的目的，只要工業界遵循設計標準，即可將風險程度降至可接受的程度之內。

1.5.3 經濟合作暨發展組織

近年來，經濟合作暨發展組織（OCED）開始重視重大工業災變，目前研擬的項目包括[11]：

1.管制和諧化及新興工廠的許可程序。
2.意外因應的一般性原則。
3.廠址選擇政策。
4.國界外的緊急事件及互助的安排。
5.技術資料的交換。

6.評估方面的和諧化、標準化。

7.過去意外數據的交換。

8.主要災變資料庫的建立。

9.對公眾公開的資訊。

10.化學品安全性的測試。

11.全面性風險評估。

12.法規執行的和諧化、一致化。

13.危險決策的公眾參與。

14.執照及許可之頒發。

1.5.4 美國

傳統上，美國政府比歐洲國家政府保守，政府不願意過分干預工業的發展，二次世界大戰以前，英國僅頒布一項有關公害及公共安全的法案——炸藥運輸法案（The Explosives Transportation Act），1950年至1960年之間僅將水汙染、天然氣的管路運輸兩項立法管制。1970年以後，聯邦政府才逐步立法管制空氣、危害性物質及廢棄物、噪音等可能造成公害的汙染物。一般工作場所安全及個人防護原則，則由1970年以後成立的美國職業安全衛生署（Occupational Safety and Health Administration , OSHA）負責訂定法規及準則。一般來說，美國政府對於環境汙染及公害的重視遠超過工業安全，一般社會大眾往往把工業安全及危害與環境保護及公害防制混為一談。環保署（EPA）的政治影響力及其支持者的勢力遠大於職業安全衛生署（OSHA），未來有關化學公害及工業衛生部分業務，可能會併入環保署的業務範圍之內。

1992年公布的OSHA 1910.119條款[13]、1990年的清潔空氣法案修正案[14]及美國石油研究院（API）的API750報告[15]，皆推薦煉油、化學以及氣體處理工業，實施一種結構化的製程安全管理系統（Process Safety Management System）。

製程安全管理制度共計十四項，茲將各項管理重點與精神簡述如下[13]：

1.5.4.1 員工參與

事業單位必須訂定一套員工參與的行動計畫，與員工共同發展製程安全管

理項目，提供員工足夠的製程安全管理資訊，以確保員工參與和推行。

1.5.4.2 製程安全資訊

建立生產或使用的高危害化學物質製程與設備的基本資料：

1. 化學性物質危害資料：毒性資料、允許暴露極限、物理性質、反應性質、腐蝕性、熱穩定性與化學穩定性、與其他物質意外混合所可能造成之危害等。
2. 製程技術資料：簡化流程圖、製程化學反應、原設計最大化學物質存量，重要變數如溫度、壓力、流量、組成等安全操作範圍、異常操作狀況所可能造成之後果，及異常狀況對現場操作人員所可能造成之安全與健康之危害等。
3. 製程設備安全資料：製造材質、管線與儀控系統圖、電器系統分類、排放系統設計與設計基本條件、通風系統設計、質能平衡計算、安全系統等。

1.5.4.3 製程危害分析

製程危害分析係利用詳盡、循序而有系統的方法，辨認、評估與控制使用或生產高危害性化學物質之製程，而採用之方法必須足以辨認、評估與控制製程所有可能的危害。製程危害分析所使用的方法主要的有假設狀況分析（What-if）、檢核表（Checklist）、假設狀況／檢核表（What-if / Checklist）、危害及可操作性分析（HAZOP）、失誤模式及影響分析（FMEA）、故障樹分析（FTA）等。

我國目前法規所定之危害分析技術僅有下列幾種：初步危害分析、危害及可操作性分析、故障樹分析、失誤模式與影響分析，與其他經中央主管機關認可具有上列同等功能之安全評估方法。完成後，才發現危害項目，而必須修正基本設計的人力及時間的浪費。

1.5.4.4 操作手冊

事業單位必須發展及書面操作手冊，詳細說明安全操作與維修的步驟，不僅要求員工確實執行手冊中所列步驟，而且經常更新，以反映實際操作步驟。事業單位每年必須確認手冊的實用性。

操作手冊包括起動試俥、正常、暫停及緊急操作、正常停俥、緊急停俥或歲修後的起動、操作限制、操作偏差時的後果、矯正及避免操作失誤之步驟、安全衛生考慮、暴露預防措施（含工程控制）、行政管理、個人防護器具、原物料品質管制、危害化學物質存量控制、安全設施及功能。

1.5.4.5 訓練

現場操作人員必須接受製程特性及操作步驟的基本訓練，強調製程的特殊安全及健康危害、緊急操作程序及停俥、安全工作程序。事業單位每三年，應舉辦重複訓練課程，以加強操作人員的警覺性，並記錄各種訓練的參加人員、課程、時間、測驗方式及結果。

1.5.4.6 承攬商管理

事業單位必須彙整與評估承攬商安全記錄與其安全管理制度，並且告知製程與其工作場所相關危害及相關緊急應變措施、建立製程區承包工作人員進出與工作安全規定、定期評估承攬商履行安全規定之情況、建立承攬商工作期間傷害與疾病記錄等。

承攬商對製程安全所需擔負的責任為確保員工接受足夠安全訓練、明確告知員工潛在的危害及緊急應變計畫、保存訓練記錄、確保員工遵守安全規定、告知事業單位任何可能的特殊危害等。

1.5.4.7 試俥前的安全複檢

事業單位必須在任何新設製程或設備更新試俥前，進行安全複檢，以確保操作安全，必須完成的項目為施工與設備符合設計規範、具備適用之安全、操作、維修手冊及緊急應變步驟、更改設施符合「變更管理」規定、操作人員皆已接受訓練等。

1.5.4.8 設備完整性

事業單位必須建立書面設備保養手冊，並嚴格要求員工執行。設備必須定期依相關規範檢查、測試，並建立完整記錄。

1.5.4.9 動火工作許可

在製程區及其附近進行可能產生點火源的工作前，必須獲得動火工作許可簽發，許可證上必須記載工作執行期限、對象、施工期間，並建立檔案。

1.5.4.10 變更管理

當與製程的原物料、設備、操作程序或其他相關設施變更時，必須研議書面管理程序及手冊，以作為變更的依據。變更管理手冊中包括變更的技術基礎、變更對安全衛生的影響、操作程序的變更、變更所需時間、變更許可證簽發需求。同時必須更新製程安全資訊、製程危害分析及操作手冊。

1.5.4.11 意外事故調查

事業單位應在事故發生四十八小時內，組成專案小組，執行調查作業。專案小組成員中至少有一位熟悉製程特性與操作程序的成員。其他成員也應具備相關知識與經驗。

調查工作完成後，必須撰寫書面報告，至少包括事故發生日期、調查開始日期、事故敘述、原因、改善建議等。事業單位必須執行調查報告中建議及改善事項，並作成書面記錄。調查報告必須含所有相關人員，保存期限為五年。

1.5.4.12 緊急企劃與應變

事業單位應依據相關法令，研擬緊急應變計畫，包括少量危害性化學物質的排放。

1.5.4.13 安全稽核

為確保製程安全管理制度之執行績效，事業單位每三年應自我考評，安全稽核必須有一位或一位以上熟悉製程的人員執行，並且提出稽核報告，記載製程安全中疏失之處及改善結果。報告保存期限為六年。

1.5.4.14 商業機密

事業單位必須提供執行製程安全有關的資訊，並可要求員工簽訂保密合約。

圖1-5顯示製程安全管理系統的內容項目。

1987年9月28日職業安全衛生署公布的通告（OSHA Notice CPL2-2, September, 28, 1987）明文規定安全檢查官員有權決定，受檢廠家是否必須增加適當的安全設施。檢查官員執行工作時，必須遵循下列原則及步驟：

1. 使用詳細的標準安全檢視校驗表。
2. 決定廠家的危險管理計畫是否確實執行。
3. 特殊製程（如具高能量的化學反應，產生危害物質的反應）的危害鑑定及評估。
4. 製程設計及控制的安全性。
5. 評估緊急應變步驟之可行性。

1986年通過的超級基金修正法案及再授權法案中第三條款（Title III Superfund Amendments and Reauthorization Act of 1986）中的緊急企劃與社區知曉權（Emergency Planning and Community Right-to-Know Act）是美國聯邦政府

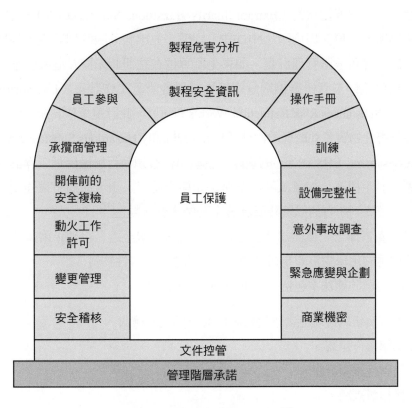

圖1-5　製程安全管理系統[12]

第一個評估生產事業及附近社區於危害化學物質意外排放時緊急應變能力的法案，包括下列四個主要部分：

1.緊急應變計畫（三〇一至三〇三節）。
2.緊急通報（三〇四節）。
3.社區知曉權申報需求（三一一及三一二節）。
4.毒性化學物排放存量（三一三節）。

生產單位必須定期申報場所內所儲存的危害化學物質數量、種類，及排放量並制定緊急應變計畫，同時與地方警政單位、地方政府連線，建立連絡／通訊網路、社會及地方政府制定緊急應變計畫及措施。公眾及社會有權瞭解附近生產單位的操作情況，危害物質的使用及排放等。

1986年1月，紐澤西州正式立法，要求化學工廠及儲存轉運場所進行全面性危險管理，此法案的名稱為毒性災禍防範法案（Toxic Catastrophe Prevention Act, TCPA）[16]，此法案是美國第一個有關「危險管理」的州法。法規要求處理或儲存極端危害性物質（Extraordinarily Hazardous Substances, EHS）的廠家或者是場所向州環保局申請（NJDEP）註冊，並申報危險管理計畫，州環保局必須檢討及許可危險管理計畫。如果生產單位在註冊時未擬具危險管理計畫，州環保局將協助業者研擬極端危害性物質風險降低工作計畫（Extraordinarily Hazardous Substances Risk Reduction Work's Plan），此計畫是作為未來執行強制性極端危害性物質意外的風險評估（Extraordinarily Hazardous Substance Accident Risk Assessment, EHSARA）的基礎。生產單位必須執行風險降低工作計畫，以減少意外發生機率。如果風險機率無法如期降低時，州環保局有權強制生產單位停機，一直到所有的風險降低計畫完全付諸實施為止[17]。

最初僅選擇十一種極端危害性物質，目前已增至近一百種，附錄五中具刺激毒性效應的化學物質即為紐澤西州規定的極端危害性物質。

毒性災禍防範法案包括下列項目的作業規定：

1.現有及新的極端危害性物質場所設計的安全檢討。
2.標準操作步驟。
3.防護性維護計畫。
4.操作員訓練。

5.意外調查步驟。

6.風險評估。

7.緊急應變計畫。

8.廠內及廠外危險管理計畫的查核步驟。

1.5.5 中華民國

環境保護署於民國75年11月26日公布「毒性化學物質管理法」,並於民國78年8月2日發布施行細則,同年又陸續公告列管毒性化學物質通用符號;製造、輸入及販賣證照、書表及紀錄等格式;專業技術管理人員資格準則等規章。該署又公告「毒性化學物質之製造、輸入、販賣、使用等過程緊急應變系統建立計畫審查作業要點」。

勞委會於民國83年5月2日頒布「危險性工作場所審查暨檢查辦法」,民國86年6月18日修訂,規定危險性工作場所應經審查暨檢查合格,始得使勞工在該場所作業。

一般化學製程受此法影響者主要為甲類工作場所,事業單位向檢查機構申請審查甲類工作場所,應填具申請書,並檢附製程安全有關資料。**表**1-9列出我

表1-9 我國與美國製程安全管理法規中的基本項目規定

危險性工作場所審查暨檢查	美國製程安全管理法規
1.事業單位安全衛生基本資料	1.員工參與
2.危險性工作場所現況調查	2.製程安全資訊
3.製程安全評估報告	3.製程危害分析
4.製程修改安全措施	4.操作手冊
5.勞工訓練計畫	5.訓練
6.自動檢查制度	6.承攬商管理
7.承攬管理制度	7.開俥前的安全複檢
8.緊急應變計畫	8.設備完整性
	9.動火工作許可
	10.變更管理
	11.意外事故調查
	12. 緊急應變與企劃
	13.安全稽核
	14.商業機密

國與美國職業安全衛生署的製程安全管理的對照，雖然OSHA所規定的項目較多，但除商業機密外，多已納入勞委會所列的項目中。

1.6 製程安全技術的發展

1970年以前，並無所謂製程安全技術的名稱，安全技術的發展著重於消極性、附加性的處置（disposal）、緩和（mitigation）及消防（fire protection）和疏解（relief），雖然六〇年代危害辨識、風險評估技術已普遍應用於航空、太空、國防工業上，但是並未受到化學工業的重視。當時化學工業界及工程界深信，只要加強設計標準化及合理化，即可將化學製程的風險程度降至合理及可接受的水準之內。如果單從平均傷亡的統計數字例如「美國職業安全衛生署事故發生率」而論，此種看法並無任何不妥之處，因為化學工業的意外率遠低於其他產業。1974年英國傅立克斯鎮人纖工廠爆炸事件及1984年印度博帕市毒性氣體外洩事件發生以後，整個改變了工業界的看法。嚴重化學災變的發生，迫使工業界認清了下列幾個基本的事實：

第一，化學製程十分複雜，除了附加價值高的精密化學品製造程序是以小量批式生產之外，大部分化學品的製造皆為連續式，而且數量龐大，任何一個小步驟發生問題，即會產生連鎖性的反應。

第二，化學工廠中儲存著大量的危害性物質，任何處理上的失誤，即可能造成危害物質的洩漏，進而引發失火、爆炸或毒性物質的擴散，造成嚴重的財產損失、人畜傷亡及社區環境的破壞。

第三，化學工業的發展是循序漸進的，許多運轉有年的工廠尚存有三、五十年前設計的設備及製程。其設計及製造方法雖已不合現代標準，但由於過去始終未發生問題，因此在多一事不如少一事的心態下，仍然繼續操作，終將發生可怕的意外。

第四，單一設備或製程設計的合理化、標準化及安全化，並不保證系統的安全，因為系統的整合不當，也會造成可怕的後果。

英國化學工業界是最早致力於製程安全技術的發展，他們所提倡的危害辨識、風險評估及控制方法，已普遍為其他工業化國家所接受。製程設計工程師，對於安全的觀念也有了很大的轉變，安全並不只是加裝安全防護設施或疏

解系統，而且是以危害辨識、風險機率的評估為工具，以達到最終的安全目標（圖1-6）。設計的基本原則為設計本質上安全的工廠，換句話說，是以增加本質安全（inherent safety）為前提，除非不得已才考慮以附加或外在的安全防護設施增加製程的安全性。英國化工安全專家如李茲（F. Lees）、克萊茲（T. Kletz）二氏是少數的拓荒者，他們的著作及理念已普遍為化工界所接受。克萊

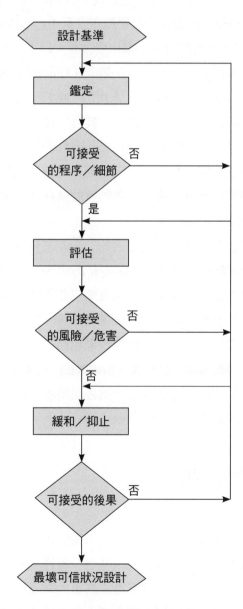

圖1-6　安全設計基準建立的程序

茲氏所提出來的本質安全設計（inherent safety design）的觀念及設計例證，在九〇年代普遍為各大跨國性化學公司及工程公司作為內部訓練及研習的課題。

美國化學工業界起步較晚，一直到八〇年代中期，才警覺到製程安全的重要，此種心態多少受到1984年印度博帕事件的影響。目前工業界的領袖已充分瞭解安全的重要性，不僅加強安全工作及管理的投資，同時也摒除門戶觀念，不將安全技術視為私產，主動提倡技術的交流及公開。美國化工學會（AIChE），於1985年所成立的化學程序安全中心（Center of Chemical Process Safety, CCPS），支持者超過六十家化學公司，以下設技術分組委員會，委員包括各大化學公司如杜邦（DuPont）、聯碳（Union Carbide）、空氣產品及化學公司（Air Products & Chemicals）、卜內門（ICI）、大西洋富田（ARCO）、羅姆及漢斯（Rohm & Haas）公司專家，其目的在於發展及交換有關化學製程安全的技術。成立以來，已陸續出版了二十餘本準則（Guidelines），內容包括危害辨識、風險評估、安全管理、安全自動化、安全查核、製程安全設計、蒸氣雲擴散模式、設備可靠度數據、危害物質的儲存及運輸等。這些準則已普遍為工業界接受及應用。

1976年包括杜邦、聯碳公司在內的二十九家化學公司在美國化工學會的監督下，成立緊急疏解系統設計院（Design Institute for Emergency Relief Systems, DIERS），其目的在於加強爭議性氣液雙相在疏解系統中動力學的研究、失控反應的處理、大型整體排放與失控反應的實驗。自1976年起，十年之內共投資一百六十萬美元進行各項研究，研究成果包括了五十餘份實驗及理論的報告，另外尚有一套嚴謹的電腦設計程式（SAFIRE），以及一套小型實驗裝置。有關DIERS發展的技術，目前已有近七十個公司使用其研究成果，會員每年集會一次，研討技術的改進並交換經驗[18]。

1.7 合理的因應態度

化學工業的發展及成長，大幅提高人類的生活水準及便利，但是由於製程複雜，而且處理的化學品多具著火、易燃、毒性、刺激或爆炸等危害性質，任何微小的機械或人為失誤，都可能造成嚴重的財產損失及人員的傷亡。社會大眾固然享受現代化學工業所提供的生活上的享受及方便，但是又恐懼於可能帶

來的災變及損失，居住於化學工業區附近的居民皆具有此種愛恨交集的心理，地方上雖可得到化工業所帶來的經濟上的繁榮及稅收，但是萬一發生意外，居民及社會必須付出龐大的代價。吾人究竟應採取何種態度及策略呢？

這個問題的答案見仁見智，爭議性頗高，雖有一定的定論，在地方上往往會演變成政治性的對抗。英國製程安全專家克萊茲博士以一個傳聞已久的美女與野獸的寓言，來比喻吾人此時的處境[19]。

寓言：美女與野獸

古代有一個國王，膝下僅有一個女兒（公主），公主不但具有沉魚落雁的美貌及文才，並且端莊賢淑，因此各國王子及賢能之士前往求婚者絡驛不絕。經過了半年的挑選及考核，僅有三人合格。由於三個候選者的條件相當，難以取捨。國王決定出一個難題，親自考選。他要求這三個人輪流走進一個具有兩扇門的房間，三人必須在一定的時間內打開一扇門，如果門後是公主的話，此人即可成為駙馬，榮華富貴自然不在話下，將來還有接掌王位的可能。另外一扇門後則為凶殘的餓獅，如果不幸開啟，則將遭到悲慘的命運。

第一位候選人考慮了一陣子，決定放棄，他認為駙馬的尊榮及榮華富貴皆為身外之物，並不足以冒著生命危險，他寧可安貧樂道，平凡的度過一生。

第二位候選人聘請了許多風險評估的專家，組成一個專案小組，不僅應用許多精密的儀器測試門後公主及獅子的反應、氣味及其他特徵，還應用複雜的數理統計方法發展預測模式，企圖研擬一套危險性最低的最佳判斷及因應的方法。此舉不僅花費大量金錢，而且還需要很長的時間。他屢次要求延期，由於一再延期的結果，不僅國王及公主不耐煩，他自己也覺得繼續延期下去，年華逐漸老去，即使成功也無法享受駙馬的榮華富貴，最後他要求專家們建議出一個決定，當他打開那扇最理想的門時，門後跳出的不是公主，而是飢餓的獅子。臨死前，他仍然不明白，為什麼他花費了大量精力，仍不免遭到失敗的結果。

第三位候選人馬上聘請馴獸師，學習馴獅技術。

Chemical Process Safety Management

　　這個寓言間接反映吾人的處境，三個駙馬候選人代表整個現代人群，凶悍的獅子代表化學工業的危害及可能發生的災變，美麗賢慧的公主代表化學工業及現代化所提供的高度生活水準。吾人自然可以學習第一位候選人，放棄化學工業及現代化的生活，回歸自然。回歸自然並不一定可以帶來幸福，依據歷史的統計數字，農業生產及田園生活的意外傷亡率遠高於現代工業，即使吾人情願放棄現代的化學或其他工業，傳統農業經濟不僅無法養活現有的人類，而且也無法維持良好的健康及衛生環境。

　　吾人也可學習第二位候選人，努力進行各種複雜的測試實驗及評估工作，將風險程度降至最低。風險評估及危害辨識，固然非常重要，但是無論如何，任何人類活動的風險程度也無法降至零左右，只能降低意外發生次數及影響，但是無法完全避免意外的偶然發生。

　　合理的態度應如第三位候選人，學習及發展控制危害、降低風險機率的技術，只要吾人努力改善工作環境，選擇最佳設計方法及遵循安全準則，自然可以將危害控制於最低，而且可以不斷地提高科技，同時享受工業文明所帶來的生活水準。

參考文獻

1. 廖雪吟，〈台灣地區職業災害損害模型與事故成本效益分析〉，國立交通大學碩士論文，2007。

2. F. P. Lees, *Loss Prevention in the Process Industries*, 2nd edition, Butterworths, London, U. K., 1996.

3. National Safety Council, *Accident Facts*, p. 30, 1985.

4. T. A. Kletz, Eliminating Potential Process Hazards, *Chemical Engineering*, 1985.

5. D. G. Mahoney, *Large Property Damage Losses in the Hydrocarbon-Chemical Industries*, M & M Protection Consultants, 1997.

6. M & M Protection Consultants, *Large Property Damage Losses in the Hydrocarbon-Chemical Industries*, 1972-2009, 2010.

7. AIChE, *Guideline for Hazard Evaluation Procedures*, 3rd edition, American Institute of Chemical Engineers, New York, 2008.

8. D. A. Crowl and J. F. Louvar, *Chemical Process Safety: Fundamental with Applications*, 2nd edition, Prentice Hall, Englewood Cliffs, New Jersey, 2001.

9. Advisory Committee on Major Hazards, Three Reports in 1976, 1979 and 1984, United Kingdom.

10. J. I. H. Oh and C. A. W. A. Husmann, Major Hazard Regulation in the Netherlands: The Organizational Safety Aspects, p. 415, IChemE Symposium Series No. 110, *Preventing Major Chemical and Related Process Accidents*. Hemisphere Pub. Corp., New York, 1988.

11. OECD Chemicals Programme and Associated Documentation, Organization of Economic Cooperation and Development, 1987.

12. H. West and C. D. Einn, Understanding OSHA'S New Process Safety Regs., Control, p. 26, April, 1993.

13. U. S. Code of Federal Regulations, Title 29, Section 1910.119, Feb. 24, 1992 Federal Register.

14. Clear Air Amendments of 1990, Report 101-951, Conference Report Accompany Senate Bill S. 1630, October 26, 1990.

15. API, Recommended Practice 750, Management of Process Hazards, American Petroleum Institute, Washington D. C., USA, January, 1990.

16. Nus, Guide to the New Jersey Toxic Catastrophe Prevention Act, Nus Corporation, Gaithersburg, MD, USA, 1987.

17. J. K. Brooks, R. C. Haney, G. D. Kaiser, A. J. Leyva and T. C. Mckeivey, A Survey of Recent Major Accident Legislation in the USA, p. 425, IChemE Symposium Series No. 110,

Preventing Major Chemical and Related Process Accidents, Institute of Chemical Engineers, 1988.

18. AIChE, Emergency Relief System Design Using DIERS Technology, Design Institute for Emergency Relief Systems (DIERS) Project Manual, American Institute of Chemical Engineers, New York, USA, 1992.

19. T. Kletz, *Plant Design for Safety*, Hemisphere Corp., New York, USA, 1991.

20. Safety and Reliability Business of U. K. Atomic Energy Authority, OSH-ROM, MHIDAS, 2006.

21. 勞工安全衛生研究所,《國外製程安全相關重大職災探討IOSH99-S502》,台北市。

22. 野村福次,《化學災害安全對策技術第四冊,事故災害事例對策》,東京:丸善株氏會社,1979年。

22. CCPS, *Guidelines for Engineering Design for Process Safety*, AIChE, New York, N. Y., USA, 1993.

Chapter 2

化學品毒性

工業製程應用或生產數以萬計的化學產品，其中包含許多對人體健康有害的物質。工程師必須具備有關化學品毒性的基本知識背景，同時在設計及操作時，進行適當的安全及健康考慮，以降低或消除工業製程對員工及附近居民造成不可挽回的健康危害。這些基本知識包括：

1. 毒性物質與人體接觸的方式。
2. 毒性物質對於人類健康的影響。
3. 毒性物質劑量與反應關係。
4. 防止或降低毒性物質與人體的接觸。

第一項及第二項與毒物學有關，第三項則屬於工業衛生的範圍，第四項則屬於工程設計的範圍。毒物學是研究物質對於人體或生物體的健康危害影響的學問，毒性物質則界定為對於人體或生物體產生負面影響的物質，它們對生物體的作用可能是化學性，也可能是物理性，許多物理作用如噪音、輻射也會造成人類的失聰及癌症，也將在本章範圍之內討論。

2.1 毒性物質與人體接觸的方式

工業製程所排放的氣態物質，隨風散布於大氣之中，然後為土壤、河川、湖泊所吸收，液態物質則進入土壤、河川、湖泊及海洋之中，固態物質也會隨著氣體或液體的夾帶，進入環境之中。如果人類生存的環境空間中含有毒性物質，這些毒性物質自然會與人體接觸，而可能進入人體器官之中。接觸的方式可分為下列幾種：

1. 經由口或鼻孔進入呼吸系統。
2. 隨食物經口、喉，進入消化系統。
3. 表皮吸收進入血液或組織之中。
4. 皮膚受傷後，感染的毒性物質，經傷口進入組織或血液循環系統。

毒性物質進入人體後，有些經循環系統流至身體的各器官，或累積至某些特定器官之中，其損害往往是長期性的，有些與人體表皮接觸後直接造成損害，例如腐蝕或刺激性物質與皮膚接觸後，會產生立即或延遲性的損傷，但並

不一定會進入及累積於其他器官之中。

毒性物質進入人體後，可經由下列途徑排放或轉變成惰性或無害物質：

1.經肺、肝或腎臟排出人體。

2.與人體中其他物質作用，轉化成惰性物質。

3.儲存於脂肪組織之中。

腎臟是人體最主要的排泄器官，血液中的毒性物質經腎細胞萃取後，隨尿排出體外。由消化器官進入人體的毒性物質通常是由肝臟過濾，一般來說，分子量低於200以下的物質，會進入血液之中，然後經腎臟萃取，隨尿排放，分子量高於200者，則進入膽汁之中。肺臟亦可以排出部分氣體毒物，例如酒精、氯仿等，由口鼻吸入後，進入肺臟，再由吸入路徑排出，毒性物質亦可進入汗、頭髮、指甲、皮膚之中，然後隨排汗、皮膚、指甲、頭髮的脫落而排出，但是數量遠較腎、肝及肺臟的排放量低。肝臟是去毒或毒性轉化的主要器官，毒性物質與膽汁或其他肝臟中的化學物作用，可轉化成無害或低毒性物質。此種轉化作用亦發生於血液、腸壁、皮膚、腎臟或其他器官之中。

最後一個過程為儲存，化學物質主要儲存於脂肪組織，有些可存於骨、血、肝及腎臟之中。如果組織的養分供應降低，脂肪即會分解，以提供不足的養分，累積於脂肪組織中的化學物即會放出，進入血液之中，造成器官或組織的損害。**圖2-1**顯示毒性物質與人體接觸後吸收、循環、累積及排放的過程。

2.2 毒性物質對於人類健康的影響

毒性物質與人類接觸後，會經過動力及官能兩種程序，在動力程序中，毒物被組織或器官吸收而參與新陳代謝，或經過累積、儲存、分配及排泄等過程。未被排泄或去毒的物質，則與組織、細胞或器官作用產生毒性反應，此種毒性反應的過程，則稱為官能程序。

官能程序可分為下列三個階段：

1.與目標器官或感受體初步作用。

2.產生生物化學反應。

3.產生顯著的影響。

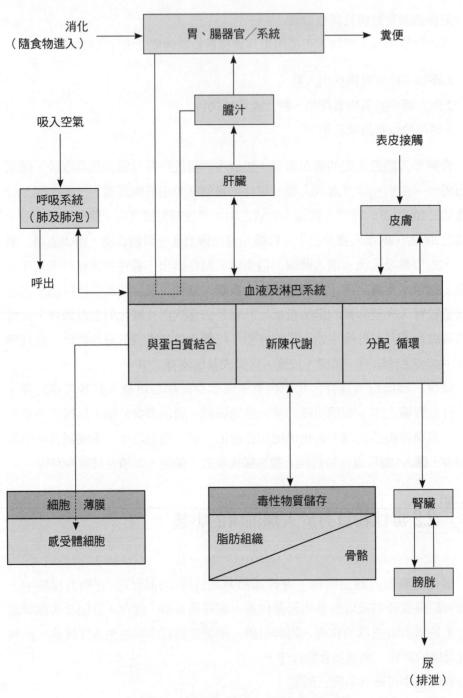

圖2-1　毒性物質與人體接觸途徑[1]

圖2-2顯示毒性物質的官能程序。

毒性物質與感受體作用，結合後，會產生生物化學反應或影響，例如：

1.破壞或抑止酵素活性。

2.改變細胞薄膜或細胞中的輸送器。

3.干擾碳水化合物的新陳代謝作用。

4.干擾脂肪新陳代謝作用，造成脂肪過量累積。

5.停止或干擾蛋白質的生物合作。

6.干擾荷爾蒙或酵素所促成的生理調節程序。

7.干擾呼吸程序中，電子傳送至氧分子的程序。

有些生物化學反應會引起一連串生理上的或行為上的立即性及劇烈性的反應，這些反應例如人體溫度變化、心跳加速（或減少）、呼吸困難、血壓上升

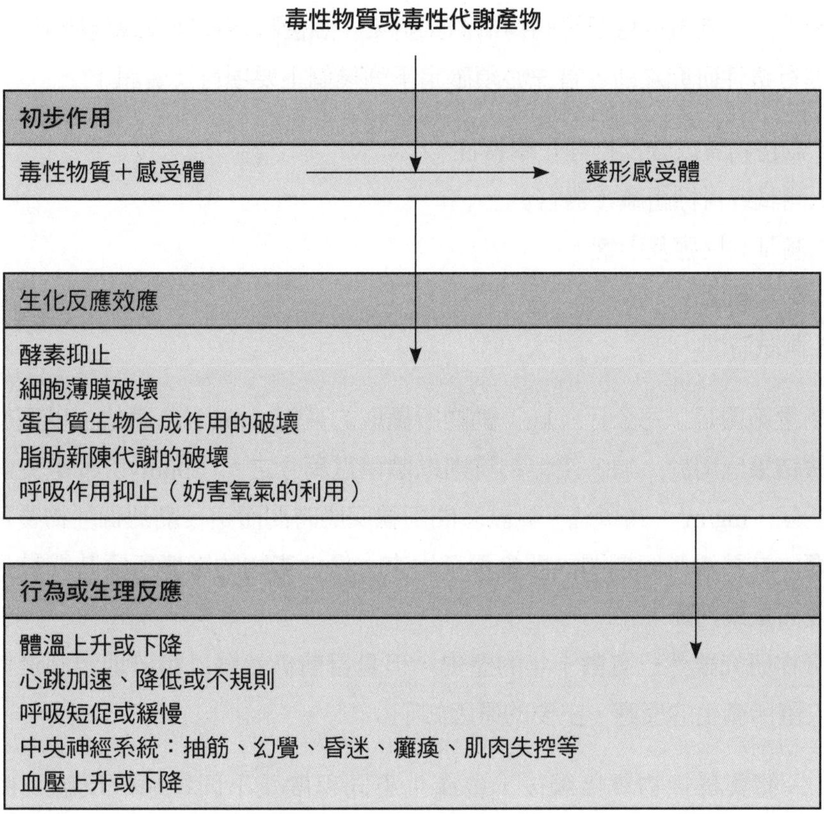

毒性物質或毒性代謝產物

初步作用

| 毒性物質＋感受體 | ⟶ | 變形感受體 |

生化反應效應

酵素抑止
細胞薄膜破壞
蛋白質生物合成作用的破壞
脂肪新陳代謝的破壞
呼吸作用抑止（妨害氧氣的利用）

行為或生理反應

體溫上升或下降
心跳加速、降低或不規則
呼吸短促或緩慢
中央神經系統：抽筋、幻覺、昏迷、癲癇、肌肉失控等
血壓上升或下降

圖2-2　毒性物質在人體中的官能程序[1]

（或下降）、幻覺、昏迷等顯著的症狀。氰化物以及一氧化碳會造成呼吸速率的增加或是降低，而過量的古柯鹼（Cocaine）、安非他命（Amphetamines）及有機鹼（Alkaloid）會造成血壓上升，過量的鐵、亞硝酸鹽、氰化物會降低血壓，汞、有機磷酸鹽會造成皮膚乾燥，改變皮膚顏色。

　　許多毒性物質與人體接觸後所產生的反應是慢性的，其症狀必須經過很長的時間才會顯示出來，例如胎兒發育不全，染色體的改變，影響遺傳、癌症、免疫系統的破壞等。

2.3 毒物學研究

　　毒物學研究的主要目標是量化毒性物質對於組織或器官的人體影響，換句話說為測量或發現不同濃度（劑量）對組織及器官的影響。毒物影響研究通常是以天竺鼠、老鼠或兔子等動物為測試對象，然後將結果推算或延伸至人體。

　　進行毒性研究之前，首先必須確定下列幾個主要項目及資訊：

1.毒性物質成分及物理化學特性。
2.測試或目標組織（器官）。
3.測試的反應及影響。
4.劑量範圍。
5.測試時間。

　　劑量範圍是以每公斤（kg）動物所攝取的毫克（mg）為單位，以便於將動物試驗結果應用於人類。空浮物質則以體積百萬分之一（ppmv）或毫克／立方公尺空氣（mg/m^3）為單位。測試時間則視反應時間而定，劇烈毒性物質可產生的影響，在接觸後短期間內即會顯示出來，慢性毒物的影響所需時間較長，難以有效測量或判斷。

　　毒物研究雖然已有數十年的歷史，但是目前仍然難以精確地預測毒性物質對於人體所產生的反應，主要的原因如下：

1.人體與毒性物質接觸後，會產生不同程度及不同種類的反應，例如刺激、痛癢、窒息、敏感、失明、器官系統受損及死亡等，嚴重性則視濃度、強度及接觸時間而異。

2.反應隨年齡、健康情況、新陳代謝速率、飲食習慣、遺傳、種族、生存環境而不同，變化性很高。

3.僅有少數化合物有足夠的人體反應或實驗數據，絕大多數的數據是以實驗動物為對象而得，必須推算或延伸至人體上，準確性及精確性尚待建立。

4.化工廠的排放多為多元物質的混合物，目前尚未建立一套合理而有效的組合準則，以預測混合物對人體所產生的反應。

5.目前尚未進行突發性排放對於人體或實驗動物所造成的反應研究。

2.4 劑量／反應關係

由於年齡、性別、體重、種類的不同，不同試驗者或動物所產生的反應亦不完全相同，因此毒性研究必須在不同劑量下，進行大量的動物實驗，並利用統計方法，求得不同劑量下具反應性的平均值及標準誤差，然後將劑量與反應的關係繪圖。標準的劑量／反應關係圖（Dose-Response Relationship）如圖2-3

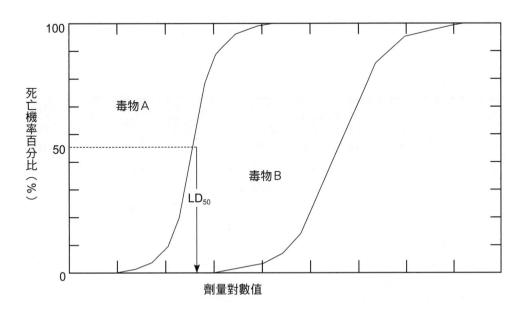

說明：圖中LD$_{50}$為造成50%死亡率的劑量

圖2-3　劑量／反應關係圖

所顯示，橫座標為劑量的對數，縱座標為在不同劑量下，受測者所產生某種反應的平均機率百分比。劇烈毒性可以有效地以劑量／反應關係圖顯示其毒性，但是慢性或長期毒性例如致癌物質或影響遺傳的毒物，則難以利用此類關係表示。

　　劑量／反應關係圖的應用，不如方程式方便，因此有必要發展適於計算的近似公式。機率單位函數（Probit Functions）最適於此類計算的應用，它是與劑量／反應曲線相當的直線函數，機率單位函數Y與機率P（Probability）的關係可以用下列公式表示[2]：

$$P = \frac{1}{(2\pi)^{\frac{1}{2}}} \int_{\infty}^{Y-5} \exp\left(-\frac{u^2}{2}\right) du \qquad (2\text{-}1)$$

　　公式（2-1）中，P與Y的關係如**表2-1**或**圖2-4**所顯示，機率單位其實只是一個任意選擇的變數罷了，它的平均值為5，標準誤差為1。

　　公式（2-1）將劑量／反應關係轉變為直線形的機率單位函數圖（**圖2-5**），機率單位函數Y與劑量／反應曲線的關係則使用迴歸方法求出：

$$Y = a + b \cdot Ln(C^n t) \qquad (2\text{-}2)$$

表2-1　機率單位與機率（%）的關係[2]

%	0	1	2	3	4	5	6	7	8	9
0	-	2.67	2.95	3.12	3.25	3.36	3.45	3.52	3.59	3.66
10	3.72	3.77	3.82	3.87	3.92	3.96	4.01	4.05	4.08	4.12
20	4.16	4.19	4.23	4.26	4.29	4.33	4.36	4.39	4.42	4.45
30	4.48	4.50	4.53	4.56	4.59	4.61	4.64	4.67	4.69	4.72
40	4.75	4.77	4.80	4.82	4.85	4.87	4.90	4.92	4.95	4.97
50	5.00	5.03	5.05	5.08	5.10	5.13	5.15	5.18	5.20	5.23
60	5.25	5.28	5.31	5.33	5.36	5.39	5.41	5.44	5.47	5.50
70	5.52	5.55	5.58	5.61	5.64	5.67	5.71	5.74	5.77	5.81
80	5.84	5.88	5.92	5.95	5.99	6.04	6.08	6.13	6.18	6.23
90	6.28	6.34	6.41	6.48	6.55	6.64	6.75	6.88	7.05	7.33
%	0.0	0.1	0.2	0.3	0.4	0.5	0.6	0.7	0.8	0.9
99	7.33	7.37	7.41	7.46	7.51	7.58	7.65	7.75	7.88	8.09

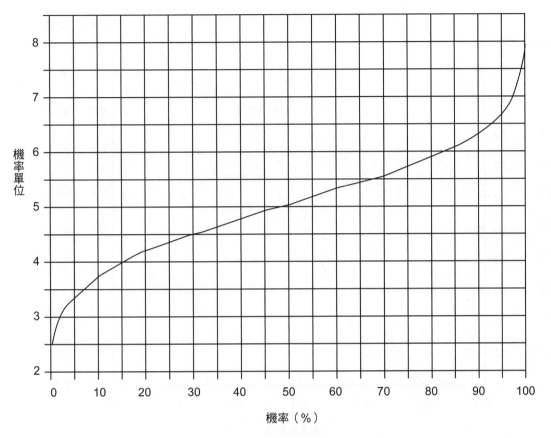

圖2-4 機率單位與機率關係圖[2]

其中，a、b及n為迴歸常數

　　C＝濃度（百萬分之一，ppmv）

　　t＝接觸或暴露時間（分鐘）

　　目前至少有二十種常用的化合物已具備齊全的致命劑量／反應數據，因此可以應用機率單位函數表示，**表2-2**顯示此二十種化合物的迴歸常數。

　　連續性排放濃度，不隨時間變化改變，可直接將濃度代入公式（2-2）求出機率單位函數；瞬間排放濃度隨時間而變化，可將不同時間段的濃度與時間段的乘積總和，以求出總接觸劑量（V）：

$$V（總接觸劑量）= \sum_{i=1}^{m} C_i^n \triangle t_i \qquad\qquad （2\text{-}3）$$

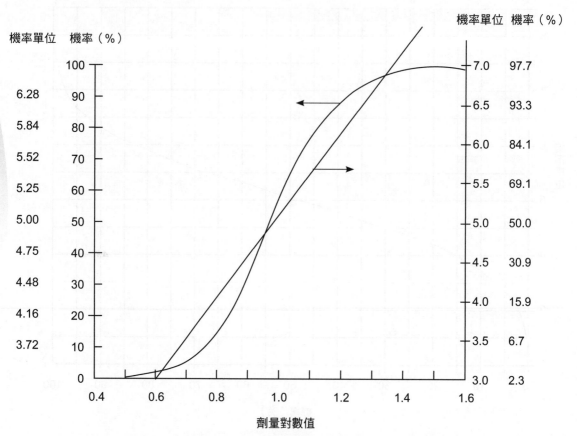

說明：圖中S形曲線為機率（%）與劑量對數值關係，即所謂劑量／反應關係，直線為迴
歸線，即機率單位與劑量對數值的迴歸關係。

圖2-5　機率單位的轉換圖[2]

　　其中，$\triangle t_i$＝i段時間（分鐘）

　　　　　m＝時間段數總和

　　然後以總接觸劑量（V）取代公式（2-2）中的$C^n t$項，以求出機率單位函
數。熱能、噪音、輻射能、壓力等因素與反應的關係，亦可用機率單位表示
[4]：

$$Y＝a＋b \cdot Ln（B）\hspace{4cm}（2-4）$$

　　公式（2-4）中，B為動機變數（Causative Variable），例如熱、壓力、噪音

表2-2　化合物致命機率單位函數迴歸常數值[3]

化合物	a	b	n（分鐘）
Acrolein（丙烯醛）	-9.931	2.049	1
Acrylonitrile（丙烯腈）	-29.42	3.008	1.43
Ammonia（氨）	-39.5	1.85	2
Benzene（苯）	-109.78	5.3	2
Bromine（溴）	-9.04	0.92	2
Carbon Monoxide（一氧化碳）	-37.98	3.7	1
Carbon Tetrachloride（四氯化碳）	-6.29	0.408	2.50
Chlorine（氯）	-8.29	0.92	2
Formaldehyde（甲醛）	-12.24	1.3	2
Hydrogen Chloride（氯化氫）	-16.85	2.00	1.00
Hydrogen Cyanide（氰化氫）	-29.42	3.008	1.43
Hydrogen Fluoride（氟化氫）	-35.87	3.354	1.00
Hydrogen Sulfide（硫化氫）	-31.42	3.008	1.43
Methyl Bromide（溴化甲烷）	-56.81	5.27	1.00
Methyl Isocyanate（異氰酸甲酯）	-5.642	1.637	0.653
Nitrogen Dioxide（二氧化氮）	-13.79	1.4	2
Phosgene（光氣）	-19.27	3.686	1
Propylene Oxide（環氧丙烯）	-7.415	0.509	2.00
Sulfur Dioxide（二氧化硫）	-15.67	2.10	1.00
Toluene（甲苯）	-6.794	0.408	2.50

等；a、b則為迴歸常數。**表2-3**列出不同動機變數及迴歸常數值，以供讀者參考使用。

 **2.5** 相對毒性

物質的相對毒性，可以依據劑量／反應關係圖，或50%致命劑量值排列，**表2-4**列出荷基─史特涅相對毒性表（Hodge-Sterner Table for Degree of Toxicity），毒性指數排列自1至6為止，指數為1時，幾乎不具毒性，指數為6，則為劇毒物質。一個體重約70公斤的成人僅以舌嚐一下劇毒性物質（約70毫克），即具致命危險。

表2-3 不同意外及損失的機率單位函數[4]

意外或損失	動機變數	a	b
火災			
閃火造成的死亡	$t_eI_e^{4/3}/10^4$	-14.9	2.56
火池燃燒造成的死亡	$tI^{4/3}/10^4$	-14.9	2.56
爆炸			
肺出血造成的死亡	P^o	-77.1	6.91
耳鼓破裂	P^o	-15.6	1.93
撞擊死亡	J	-46.1	4.82
撞擊受傷	J	-39.1	4.45
	J	-27.1	4.26
結構損失	P^o	-23.8	2.92
玻璃破裂	P^o	-18.1	2.79
毒性物質排放			
氯氣造成的死亡	$\sum C^{2.75}T$	-17.1	1.69
氯氣造成的受傷	C	-2.40	2.90
氨氣造成的死亡	$\sum C^{2.75}T$	-30.57	1.385

註：t_e＝有效接觸時間（S）；I_e＝有效輻射強度（W/m²）；t＝火池燃燒時間（S）；I＝有效火池輻射強度（W/m²）；P^o＝最大過壓（N/m²）；J＝撞擊動量（N·S/m²）；C＝濃度（ppmv）；T＝時間段（min）；單位S＝秒；W＝瓦特；m＝公尺；N＝牛頓；min＝分鐘；ppmv＝百萬分之一（體積比）。

表2-4 荷基─史特涅相對毒性表[5]

毒性指數	相對毒性	LD₅₀（50%致命劑量）（每公斤體重攝取劑量）	化合物
1	極低	＞15公克	塑化劑
2	輕微	5-15公克	乙醇
3	一般	0.5-5公克	馬拉松農藥（Malathion）
4	高毒性	50-500毫克	七基氯農藥（Heptachlor）
5	嚴重	1-50毫克	巴拉松農藥（Parathion）
6	劇毒	＜1毫克	沙瑞（Sarin）化學戰劑

2.6 恕限值

恕限值（Threshold Limit Value, TLV）是劑量／反應關係圖上最低劑量值，劑量如低於恕限值，人體可以去除或排出毒性物質，對於健康不致於產生任何危害。美國政府工業衛生師協會（American Conference of Governmental Industrial Hygienists, ACGIH）公布的恕限值是針對空浮物質而論，主要目的在於建立一個參考標準系統，在此標準之下，員工一生在正常工作時間（每星期工作五天，每天八小時）內，對健康通常不致產生任何負面影響。氣體的恕限值的單位為體積比之百萬分之一，固體粉塵的單位為每立方公尺空氣所含的毫克，參考狀態為攝氏25度及760毫米水銀柱（一大氣壓）。

在應用恕限值之前，應先瞭解其性質及限制：

1. 恕限值並非安全濃度與危害（或毒性）濃度區分點。
2. 許多物質的恕限值由於數據不全，尚未公布，但是並不表示不具恕限值的物質對健康不具任何危害。
3. 工作場所的空浮濃度宜儘量降低，恕限值不宜作為空浮物質的濃度設計或操作標準。
4. 應用恕限值以決定或判斷工作場所的空浮濃度時，仍應請教工業安全（保健）專家。
5. 恕限值的高低與物質的相對毒性雖然有關，但不可作為相對毒性比較的參考。因為不同物質的劑量／反應曲線的斜度與範圍不同。
6. 評估連續性毒性物質排放影響時，恕限值僅能作為初步參考之用，不宜以恕限值作為判斷安全的標準。
7. 恕限值自1976年公布以來，已修正多次，最新限值為2011美國工業衛生學會（American Industrial Hygiene Association, AIHA）所公布的工作場所環境暴露準值[6]，數據列於附錄四中。

恕限值共分為：

1. 時間平均恕限值（TLV-TWA）。
2. 短期接觸恕限值（TLV-STEL）。
3. 濃度最高上限值（TLV-Geiling）。

「時間平均恕限值」，是一星期五個工作天，每天八小時工作（40小時／星期）下，所有員工可能重複接觸、暴露的時間平均濃度限值。短期間內如果濃度超過恕限值的情況是可以允許的，但是濃度不可超過最大的允許之上限值。

　　「短期接觸恕限值」為員工在十五分鐘內連續接觸，而不致造成無法忍受的痛癢等刺激或敏感、慢性或不可逆的人體組織變化、麻木而無法自救或逃生等情況的最高恕限值。每天發生的次數不得超過四次，每次發生的時間間隔超過六十分鐘，同時不超過日時間平均限值。

　　「濃度最高上限值」（TLV-C）為即使在瞬間下亦不可超過的最高上限濃度，僅少數快速反應的物質如氯化氫、氟化氫、氰化氫、臭氧、碘具此最高上限值。

　　美國職業安全與健康管理局（Operational Safety and Health Administration, OSHA）亦公布其劑量限值，稱之為許可暴露限值（Permissible Exposure Level, PEL），其數值與AGCIH公布的濃度限值相近，一般來說，由於考慮較為保守，數值略低，所公布的化合物數量較少，而且並不經常修正。

　　美國國家職業安全與衛生研究所（National Institute of Occupational Safety and Health, NIOSH）於七〇年代公布的立即危險性（Immediately Dangerous to Life and Health, IDLH）是以三十分鐘的接觸時間內，人類可以安全逃離現場而不致妨礙逃生或產生不可逆的健康危害的最高濃度，此數值僅為估計值，並不依據合理或嚴謹的毒性數據，而且公布後亦不再檢討、修正，可信度不高，一般工業衛生專家普遍認為數值過高，僅可供參考，不宜應用至緊急應變計畫或緊急疏散途徑的選擇工作。

　　緊急應變計畫準值（Emergency Response Planning Guidelines, ERPG）為美國組織資源顧問公司（Organization Resources Counselors Inc.）於1986年負責研擬的準值，目前已由美國工業衛生學會（AIHA）負責，其主要目的為提供化工業者作為緊急應變計畫之用，此準值共分ERPG-1、ERPG-2及ERPG-3等三類，其定義如下：

1.ERPG-1（第一類緊急應變計畫準值）：任何人接觸一小時內，除了和緩的暫時性負面健康影響或特殊界定的氣味外，不致產生任何健康危害的最高空浮濃度值。

2.ERPG-2（第二類緊急應變計畫準值）：任何人接觸一小時內，不曾產生

妨礙逃生或進行防護行動能力的不可逆或其他嚴重的健康影響或症狀的最高空浮濃度值。

3.ERPG-3（第三類緊急應變計畫準值）：任何人接觸一小時內，不會對生命造成威脅的最高空浮濃度值。

　　目前已發展出來一百多個化合物的緊急應變計畫準值，而且已逐漸為工業界認可，預期不久，將會為政府管制機構所接受，成為工業標準值（附錄五中列出這些準值）。

　　劇烈毒性濃度（Acute Toxic Concentration, ATC）是美國紐澤西州環保局公布的濃度值[7]，它的定義為一小時接觸時間內，受劇烈性健康影響的居民低於5%以下的濃度，此數值是應用於毒性化合物排放的風險評估，已公布的一百多個極端危害性物質（Extraordinarily Hazardous Substances, EHS）的劇烈毒性濃度值，是下列三類數值中的最低值：

1.已發表的動物致命濃度數據中的最低值。
2.50%死亡率的濃度乘以0.1倍。
3.立即危險值。

　　附錄五中列出常見化合物與元素的立即危險值、許可暴露限值、緊急應變計畫準值、物質危害指數、劇烈毒性濃度及所產生的健康影響。

　　大部分的工作場所的空氣中，皆含有多種氣態化合物，可以使用下列公式判斷員工所接觸的濃度，是否超過接觸恕限值：

$$A = \sum_{i}^{n} \frac{C_i}{(\text{TLV-TWA})_i} \qquad (2\text{-}5)$$

其中，C_i = i項物質空浮濃度（ppmv）

　　　（TLV – TWA）= i項物質的時間平均恕限值（ppmv）

　　　n = 總物質數

　　　A = 判斷係數

　　如果A值超過1時，即表示員工所接觸的空浮物質濃度已超過安全標準。混合物的時間平均恕限值可用下列公式求出：

$$(TLV - TWA)_{mix} = \frac{\sum\limits_{i}^{n} C_i}{\sum\limits_{i=1}^{N} \frac{C_i}{(TLV-TWA)_i}} \qquad (2\text{-}6)$$

公式（2-6）中，（TLV−TWA）$_{mix}$為混合物的時間平均恕限值，C_i、n及（TLV−TWA）分別為濃度（ppmv）、混合物中總物質數，及物質時間平均恕限值（ppmv）。

2.7 危害指數

物質蒸氣壓愈高，愈容易散布於大氣之中，其劇烈毒性濃度愈低，其毒性愈強，因此這兩個數值的商可以作為分辨危害程度的指數。下列公式可以用來決定化合物質危害指數[8]：

$$(SHI)_a = \frac{EVP}{760} \times \frac{10^6}{ATC} \qquad (2\text{-}7)$$

其中，（SHI）$_a$＝危害指數（劇烈性）

EVP＝化合物在攝氏20度時的蒸氣壓（公厘水銀柱，mmHg）

如果化合物的臨界溫度低於攝氏20度時，使用1,111公厘水銀柱（mmHg）

ATC＝紐澤西州環保局公布劇烈毒性濃度（ppm）

美國職業安全衛生署考慮使用美國工業衛生學會公布的第三類緊急應變計畫準值取代ATC，有些化學公司則由ATC、ERPG-3或美國環保署公布的關懷準值（Level of Concern）中，選擇適當數值取代。

危害指數值愈高，危害愈大，指數超過5,000以上，即為特殊危險物質，美國石油協會建議危害指數超過5,000以上者，宜遵循其公布的程序危害管理中的準則[9]，進行安全管理工作物質的慢性危害指數界定為：

$$(SHI)_c = \frac{EVP}{760} \times \frac{10^6}{EL} \qquad (2\text{-}8)$$

其中，（SHI）$_c$＝慢性危害指數

EL＝暴露恕限值（ppmv），使用時間平均恕限值，許可暴露限值
或其他恕限值之中最低值。

有些化學公司將危害指數區分為三至四個不同等級，並訂定不同程度的設
計準則，以便於有效控制危害。

 **2.8** 噪音

工廠內的機械設備，如馬達、泵浦、壓縮機的運轉，高壓氣體的滅壓及火
炬（燃燒塔）都會產生噪音，為了避免工作人員耳膜受傷，工業安全或衛生人
員應將噪音超過安全標準的場所明顯的標示出來，並且嚴格要求任何人進入高
噪音場所範圍之前，均須裝戴安全耳塞。

噪音測量單位為分貝（Decibel, dB），分貝為兩個不同音源的強度比例的
對數：

$$音階強度測量值（分貝，dB）= -10 \log \left(\frac{I_2}{I_1} \right) \qquad （2-9）$$

其中，I_1為聲音強度1

I_2為聲音強度2

為了方便起見，0分貝界定為人耳開始聽見聲音的強度。**表2-5**列出各種音
源的分貝值，分貝值超過70以上，人類即會感覺喧擾，超過120分貝以上，耳朵
難以忍受，八小時工作天的時間平均恕限值為90分貝。**表2-6**列出許可噪音強度
範圍及接觸時間，以供參考使用。

由於每天八小時內不同時間的噪音強度不同，可使用下列步驟計算時間平
均值：

1.依測試的音度高低值，分成幾個時間段，每個時間段內，高度相同。

2.計算不同音階的時間頻率值（f_i）：

$$f_i = \frac{t_i}{8} 10^{[0.1(L_i-90)]} \qquad 如 L_i < 90, f_i = 0 \qquad （2-10）$$

製程安全管理

Chemical Process Safety Management

56

表2-5　不同活動的聲音強度[10]

聲音來源	音階（分貝）
刺耳、痛苦程度	120
鎚擊	95
工廠	90
喧擾的辦公室	80
擁擠的街道	70
一般談話	65
私人辦公室	50
一般住宅	40
錄音室	30
耳語	20
樹葉振動	10
人耳開始聽到聲音	0

表2-6　許可噪音強度[11]

音階（分貝）	最長接觸時間（時）
90	8
92	6
95	4
97	3
100	2
102	1.5
105	1
110	0.5
115	0.25
130	0

　　其中，L_i＝i時間內的音階強度（分貝）

　　　　t_i＝時間（時）

　3.計算總時間頻率值（f）：

$$f = \sum_{i=1}^{n} f_i \tag{2-11}$$

　4.計算時間平均值（L）：

$$L = \frac{\log(f)}{0.1} + 90 \hspace{4cm} (\text{2-12})$$

如果時間平均值L超過90分貝，即表示噪音過高，應設法改善或使用耳塞。

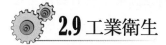 ## 2.9 工業衛生

工業衛生（Industrial Hygiene）是辨識、估計及控制可能造成健康危害的工作場所的條件及環境的學問；工業衛生師則為實際執行工作場所有關選擇及使用測試儀器、估計工作人員接觸劑量，並且參與控制危害物質的排放工作的專業人員。標準的工業衛生專案包括下列幾個項目：

1. 偵測空浮毒性物質的濃度及輻射、噪音、熱或其他物理因素的強度。
2. 選擇適當的個人防護設備，以降低員工毒物接觸量。
3. 研擬處理危害物質的步驟及安全的防範措施。
4. 研擬改善工作環境及相關設施，以降低化學及物理危害因素對員工的健康影響。

工業衛生師與工業安全師密切合作，並參與製程改善、擴廠或新廠設計階段中的安全檢討工作，並提出改善建議。

2.10 個人防護設備

個人防護設備是危險環境中工作人員必須使用的設備，以避免人體受到物理或化學危害因素的傷害，主要的防護設備如下：

1. 頭盔：工廠工作人員必備設備，以保護頭部避免重物下墜直接撞擊或頭部碰撞至其他物體。
2. 安全眼鏡：防止危害物質進入眼睛，鏡片必須具一定強度，如受到撞擊，鏡片即會向前脫落，而不致傷及眼睛。
3. 氣密式護目鏡：適合應用於空浮危害性物質濃度高的工作環境。

4.鋼類安全鞋：鞋尖內鑲有鋼片，可保護腳趾。

5.塑膠裙：防止腐蝕性液體直接與衣裳接觸。

6.防護衣：以丁基橡膠或防火纖維製成，適於處理危害性物質使用。

7.橡膠袖套：保護前肘、手及腕部。

8.外塗聚氯乙烯薄膜的手套：防止酸、鹼或其他腐蝕性物質直接與手接觸。

9.聚氯乙烯或腈類製長靴：保護膝部以下部分，以免與酸、鹼、油類或其他化學物接觸。

10.耳塞：保護耳內器官，降低噪音強度。

11.呼吸器：呼吸器是在空浮危害物質濃度高，或空氣比例低的環境中，所使用的空氣過濾或輔助呼吸的器具，呼吸器僅於緊急情況或特殊環境下使用，切勿將呼吸器成為每日工作必備的器具，如果工作環境的空氣品質太差，應及時改善。**表2-7**列出化學工業使用的呼吸器。選擇呼吸器時必須請教專業工業衛生師，美國國家職業安全與衛生研究所已公布使用準則及步驟[12]。所有的呼吸器必須定期檢查，以確保操作正常。

表2-7　工業用的呼吸器[13]

種類	說明	同類商品型號
口、鼻防塵罩	$O_2 > 19.5\%$ $PEL > 0.05mg/m^3$	3M8710 Dust
含化學物過濾器的口鼻罩	$O_2 > 19.5\%$ GMA過濾器（黑色）：1,000ppm有機蒸氣 GMA過濾器（黃色）：50ppm氯化氫或二氧化硫 10ppm氯氣	MSA Camfo II Cartridge
含化學物過濾器的護面罩	$O_2 > 19.5\%$ GMA過濾器（黑色）：2%有機物 GMA過濾器（橄欖色）：0.05%殺蟲劑	NSA工業氣體面罩
自持式呼吸器（SCBA）	具空氣筒（20分鐘），適於毒性或刺激性氣體濃度高的環境下使用	史谷脫呼吸器（Scott Air Pak II）

參考文獻

1. S. E. Manahan, *Hazardous Waste Chemistry, Toxicology and Treatment*, Lewis Publishers, Chelsea, Michicagan, USA, 1990.

2. D. J. Finney, *Probit Analysis*, p. 23. Cambridge University Press, Cambridge, U. K., 1971.

3. AIChE, *Guidelines for Chemical Process Quantitative Risk Analysis*, Center for Chemical Process Safety, American Institute of Chemical Engineers, p. l56. New York, USA, 1989.

4. F. P. Lees, *Loss Prevention in the Process Industries*, p. 208. Butterworths, London, U. K., 1986.

5. N. I. Sax, *Sax's Dangerous Properties of Industrial Materials*, p. 1. Van Nos-trand Reinhold Co., New York, N. Y., USA, 1984.

6. AIHA, *Workplace Environmental Exposure Levesl,* 5th edition, American Conferenc of Governmental Industrial Hygienists, Cincinnati, Ohio, USA, 1986.

7. R. Baldini and P. Komosinsky, *Consequence Analysis of Toxic Substance Clouds*, J. Loss Prev. Process Ind., I (July 3), pp. l47-155, 1988.

8. ORC, Process Hazards Management of Substances with Catastrophic Potential, Organization Resources Counselors, Inc., Washington, D. C, USA, 1988.

9. API, Management of Process Hazards, API Rec. Practice 750, American Petroleum Institute, January, 1990.

10. P. A. Scheff, *Engineering Design for the Control of Work Place Hazards*, p. 615, McGraw-Hill, USA, 1987.

11. N. I. Sax, *Sax's Dangerous Properties of Industrial Materials*, 4th edition, p. 118, Van Nostrand Reinhold, New York, USA, 1975.

12. NIOSH Respirator Decision Logic, US Dept. of Health and Human Services, DHHS-NIOSH Publication No. 87-1-8, May, 1987, Washington, D. C., USA.

13. D. A. Crowl and J. F. Louvar, *Chemical Process Safety: Fundamentals, with Applications*, p. 72. Prentice-Hall, New Jersey, USA, 1990.

Chapter 3

火與爆炸

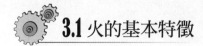

3.1 火的基本特徵

火或燃燒程序是物質的氧化反應，物質是否能著火燃燒，必須具備下列幾個條件：

1. 燃料（易燃、可燃性物質）、氧化劑（氧氣或提供氧的物質）、點火源（熱、明火、電弧、物理或化學源）等三個基本條件必須同時存在（圖3-1）。

2. 可燃性物質的溫度必須達到點燃溫度。

3. 由火焰回饋至裂解或蒸發的可燃性物質的熱能控制火勢的大小。

4. 燃燒在下列幾種情況下，會停止燃燒：

   (1) 燃料耗盡。

   (2) 氧的濃度低於維持燃燒的最低濃度。

   (3) 大量的熱能被傳送出去。

   (4) 火焰被化學藥劑抑止或冷卻，無法繼續反應。

3.2 可燃性物質

3.2.1 氣體

依照美國消防協會（National Fire Protection Association, NFPA）的習慣用

圖3-1　著火的三個因素（火三角）

語，著火性氣體係指在空氣中正常氧氣的濃度下可燃燒的氣體，例如甲烷（天然氣的主要成分）、丙烷、丁烷（液化石油氣的主要成分）等是最普遍的工業及家庭用的氣體燃料，其他低分子量的碳氫化合物如乙炔、乙烯、丙烯等石化工業原料亦屬於著火性氣體。**表3-1**列出一般著火性氣體的燃燒特性。

非著火性氣體（不可燃氣體）無法在空氣或氧氣中燃燒，可分為氧化劑及惰性氣體兩類，一氧化氮、空氣等氣體或混合物本身雖無法燃燒，但可提供燃燒所需的氧氣，為氧化劑或助燃劑；而氮氣、二氧化碳、氬、氦等本身既無法燃燒又不具助燃、氧化功能，則被視為惰性氣體。

3.2.2 液體

依照美國消防協會第321號報告（NFPA 321），著火性及可燃性液體的基本分類（Basic Classification of Flammable and Combustible Liquids），液體的定義為：「在攝氏38度（華氏100度）溫度下蒸氣壓低於275kpa（40psia）的流體。」著火性液體（Flammable Liquids）或I級液體（Class I Liquids）為閃火點低於攝氏38度的液體，它又可分為IA、IB及IC三類。

1.IA：閃火點低於23℃，沸點低於38℃的液體。

表3-1　一般著火性氣體的燃燒特性

氣體名稱	總熱值（千焦耳／立方公尺）	著火限值（%）		比重（空氣＝1）	燃燒一立方公尺所需空氣量（立方公尺）	點燃溫度（攝氏度數）
		下限	上限			
天然氣（高熱能）	39.9-41.9	4.7	14.5	0.620-0.719	9.4	482-632
甲烷	39.6	5	15	0.55	9.52	630
煉鋼高爐氣	3.0-4.1	33.2	71.3	1.04-1.00	0.8	-
焦爐氣	21.4	4.4	34.0	0.38	4.7	-
丙烷（工業用）	93.7	2.15	9.6	1.52	24.0	492-604
丁烷（工業用）	122.9	1.9	8.5	2.0	31.0	482-538
下水道沼氣	24.9	6.0	17.0	0.79	6.5	-
乙炔	208.1	2.5	81.0	0.91	11.9	305
氫	12.1	4.0	75.0	0.07	2.4	500
氨（無水）	14.4	16.0	25.0	0.60	8.3	651
一氧化碳	11.7	12.5	74.0	0.97	2.4	609
乙烯	59.6	2.7	36.0	0.98	14.3	490

製程安全管理

2.IB：閃火點低於23℃，沸點高於38℃的液體。

3.IC：閃火點在23℃（含）至38℃之間的液體。

可燃性液體（Combustible Liquids）為閃火點為38℃或超過38℃的液體，又可區分為下列三類：

1.II：閃火點在38℃（含）至60℃之間的液體。

2.IIIA：閃火點在60℃（含）至93℃之間的液體。

3.IIIB：閃火點在93℃（含）以上的液體。

3.2.3 固體

可燃性固體物質可分為下列三類：

1.碳氫化合物如煤、高分子聚合物（聚乙烯、聚丙烯）、石蠟、脂肪等。

2.含部分氧化物〔$-CH(OH)_n$〕的纖維物質，如棉花（$C_6H_{10}O_5$）、麻、木材等。

3.可燃性金屬如鋰、鈉、鉀、鋅、鋁、鎂或其化合物。

表3-2列出固體可燃物質的燃燒特性。

表3-2　固體可燃物質的燃燒特性

名稱	點燃溫度（℃）	燃燒溫度（℃）	燃燒熱（KJ/Kg）
白橡木	210		19000-20000
長葉松	220		22000-23000
美國西部杉木	192		18000-20000
硫磺	245		
炭	345		26000-29000
天然纖維（棉）	255-400	850	
羊毛	570-600	940	
人造纖維			
醋酸纖維	440-520	960	
亞克力	460-560	850	
聚丙烯	500-570	840	

3.3 火的分類

火依燃料（著火源）的特性，可分為下列四類：

1.A類：木材、紙、棉、麻、煤等固體燃料著火。

2.B類：液體燃料如油品、液體碳氫化合物或油浸漬的物質著火。

3.C類：帶電荷的設備著火。

4.D類：鋁、鈉、鎂等金屬著火。

火災依火勢的大小分為下列五種[1]：

1.主要火災：需二十個以上噴射水源，才可撲滅的火災。

2.大型火災：需十八至十九個噴射水源撲滅。

3.中型火災：需三至十七個噴射水源撲滅。

4.中小型火災：需一至二個噴射水源撲滅。

5.小型火災：需一至二個手持水管或滅火器撲滅。

3.4 物質的著火特性

3.4.1 著火濃度限值

即使在著火條件之下，可燃性氣體與空氣的濃度比例必須在一定的範圍之內，才會著火燃燒，此一範圍是以氣體在空氣中的濃度的上限及下限表示。氣體濃度若低於著火濃度下限（Lower Flammability Limit, LFL）時，氣體濃度太稀薄，無法著火。如果濃度超過著火濃度上限（Upper Flammability Limit, UFL），空氣濃度稀薄，也無法著火。著火濃度上、下限亦稱為爆炸濃度上、下限（Lower Explosive Limit, LEL或Upper Explosive Limit, UEL）。著火濃度上、下限視氣體燃料與空氣分子作用的比例而定，如果缺乏數據時，碳氫化合物的著火濃度上、下限可由下列經驗式[2]求得：

$$LFL = 0.55C_{st} \tag{3-1}$$

$$UFL = 3.5C_{st} \tag{3-2}$$

C_{st}是氣體燃料燃燒時，在其與空氣混合物中的體積百分比，假設碳氫化合物的分子式為$C_mH_xO_y$，其與氧氣的反應式為：

$$C_mH_xO_y + ZO_2 \rightarrow MCO_2 + x/2H_2O \qquad (3\text{-}3)$$

所需氧的摩爾數（Z）為：

$$Z = m + x/4 - y/2 \qquad (3\text{-}4)$$

氣體燃料在混合物中的體積百分比（C_{st}）為：

$$C_{st} = 氣體燃料摩爾數／混合物摩爾數 \times 100$$
$$= 100/(1 - Z/0.21) \qquad (3\text{-}5)$$

公式（3-5）中，0.21為氧氣在空氣中的濃度分率。

將C_{st}代入公式（3-1）及（3-2）中，公式（3-1）及（3-2）則變為：

$$LFL = 55/4.76m + 1.19x - 2.38y + 1 \qquad (3\text{-}6)$$
$$UFL = 350/4.76m + 1.19x - 2.38y + 1 \qquad (3\text{-}7)$$

著火濃度範圍會受壓力、溫度、周圍環境重力場、火焰延伸方向的影響，由於其數值係由實驗得來的，數值精確性與實驗方法及條件有關。目前最普通的測試方法為美國礦業局所發展的，測試的主要設備為一上閉下開、5公分直徑、1.5公尺高的圓管，管中充滿了氣體與空氣的混合物，著火源則放置於管的下端。一般的測試是在常壓（一大氣壓）、常溫的條件下進行，火焰則由下向上延伸，但是也可在其他壓力、溫度、火焰方向及惰性氣體的混合條件下進行。表3-3列出一些常見的有機化合物的著火濃度上、下限，以及其他特性，如閃火點及自燃溫度的數據，以供參考使用。

表3-3 有機化合物著火特性[2]

化合物名稱		閃火點	著火濃度下限	著火濃度上限	自燃溫度
（中文）	（英文）	（℃）	（空氣中百分比）	（空氣中百分比）	（℃）
環氧己烷	Dioxane	12	2.0	22	
丙酮	Acetone	0.0	2.5	13	538
丙炔	Acetylene		2.5	110	305
丙烯醛	Acrolein	-26	2.8	31	
丙烯腈	Acrylonitrile	0	3.0	17	
苯胺	Aniline	70	1.3	11	
苯	Benzene	-11	1.3	7.9	562
丁烷	Butane	-60	1.6	8.4	405
一氧化碳	Carbon Monoixide		12.5	74	
氯苯	Chlorobenzene	29	1.3	9.6	638
環己烷	Cyclohexane	-18	1.3	8	245
乙硼烷	Diborane		0.8	88	
環氧己烷	Dioxane	12	2.0	22	
乙烷	Ethane	-135	3.0	12.5	515
乙醇	Ethyl Alcohol	13	3.3	19	423
乙烯	Ethylene		2.7	36.0	490
環氧乙烯	Ethylene Oxide	-29	3.0	100	427
乙醚	Ethyl Ether	-45	1.9	36.0	82
甲醛	Formaldehyde	-	7.0	73	
汽油	Gasoline	-43	1.4	7.6	
庚烷	Heptane	-4	1.1	6.7	223
己烷	Hexane	-26	1.1	7.5	223
氫	Hydrogen		4.0	75	400
異丙醇	Isoprophy Alcohol	12	2.0	12	455
異丙醚	Isoprophy Ethe	0	1.4	7.9	443
甲烷	Methane	-188	5.0	15	538
醋酸甲脂	Methyl Acetate	-9	3.1	16	502
甲醇	Methyl Alcohol	12	6.0	36	464
氯化甲烷	Methyl Chloride	0	8.1	17.4	632
異丁酮	Methyl Ethyl Ketone	-4	1.4	11.4	516
異己酮	Methyl Isobutyl Ketone	23	1.2	8.0	460
甲基丙烯酸甲脂	Methyl Methacrylate	10	1.7	8.2	421
異戊酮	Methyl Propyl Ketone	7	1.5	8.2	505
石油腦	Naptha	-49	1.2	6.0	288
辛烷	Octane	13	1.0	6.5	220
戊烷	Pentane	-40	1.51	7.8	309

（續）表3-3　有機化合物著火特性[2]

化合物名稱		閃火點 （℃）	著火濃度下限 （空氣中百分比）	著火濃度上限 （空氣中百分比）	自燃溫度 （℃）
（中文）	（英文）				
酚	Phenol	79	1.8	8.6	
丙烷	Propane		2.1	9.5	466
丙烯	Propylene	-108	2.0	11.1	497
二氯化丙烯	Propylene Dichloride	16	3.4	14.5	557
環氧丙烯	Propylene Oxide	-37	2.3	36	465
苯乙烯	Styrene	31	1.1	7.0	490
甲苯	Toluene	4	1.2	7.1	536

3.4.2 溫度與壓力的影響

　　由於溫度與壓力的變化直接影響物質的相態、蒸氣壓及物理特性，因此對著火濃度限值的影響很大，一個閃火點高於室溫的液體，自然無法在空氣中產生著火性的蒸氣，但是如果室溫超過閃火點後，便可形成著火性的蒸氣。液體的蒸發亦隨著環境壓力變化而改變，壓力降低時，蒸氣產生量增加，壓力增加時，蒸氣量則減少。高溫時，蒸氣壓升高，揮發度增加，溫度降低時，蒸氣壓降低，揮發量亦減少。

　　圖3-2及圖3-3顯示溫度與壓力對於著火濃度限值的影響[3]。使用這些曲線時必須瞭解，它們代表平衡條件。在圖3-2中的曲線左上方的條件下及圖3-3中的曲線右下方的條件下，皆無法著火；曲線與760mm水銀柱壓力交會的溫度為常壓下的閃火點。

　　壓力低於一大氣壓時，著火範圍會收縮，如果壓力繼續降低，上下限會不斷接近，直到上、下限重合，而無法著火燃燒為止。圖3-4顯示甲烷的著火濃度範圍的變化與壓力的關係，當壓力低至0.18大氣壓（18kpa）時，濃度上、下限交會，甲烷即無法著火；相反地，如果壓力增加，則會擴大著火濃度範圍，由圖3-5中可以看出上限增加的幅度遠較下限降低的幅度大。有些碳氫化合物的著火濃度在高壓下驟增，如果氣體濃度近於著火上限，點燃後，火焰內會產生一個冷焰區域。著火濃度上限與壓力的關係可由下列經驗公式求出[5]：

$$UFL_p = UFL + 20.6 \, (logP + 1) \tag{3-8}$$

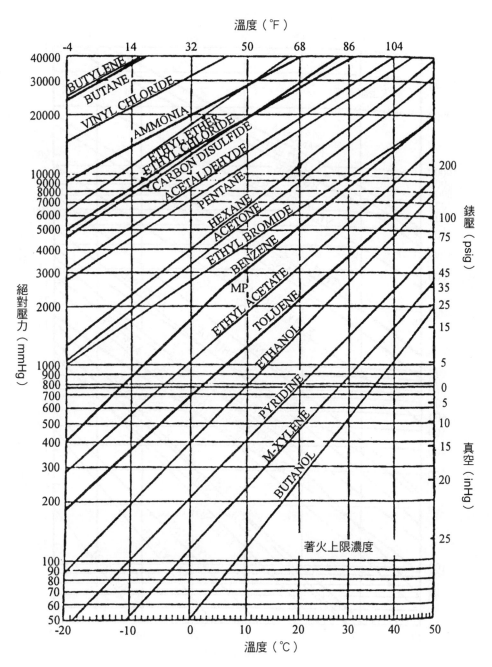

圖3-2　溫度與壓力對於著火下限的影響[3]

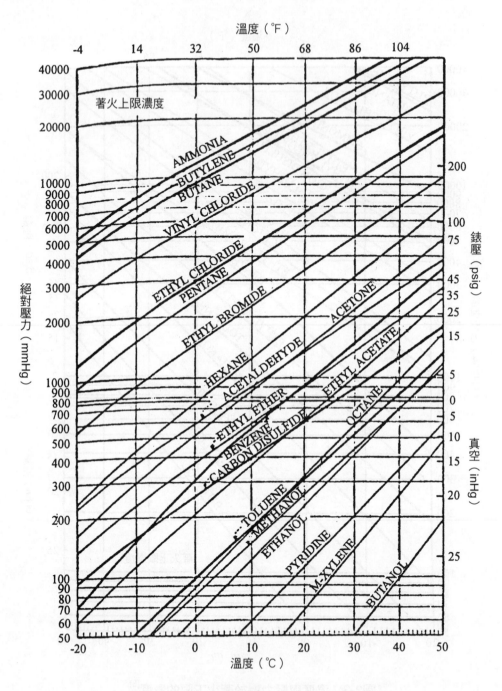

圖3-3　溫度與壓力對於著火上限的影響[3]

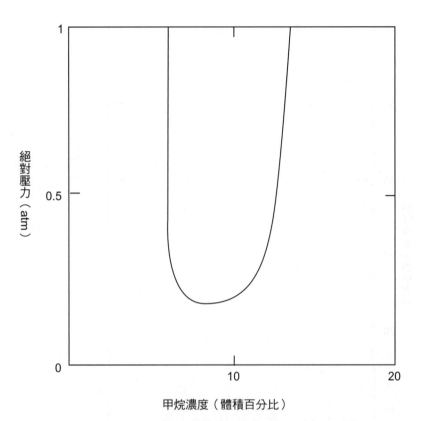

圖3-4　壓力對甲烷著火濃度範圍的影響[4]

其中，P＝絕對壓力（mpa，即1,000kpa）。

　　UFL＝一大氣壓下著火濃度上限（體積百分比）。

升高溫度亦可擴大著火濃度範圍，圖3-6顯示天然氣的著火濃度範圍與溫度的關係。可燃物質的著火濃度上、下限與溫度的關係，可由下列兩個公式求得[5]：

$$LFL_T = LFL_{25} \left[1 - 0.75 \, (T-25) / \triangle H_c \right] \qquad (3\text{-}9)$$
$$UFL_T = UFL_{25} \left[1 - 0.75 \, (T-25) / \triangle H_c \right] \qquad (3\text{-}10)$$

其中，$\triangle H_c$＝物質的燃燒淨熱值（kcal/mole）

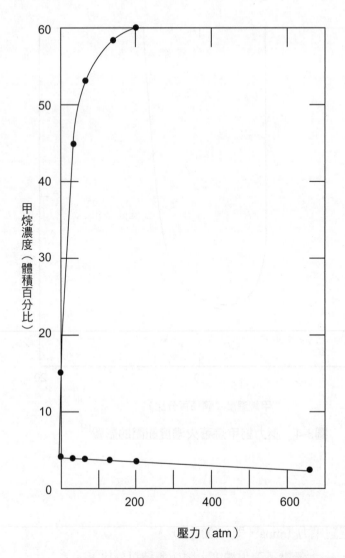

圖3-5　高壓對甲烷著火濃度範圍的影響[5]

T＝溫度（℃）

LFL$_{25}$及UFL$_{25}$分別為攝氏25度時，物質的著火濃度及上限。

3.4.3 氧氣中的著火濃度範圍

　　氣體燃料在氧氣中的著火濃度範圍，較在空氣中大，在氧氣中的濃度下限與在空氣中相近，但是在氧氣中的上限值遠較在空氣中的上限值高。

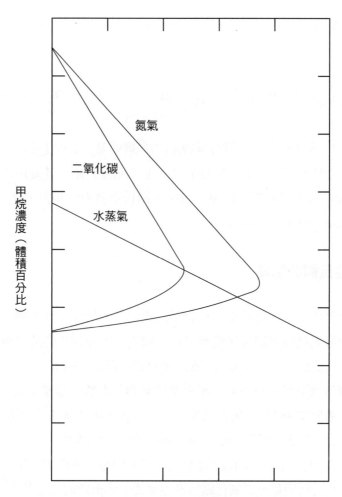

圖3-6　惰性氣體濃度對甲烷著火濃度範圍的影響[4]

3.4.4 混合氣體的著火濃度

氣體混合物的著火濃度上、下限可以用勒沙特利爾公式（Le Chatelier Equation）求得[4]：

$$(LFL)_m = 1 / \sum_{i}^{n} = 1 \qquad Yi / LFL_i \qquad (3\text{-}11)$$

其中，$(LFL)_m$＝混合氣體的著火濃度下限（體積百分比）

LFL_i＝i項氣體的著火濃度下限（體積百分比）

Y_i＝i氣體的克分子分率（摩爾分率）

n＝氣體總數

$$(UFL)_m = 1／\sum_{i=1}^{n} \quad Y_i／UFL_i \quad (3-12)$$

$(UFL)_m$及UFL_i分別為混合氣體及i項氣體的著火濃度上限。

由於勒沙特利爾公式為經驗性公式，並非完全正確，其實用性及限制請參閱柯瓦（Coward）及鍾斯（G. W. Jones）兩氏所發表的報告（U. S. Bureau of Mines, Bulletin 503, p. 6, 1952）。

3.4.5 惰性氣體的影響

氣體燃料的著火濃度範圍，也會受到惰性氣體的加入而改變，由於惰性氣體的存在會降低燃料與空氣接觸及混合的程度，因而抑止燃燒反應的發生，惰性氣體的加入比例愈高，著火濃度範圍愈窄狹。**圖3-6**顯示氮氣、二氧化碳及水蒸氣等三種惰性氣體，對於甲烷著火濃度範圍的影響，當氮氣的濃度達40%或二氧化碳的濃度達30%時，著火濃度上下限交會，甲烷無法著火燃燒。**表3-4**列出抑止碳氫化合物燃燒所需的氮氣及二氧化碳的最佳濃度。

碳氫化合物在氮、二氧化碳等惰性氣體中的著火濃度限值倒數與其在混合氣體（碳氫化合物與氮、二氧化碳等惰性氣體）的倒數成正比[42, 43]：

表3-4 抑止碳氫化合物在空氣中著火燃燒所需氮氣及二氧化碳的最低濃度（體積百分比）[6, 7]

碳氫化合物		氮氣	二氧化碳
中文名稱	英文名稱	（體積百分比）	（體積百分比）
甲烷	Methane	38	24
乙烷	Ethane	46	33
丙烷	Propane	43	30
正丁烷	n-Buteane	41	28
正戊烷	n-Pentane	43	29
正己烷	n-Hexane	42	29
乙烯	Ethylene	50	41
丙烯	Propylene	43	30
苯	Benzene	45	32

$$\frac{1}{U} = \frac{1}{U_1} + \phi_U\left(\frac{1}{x} - 1\right) \tag{3-13}$$

$$\phi_U = \frac{U_1 \quad + (1 - U_1)\,Cp_i}{U_1 Cp_f} \tag{3-14}$$

公式（3-13）中，U為碳氫化合物在混合氣體（含惰性氣體）中的著火濃度上限，U_1為碳氫化合物在空氣中的著火濃度上限（UFL），x為碳氫化合物在混合氣體中的摩爾分率。

公式（3-14）中，Cp_f為碳氫化合物的熱容量，Cp_i為氮氣（N_2），二氧化碳（CO_2）等惰性氣體的熱容量。

著火濃度下限（LFL）：

$$\frac{1}{L} = \frac{1}{L_1} + \phi_L\left(\frac{1}{x} - 1\right) \tag{3-15}$$

$$\phi_L = \frac{p_2 - Cp_i}{p_2} \tag{3-16}$$

公式（3-15）中，L為碳氫化合物在混合氣體中的著火濃度下限，L_1為碳氫化合物在空氣中的著火濃度下限。

公式（3-16）中，P_2為空氣的熱容量（$= 0.79Cp_{N2} + 0.21Cp_{O2}$）；$Cp_i$為氮（$N_2$），二氧化碳（$CO_2$）等惰性氣體的熱容量。

3.4.6 閃火點

液體燃料必須吸收熱能揮發成氣體後，才會著火燃燒，液體燃料的著火難易度與其揮發性有關，易於揮發的汽油遠較難以揮發的重油易於著火。閃火點（Flash Point）是決定液體物質危害性之主要的物理特性，當溫度達到閃火點時，液體揮發成氣體的質量足以與空氣混合，而形成可燃混合物，此時雖然可以著火，但是揮發的質量不足以維持火勢的延續。閃火點與壓力有關，壓力增加時，閃火點會上升。**表3-1**亦列出一般碳氫化合物的閃火點。混合物的閃火點可由實驗求得。

閃火點的測試方法有開口杯式（Open Cup Test）[8]及閉口杯式（Closed Cup

Test）[9]兩種，由開口杯方式所得到的閃火點略高於閉口杯方式所得的閃火點。
圖3-7顯示液體的蒸氣壓著火濃度上、下限閃火點及自燃溫度的相互關係。

3.4.7 著火點

著火點（Fire Point）的定義為在開口的容器中的液體所揮發的蒸氣足以
維持火焰持續的最低溫度。通常液體著火點略高於閃火點。以一般液體燃料為
例，維持火焰的最低蒸發速率約為2克／立方公尺左右。

當著火點或可燃性液體與點火源接觸後，即使液體的溫度低於閃火點，但
是由於點火源所放出的熱能足以將液體表面溫度提高至著火點以上，因此火勢
會很快地蔓延至液體表面。

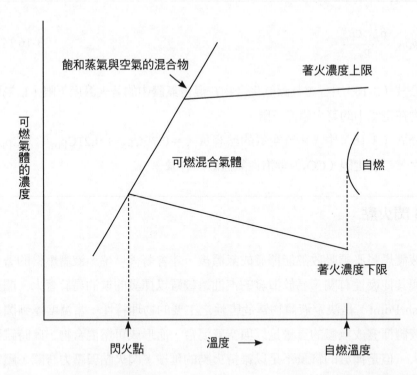

圖3-7　蒸氣壓、著火濃度上／下限、閃火點及自燃溫度的相互關係[10]

3.5 點燃與燃燒

3.5.1 點燃能

點燃能（Ignition Energy）是引發物質燃燒所需的最低能量，它與物質（或混合物）的成分、濃度、壓力及溫度有密切的關係：

1.點燃能隨著壓力增加而降低。

2.點燃能隨惰性氣體如氮氣、二氧化碳的濃度增加而上升。

3.可燃性塵粒的點燃能與可燃性氣體的點燃能相近。

表3-5列出常見可燃性氣體的點燃能，烷類的點燃能很低，僅為0.25毫焦耳（mJ），而汽車火星塞的點然能為25毫焦耳（mJ）左右，人走過地毯所產成的靜電約是22毫焦耳（mJ），如果可燃性氣體存在時，任何一個小火花或摩擦產生的靜電能足以點燃氣體，而造成火災。

3.5.2 自燃

有些可燃性氣體、液體或固體即使不與電弧或明火等點火源接觸，亦可能自行著火燃燒，此種現象稱為自燃（Autoignition）或瞬間點燃（Spontaneous

表3-5　常見可燃氣體及塵粒的點燃能[5, 6]

可燃氣體及塵粒	壓力（atm）	點火能（mJ）
甲烷（Methane）	1	0.29
乙烷（Ethane）	1	0.24
丙烷（Propane）	1	0.25
丁烷（Butane）	1	0.25
乙烯（Ethylene）	1	0.12
苯（Benzene）	1	0.22
氨（Ammonia）	1	＞100
氫（Hydrogen）	1	0.019
玉米塵粉（Corn Starch Dust）		0.3
鐵粉		0.12

Ignition）。自燃是物質在適當的條件之下，與氧反應，由於氧化反應所產生的熱能超過系統損失的熱能，燃燒得以持續。物質開始自行燃燒的溫度稱為自燃溫度（Autoignition Temperature, AIT，或Spontaneous Ignition Temperature, SIT）。自燃溫度受系統壓力、體積、催化劑及流動條件的影響而變化，系統壓力、體積或氧氣濃度的升高會降低自燃溫度。圖3-8顯示氣體的自燃溫度與壓力的關係，壓力升高時，自燃溫度降低，發生冷焰現象，在一大氣壓下，溫度未達自燃溫度之前，燃燒速度很低，而且經過一段冷焰區。如果起始壓力高時，氣體的溫度雖低於一大氣壓下的冷焰溫度也可能自燃，由此可見，壓力對於自燃溫度有很大的影響。在真空蒸餾塔或其他真空系統之中，如果真空突然喪失，大量的空氣進入系統時，系統中的高溫蒸氣即可能引燃爆炸。

　　吸附大量可燃性液體的固體物質與空氣接觸後，會產生緩慢的氧化反應，

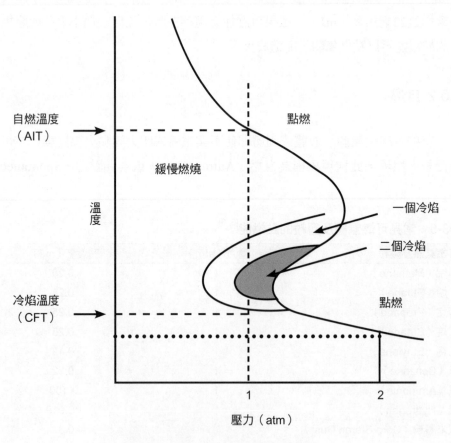

圖3-8　自燃溫度與壓力的關係[11]

如果周圍溫度高，散熱情況不佳，氧化反應所放出的熱量會逐漸積聚，導致溫度的上升，溫度愈高，氧化速度愈快，最後終於著火引燃。布萊頓氏（L. G. Britton）曾研究過有關保溫材料於吸附了大量有機液體後，自行引燃的意外事件[11]；其他多孔物質如蛭石（Vermiculite）或過濾材，如果吸附大量油品亦可能發生自燃現象。

可燃性粉塵在高溫下足以自行點燃，其自燃溫度與顆粒直徑、形狀、溫度、氧氣濃度有關，最常見的兩種情況為粉塵自燃及粉塵層自燃（Powder Layer Ignition），兩者最大的差別，在於粉塵自燃溫度可能遠低於環境周圍的溫度，而粉塵層燃燒則是由於側邊加熱，如受燈光或高溫馬達殼壁所放出的熱量所引燃的。

3.5.3 燃燒方式

火勢的大小與燃燒方式及燃燒速率有關，燃燒反應是否順利進行視可燃性物質與氧分子是否可以充分接觸而定，如果燃燒反應產生前，可燃物分子與氧分子充分混合，則可增加燃燒速率，此時化學因素是決定燃燒速率的主要參數，混合不完全時，分子間的擴散及混合等物理程序往往成為限制反應的主要參數。

由於燃料及氧化物的物態、混合方式及程度的不同，燃燒的過程可以分為預混焰、擴散焰、單推進劑及推進劑燃燒、爆炸等幾種（**表3-6**）。預混焰及擴散焰是一般燃燒加熱及焚化系統中主要的燃燒方式，推進劑燃燒發生於火箭、導向飛彈、太空船的動力系統中，爆炸則是槍砲主要的動力程序。

表3-6　燃燒方式[12]

項次	反應前物態		燃料與反應物	
	燃料	氧化物	預先混合	未混合
I	氣體	氣體	預混焰	擴散焰
II	液體	氣體	預混焰	擴散焰
III	液體	液體	單推進劑燃燒	-
IV	固體	氣體	-	擴散焰
V	固體	固體	推進劑燃燒 爆炸	-

　　圖3-9顯示預混焰產生過程中的主要程序，氣體燃料及氧化物的預先混合後經預熱反應、燃燒、後火焰反應等步驟。預熱反應的主要產物為碳氫化合物、醛、酮或有機酸的自由根及氫氧根，它不僅影響燃燒程序和碳氫化合物及粉塵的產生，並且調節燃料與氧化物（氧或空氣）的混合。後火焰反應是指燃燒區下游所發生的反應，例如自由根的重新組合，一氧化碳的氧化及熱解等。燃料的濃度及溫度在不同反應區域的變化顯示於圖3-9中。預混焰僅限於氣體或高揮發性液體燃料的燃燒，可燃氣體與空氣的比例必須在著火濃度限值之內。

　　擴散焰燃燒過程中，燃料和氧化物並不預先混合，無論溫度多高，燃料的

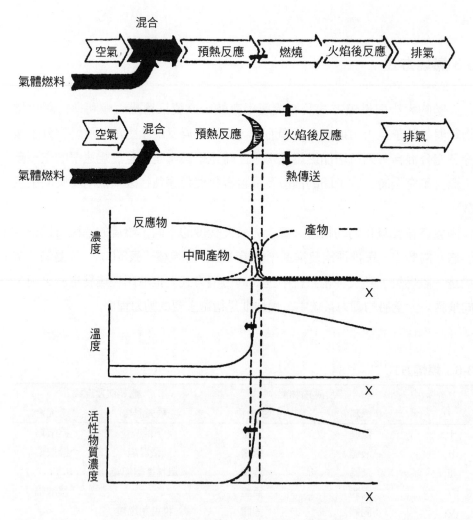

圖3-9　管中流動的預混氣體燃料燃燒[12]

點燃必須等到燃料與氧化物混合至一定程度後，才會發生，燃燒的情況是由燃燒系統的幾何構造及氣體亂流度而控制。如果混合程度差，燃料熱解所產生的物質無法完全氧化，不僅熱能無法完全放出，還會造成汙染，物質燃燒情況不佳時所產生的黑煙即是熱解的產物。

圖3-10顯示擴散焰中燃料、氧氣的溫度及溫度變化曲線，由於燃料和氧化物並未預先混合，燃燒所需的氧氣由外界供應，火焰產生於兩者接觸面上，此

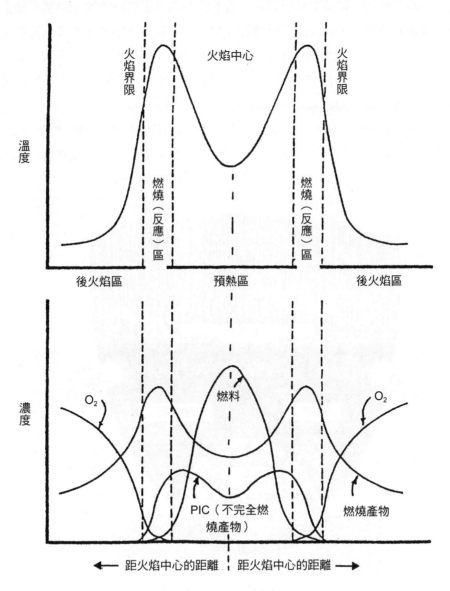

圖3-10　擴散焰的溫度及濃度曲線[12, 13]

處的溫度很高，幾乎所有的分子都裂解為原子或反應性強的小分子自由根。火焰放出的輻射熱不僅預熱空氣而且促進向火焰流動的燃料熱解。一般火災皆為擴散焰。

液體燃料必須先蒸發成蒸氣，再與氧化物或空氣混合，才會著火燃燒，蒸發、混合等物理程序是限制液體燃燒的主要步驟，因此燃燒器的設計必須考慮蒸發及混合的程度。如果將一團（直徑一公分以上）的液滴直接擲入燃燒室內，它的燃燒情況如**圖3-11**所顯示，液滴表面的分子可以急速加熱蒸發擴散，再與空氣充分混合，形成預混或擴散火焰，中層的分子蒸發後無法充分與氧氣混合，經熱解後產生大量的含碳量高的固體粒子（黑煙）及一氧化碳，最內層的分子吸收輻射熱後形成沸騰液體，不斷地蒸發。液體燃料在此種燃燒情況下，不僅無法完全放出熱能，而且會產生大量的黑煙及粉塵。

固體燃料的成分較液體及氣體更為複雜，即使是同類的固體燃料，成分及含量也不完全相同，因此燃燒的情況更難以控制。**圖3-12**顯示固體燃料燃燒的

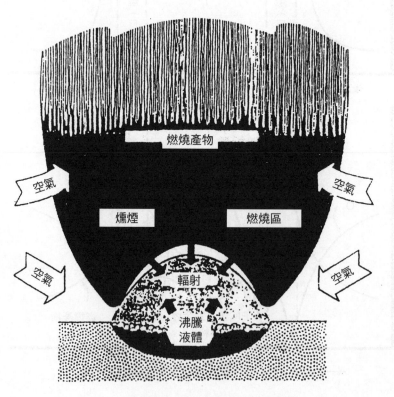

圖3-11　一團液滴的燃燒[12]

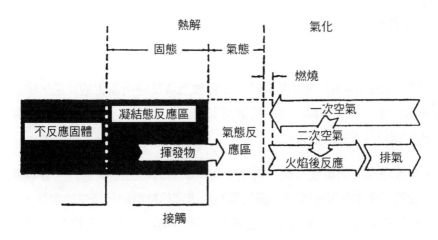

圖3-12　固體燃燒[12]

基本過程，反應可以在氣態及凝結態中產生。燃料中揮發性成分加熱後形成蒸氣，與流動的空氣混合後，產生擴散焰，在擴散焰與固體表面的空間內，氧氣含量很低，熱解是主要的反應方式。固體的表面則吸收火焰放出的輻射熱，溫度不斷地升高，一直到表面變成白熱化為止，同時蒸發更多的揮發物質。

當所有揮發性物質全部蒸發後，殘餘固體變成類似木炭的碳化物，炭的氧化與氣、液體燃料的燃燒完全不同，氧氣必須擴散至炭的表面，反應才可發生，此種炭的「燒完」的反應速率很慢，有些炭化物質需數小時之久才可完全燒盡。

3.5.4 燃燒速率

燃燒速率不僅與氧化反應速率有關，而且與燃料分子和氧氣傳至燃燒區有關，預混焰中的氧氣與燃料分子已完全混合，燃料速率由化學反應所控制，火焰燃料速率甚為快速，火焰傳布的速度亦快，每秒鐘可達數公尺；因此著火性蒸氣與空氣的混合，是非常危險的，只要點燃，幾乎無法阻止。

擴散焰的燃燒速率是由燃料分子與氧氣擴散至燃燒區的物理作用所控制，如果擴散速率快，燃燒速率亦快，否則不僅燃燒速率受限，燃燒也不完全。液體或固體可燃物必須先吸收熱能再經過蒸發、裂解等程序，形成蒸氣後才可進行氧化，由於蒸發、裂解等程序的速度遠低於氧化，燃燒速率係由蒸發、裂解等程序所控制。

 **3.6 爆炸**

爆炸（Explosion）是高壓氣體快速釋放至環境時所產生的後果，由於釋放速率非常快速，高壓氣體所含的能量是以震波方式散布、消失。爆炸依其產生的方式可區分為下列三種：

1. 物理爆炸：如溫度升高，密閉容器內氣體的壓力不斷上升，容器無法承受時所產生的爆炸或是充滿氣體的氣球突然被戳破所產生的爆炸。
2. 化學爆炸：可燃性氣體與空氣混合後，遇點火源，引燃後所產生的爆炸。
3. 物理／化學爆炸：失控反應產生大量氣體，壓力突然升高，容器無法承受或鍋爐爆炸。

由於周圍環境的不同，爆炸所產生的影響，亦不相同，在密閉容器或建築物中所產生的爆炸為局限爆炸，其影響僅限於容器或建築物之內或附近的區域；散布於大氣中的有機蒸氣雲，經點燃後所產生的爆炸為非局限性爆炸，其爆炸威力甚大，所有為蒸氣雲涵蓋的空間皆受嚴重的破壞。

爆炸程序非常複雜，雖然經過數十年的研究，吾人目前仍不能完全瞭解爆炸的活動狀態，為了安全起見，工程師使用爆炸影響模式或延伸實驗數據時，必須格外小心，並酌加足夠的安全係數。

3.6.1 爆震

爆震（Detonation）是由燃燒所產生的震波的波峰以聲速或高於聲速傳布的爆炸，爆震在管中的傳布，如**圖3-13**所顯示。爆震波是由震動壓縮與可燃物質點燃所釋放出化學能量所維持，火焰鋒與震鋒在時間與空間上互相耦合，震波與火焰鋒之前，並無顯明的壓力變化。爆震傳布的速率視氣體混合物特性、起始溫度、壓力與爆震類別而異，每秒傳布距離在1,000至3,500公尺之間。由於大量的能量在很短的時間（約1/1,000秒）內釋出，所造成的壓力上升約為大氣壓力的數十倍或百倍。

爆震產生的方式可分為下列兩種：

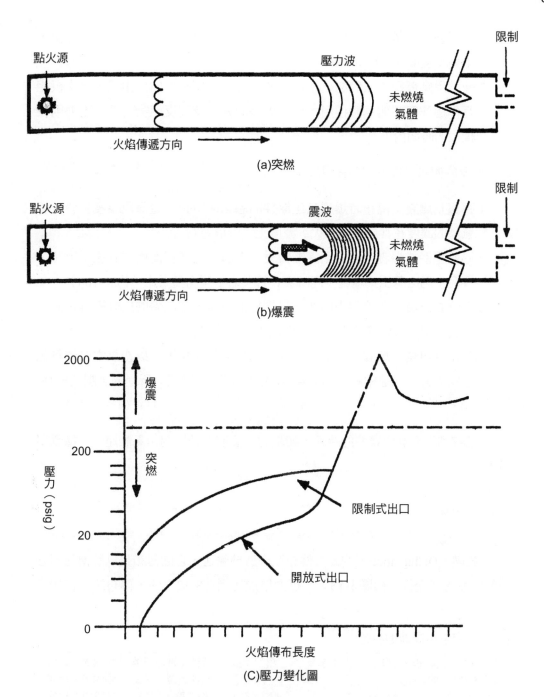

(a)突燃

(b)爆震

(C)壓力變化圖

圖3-13　突燃、爆震與壓力變化圖[14]

1. 熱爆震：氣體的溫度由於化學反應而上升，溫度愈高，反應速率愈快，壓力及溫度在極短的時間內急速增加。

2. 連鎖反應爆震：氣體的化學反應產生許多高反應性的自由根，自由根相互作用或與其他氣體作用，產生更多的分子及高反應物，系統壓力則在極短的時間內上升。

爆震的傳布呈現下列四種現象：

1. 跳躍式爆震：傳布時爆震量週期性的起始與中止，這種現象發生於可燃氣體的濃度在其爆炸（著火）濃度上下限值左右。

2. 過度驅使式爆震：當突燃逐漸轉變至爆震中的過程而尚未到達穩定時，會發生過度驅使式爆震，同時會在管壁產生側面壓力比（約50-100）。

3. 自轉式爆震：在管線中的傳布呈螺旋形軌跡，當氣體的成分複雜，而且爆震範圍遠大於管線直徑時，會產生自轉式爆震。

4. 穩定性爆震：爆震已經穩定，震波速率與聲速相等，以空氣中的碳氫化合物而言，此速率約為1,600-1,900公尺／秒。管壁上所受的側壓比約18-30。

表3-7列出空氣中震波的特性，如壓力、溫度上升比例、氣體速率、撞擊壓力比等。

3.6.2 突燃

突燃（Deflagration）的波鋒傳布速率低於聲速，它的傳布是以熱傳送與分子的擴散方式進行（如圖3-13），壓力增加比例在8-12之間，傳布速率在10至

表3-7　空氣中震波的特性[15, 16]

起始壓力與震波鋒壓力比	震波鋒之後的氣體速率（公尺／秒）	波鋒速率（公尺／秒）	震波溫度（絕對溫度，OK）	絕熱壓縮所可能到達的溫度（絕對溫度，OK）	震波撞擊障礙物的壓力與起始壓力的比例
2	175	452	336	330	1.63
5	452	698	482	420	11.4
10	725	978	705	515	34.9
50	1,795	2,150	2,260	794	296

100公尺／秒之間，偶爾也會發現數百公尺／秒的突燃。突燃焰的速率如果不斷地增加，由於燃燒產生的亂流與壓縮加熱的影響，突燃會經過一段突燃至爆震過渡（Deflagration-to-Detonation Transition）階段，而轉變為爆震，當轉變發生的瞬間，焰鋒前會有一團預壓縮的亂流氣體以高速及高壓爆震。過壓的大小視突燃發生時的預壓縮程度而變。突燃至爆炸的轉變通常發生於管線之中。

一般化學反應或火焰的進行，是依賴分子的擴散或氣體的亂流，能量釋放的速率受質量傳送的速率所限制，壓力及火焰移動的速率較為緩慢，遠低於聲速，例如，汽車汽缸中汽油與空氣的混合物的燃燒引爆為突燃，其釋放速率約1/300秒，遠低於爆震速率（1/1,000秒）。

3.6.3 局限性爆炸

在一個密閉的容器或建築物內所發生的爆炸為局限性爆炸（Confined Explosion），穀倉中的塵爆及化學程序設備或桶槽中所發生的爆炸皆為局限性爆炸；其特徵如爆炸、著火濃度範圍、點燃後壓力上升的速率、最高壓力等，可以使用實驗方法求得。

圖3-14顯示一個標準的壓力隨時間變化曲線，容器內的著火混合物經點燃後，壓力在極短的時間之內（0.02-0.04秒）由1巴（bar）增至九倍，爆炸方式為突燃，局限性爆炸特徵是以爆炸指數（K）表示，其定義可由下列公式界定：

$$K = (dP/dt)_{max} V^{\frac{1}{3}} \hspace{3cm} (3-17)$$

K＝爆炸指數，單位為巴·公尺／秒（bar·m/s）

$(dP/dt)_{max}$＝最大壓力上升速率，單位為巴／秒（bar/s）

V＝容器體積，單位為立方公尺（m^3）

表3-8列出一些常見氣體及粉塵的爆炸指數及最高壓力範圍，氣體的爆炸指數以K_G代表，粉塵的指數以K_{st}代表，粉塵的爆炸指數公式僅在容器大於或等於20公升時，才有效。

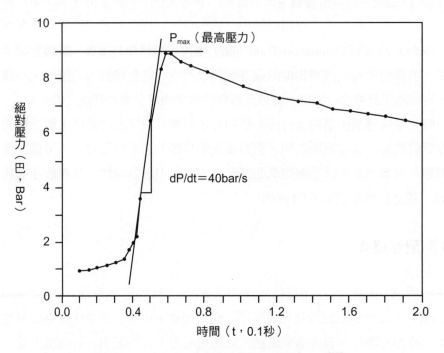

圖3-14　蒸氣爆炸後壓力與時間的關係[17]

表3-8　常見氣體及物質塵粒爆炸指數[18]

物質	最高壓力（巴）	爆炸指數（巴・公尺／秒）
1.氣體		
甲烷	-	55
丙烷	-	75
氫	-	550
2.塵粒		
聚氯乙烯	6.7-8.5	27-98
奶粉	8.1-9.7	58-130
聚乙烯	7.4-8.8	54-131
糖	8.2-9.4	59-165
樹脂	7.8-8.9	108-174
褐煤	8.1-10.0	93-176
木屑	7.7-10.5	83-211
醋酸纖維素	8.0-9.8	56-229
鋁粉	5.4-12.9	16-750
顏色、色素	6.5-10.7	28-344

3.6.4 部分局限性突燃爆炸

部分局限性突燃爆炸為在一個大的結構體中一小部分的蒸氣式粉塵雲燃燒所引起的爆炸，總壓力上升與燃燒氣體的體積成正比[15, 16]：

$$V_b \diagup V_o = （P - P_o）\diagup （P_{max} - P_o） \tag{3-18}$$

公式（3-18）中，V_o＝結構體的體積（立方公尺）

V_b＝燃燒氣體的起始體積（立方公尺）

P_o＝起始壓力（巴）

P_{max}＝燃燒後產生的最大壓力（巴）

3.6.5 非局限性爆炸

非局限性爆炸係由蒸氣雲或粉塵在大氣中引燃所產生的爆炸，其範圍不受塔槽或設備所限制，是化學工業中最具危險性及破壞性的爆炸，自1970至1990年間，至少發生過三十六次以上的爆炸事件，總損失以1990年幣值估算，高達十五億元，死亡人數為一百五十人。

非局限性蒸氣雲爆炸（Unconfined Vapor Cloud Explosion, UVCE）的產生過程可分為下列三個步驟：

1. 大量可燃性蒸氣由高壓設備或儲槽中逸出。
2. 蒸氣雲散布於大氣之中，與空氣接觸，空氣逐漸擴散至蒸氣雲中，形成著火性蒸氣雲。
3. 蒸氣雲與點火源接觸後，引燃爆炸。

蒸氣雲爆炸的特徵[6, 7]為：

1. 蒸氣雲點燃的機率與其大小有關，氣雲體積愈大，點燃機率愈高。
2. 蒸氣雲與點火源接觸後，不一定會引燃爆炸，依據過去統計及有限的數據產生閃火、火球的機率，遠較爆炸為高。
3. 蒸氣雲與空氣的混合程度及點火源的位置與其所產生的爆炸威力有關，亂流程度愈高，混合的情況愈差，爆炸威力亦愈強；點火源的位置與

蒸氣洩漏源愈遠,威力愈大,因為蒸氣雲邊緣與空氣的混合程度良好,洩漏源附近的點火源往往不能引燃或引爆,因蒸氣濃度太高,超過著火(爆炸)濃度上限。

4.蒸氣雲爆炸為突燃而非爆震,但是一般估算破壞威力的模式皆以爆震方式模擬。

蒸氣雲爆炸的防範必須由安全設計及管理兩方面著手,主要防範方法如下:

1.降低可能外洩的著火性、可燃性氣體及液體的數量:
(1)降低儲存量及使用量。
(2)盡可能降低製程的操作壓力與溫度。
(3)使用較小口徑的管線。
(4)安裝緊急隔離閥或止回流閥。

2.降低外洩的機率:
(1)設法降低著火性氣體、液體輸送管線的長度。
(2)定期檢驗管線。
(3)估算工廠中著火性、可燃性氣體及液體的儲存量。
(4)估算管線破裂後所洩出的可燃性氣體、液體數量及其破壞威力。

3.估算蒸氣雲外洩後爆炸威力與產生的過壓。

4.圖3-15顯示非局限性蒸氣雲爆炸區的設計限制,有關詳細內容請參閱下列論文:

T. A. Kletz, Consider Vapor Cloud Dangers, Proceedings, *AIChE Loss Prevention Symposium*, Houston, Texas, April 1-5, 1979.及*Loss Prevention, Vol. 13*, p. 147, 1980.

3.6.6 沸騰液體氣化膨脹爆炸

高壓設備或儲槽中的液體溫度高於常壓沸點時,如果設備破裂或周圍地區失火而吸收大量熱量時,液體會迅速氣化膨脹,釋出大量能量而爆炸。如果釋放的物質具著火性,可能導致蒸氣雲爆炸,圖3-16顯示丙烯球形儲槽可能發生沸騰液體氣化膨脹爆炸(BLEVE)的過程及其爆炸後的影響圖。

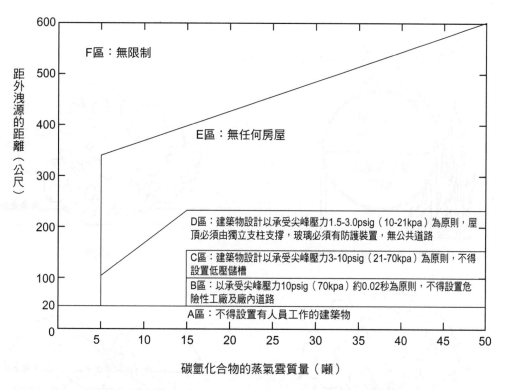

圖3-15　非局限性蒸氣雲爆炸範圍內的設計限制[19]

火災是造成沸騰液體氣化膨脹爆炸的最主要原因，引發步驟為：

1.盛裝液體設備及儲槽周圍地區失火。

2.火勢蔓延至設備或儲槽外殼。

3.設備或儲槽內液體吸收熱量，溫度升高、氣化、壓力逐漸上升，最後造成殼壁破裂。

4.火焰如蔓延至設備或儲槽頂端或上方蒸氣部分，由於沒有液體吸收熱量，外殼金屬溫度迅速上升，管壁也會因金屬喪失其張力而破裂。

5.殼壁破裂後，壓力迅速降低，大量液體迅速氣化。

6.液體與火接觸後著火爆炸，將殼壁向外彈擊，彈擊出的設備組件及殼壁，亦會造成損失。

預防及降低損失的措施為：

1.安裝足夠負載的疏解裝置，謹慎設定疏解壓力。

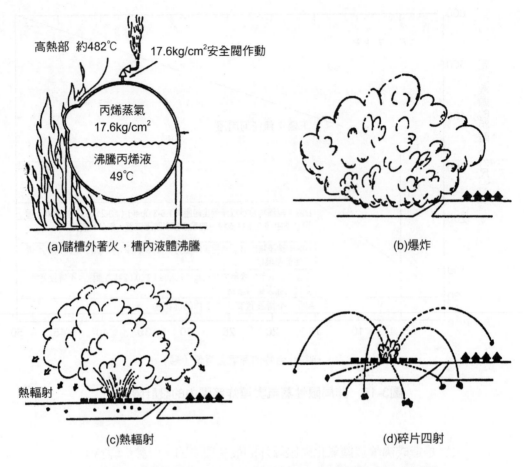

圖3-16　球形儲槽中丙烯沸騰液體氣化膨脹爆炸過程圖[20]

2.加裝自動噴水設備，失火時，可自動噴水，以冷卻儲槽或設備表面的溫度。

3.安裝適當的保溫及絕熱材料。

4.設備或儲槽地表面使用耐火、阻燃材料。

5.地表面應略為傾斜，並裝置適當的地下排放管道，以免儲槽或設備底下或周圍積聚易燃性液體。

6.在主要建築物與著火性液體儲槽區或設備區裝置防爆壁，以降低爆炸後的撞擊損失。

3.6.7 粉塵爆炸

可燃性固體的粉塵之危害性很高，懸浮在空氣中的粉塵著火爆炸，會造成嚴重的損失。粉塵爆炸不僅與顆粒大小、濃度、雜質、氧氣濃度、點火源的強度有關，而且經常一連串不斷地發生，通常起始的突燃規模很小，但是其強度足以造成附近粉塵的震動或損壞集塵器的配件，起始塵爆發生後，緊接著會發生一連串較大的爆炸，塵爆不僅會在同一建築物中傳布，而且還可能傳至附近其他的建築物中。

粉塵的危害程度可由美國礦業局所發展的點燃敏感度（Ignition Sensitivity, IS）與爆炸嚴重度（Explosion Severity, ES）來表示，其定義如下：

$$IS（點燃敏感度）=（T_i \cdot E_m \cdot C_m）_{匹茲堡煤塵} / （T_i \cdot E_m \cdot C_m）_{樣品} \tag{3-19}$$

$$ES（爆炸嚴重度）=（P_{max} \cdot R_{max}）_{樣品} / （P_{max} \cdot R_{max}）_{匹茲堡煤塵} \tag{3-20}$$

公式（3-19）及（3-20）中，T_i、E_m、C_m及P_{max}、R_{max}的定義為：

T_i＝塵雲點燃溫度
E_m＝塵雲最低點燃能量
C_m＝著火下限濃度
P_{max}＝最大爆炸壓力
R_{max}＝在測試設備中所測出的最大壓力上升速率

爆炸指數（Explosion Index, EI）為點燃敏感度與爆炸嚴重度的乘積：

$$EI = IS \cdot ES \tag{3-21}$$

依據爆炸指數的大小，可將可燃性粉塵分為**表3-9**所列的四類。**表3-10**列出一些可燃性粉塵的爆炸分類特徵，以供參考。

粉塵的顆粒愈小，表面積愈大，在粉塵雲中所能積聚的電荷（電容量）愈大，點燃及爆炸的機率愈高。粉塵的著火（爆炸）濃度下降（**表3-9**）與顆粒大

表3-9　粉塵的相對危害程度[21]

類別	爆炸指數（EI）	點燃敏感度（IS）	爆炸嚴重度（ES）
弱	＜0.1	＜0.2	＜0.5
溫和	0.1-1.0	0.2-1.0	0.5-1.0
強	1.0-10	1.0-5.0	1.0-2.0
嚴重	＞10	＞5.0	＞2.0

表3-10　不同粉塵的爆炸特徵[21, 22]

粉塵名稱	爆炸指數（EI）	點燃敏感度（IS）	爆炸嚴重度（ES）	爆炸下限（g/cm³）	點燃溫度（℃）雲層		點燃能量（焦耳）	最大爆炸壓力（kpa）
I 農產品								
1. α-纖維素	＞10	2.7	4.0	4.5	410	300	0.04	807
2.玉米澱粉（商用）	9.5	2.8	3.4	4.5	400	-	0.04	731
3.石松孢子	16.4	4.0	3.9	2.5	480	310	0.04	517
4.大麥製澱粉（食用）	17.7	5.2	3.4	4.5	430	-	0.025	690
II 碳化粉塵								
5.木炭（硬木）	1.3	1.4	0.9	14	530	180	0.020	572
6.匹茲堡煤	1.0	1.0	1.0	5.5	610	170	0.060	621
III 化學品								
7.己二酸	1.9	1.7	1.1	3.5	550	-	0.060	579
8.二對酚一甲烷	＞10	11.8	1.1	2.0	570	-	0.015	614
9.二甲酸酐	6.9	11.9	1.4	1.5	650	-	0.015	496
10.硬脂酸鋁	＞10	21.3	1.9	1.5	420	440	0.015	600
11.硫磺	＞10	20.4	1.2	3.5	190	220	0.015	538
IV 藥品								
12.阿斯匹靈	＞10	2.4	4.3	5.0	660	熔融	0.025	607
13.維他命C	2.2	1.0	2.2	7.0	460	280	0.060	607
V 金屬								
14.錫	＞10	7.3	10.2	4.5	610	326	0.010	876
15.鎂（B級）	＞10	3.0	7.4	3.0	560	430	0.040	800
VI 合金								
16.鋁鈷合金（60/40）	0.4	0.1	3.5	18	950	570	0.010	643
VII 熱可塑樹脂								
17.丙烯醯胺塑膠	2.5	4.1	0.6	4.0	410	240	0.030	586
18.醋酸纖維	＞10	8.0	16	4.0	420	-	0.015	586
19.聚碳酸酯	8.6	4.5	1.9	2.5	710	-	0.025	662
20.酚醛樹脂；製模化合物	＞10	8.9	4.7	3.0	500	-	0.015	648

小、氧氣濃度、亂流程度及分散性有關，著火濃度上限則由於試驗上的困難而無法量測，從實用觀點而論，著火上限並無太大的意義。**表**3-9中（即美國礦業局）所列的著火濃度下限的量測係以直徑75微米（通過200號篩網）以下的粉塵為樣品所作的結果。

　　圖3-17顯示聚乙烯粉末的著火下限與顆粒直徑的關係，顆粒直徑愈小，著火下限濃度愈低。

　　圖3-18顯示氧氣濃度對著火（爆炸）濃度的影響，以日本幌內出產的煤粉為例，大氣中氧氣濃度為21%時，其下限濃度為35克／立方公尺，上限濃度約2,800克／立方公尺，氧氣含量愈低，著火（爆炸）濃度範圍愈窄。

　　由爆炸壓力及壓力上升速率隨粉塵濃度的變化曲線（**圖**3-19）可知，壓力與壓力上升速率在著火（爆炸）下限濃度時最低，然後隨濃度的增加而升高，然後經過一個最大值之後即緩慢降低，最大壓力與最大壓力上升速率並非在同一濃度值出現。由過去的經驗可知，大多數的塵爆發生於粉塵濃度略高於爆炸下限濃度，其破壞力遠低於可能發生的最大威力。點燃懸浮於空氣中的粉塵所

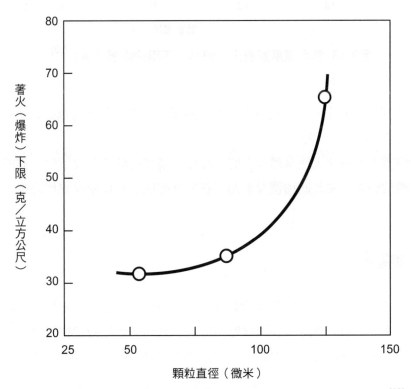

圖3-17　**聚乙烯粉塵著火（爆炸）下限濃度與顆粒直徑的關係**[13]

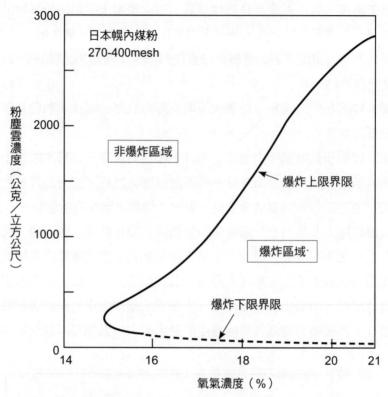

圖3-18　氧氣濃度對著火（爆炸）下限的影響（％）[23]

需的能量源為電火花、明火或高溫物體的表面，粉塵的點燃能量遠高於有機蒸氣，但是仍較環境中的能量為低。

　　粉塵雲中如有著火性氣體存在時，即使其濃度遠低於著火下限，亦能加強粉塵引爆的機率，由於此種情況普遍存在於雙相或三相化學反應槽之中，必須格外小心。

3.6.8 噴霧爆炸

　　一般工廠操作人員對於著火性氣體引燃爆炸深具戒心，但是對於噴霧爆炸的瞭解不多，一般人皆以為在閃火點溫度之下處理可燃性液體物質是非常安全的工作，殊不知懸浮於空氣中的可燃性液體的霧滴可在其閃火點以下的溫度爆炸。

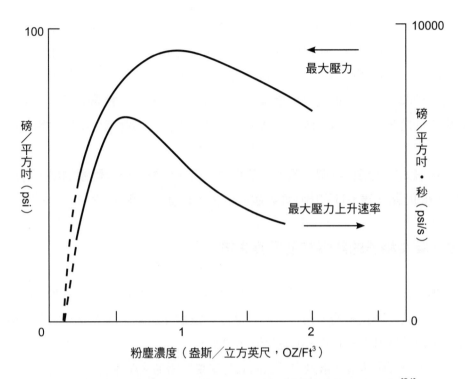

圖3-19　最大壓力與最大壓力上升速率隨粉塵濃度的變化圖[24]

懸浮的液體霧滴可在下列條件下產生：

1.液體經機械方式或其他流體霧化。

2.由熱液體揮發的蒸氣與冷空氣或其他氣體接觸而急速冷凝，霧滴直徑在 0.5至10微米之間，以直徑10微米左右最多。

　　霧滴可為電火花、明火或高溫物體表面所點燃，依據美國爆炸專家路易斯 （B. Lewis）與房艾柏（G. Von Elbe）二氏的理論，由反應區傳至預熱區的熱能 是由點火源或燃燒所產生的熱能所供應，對於一個球形的燃燒波而論，在某些 臨界波直徑以下燃燒無法自行維持，波的傳布所需的能量必須由點火源所供應 [15, 25]。點燃可以在低於火焰溫度的溫度下發生，但是所需點燃的能量增加，因 為不僅溫度低反應速率低，所需點燃的時間長，而且熱能必須深入著火性霧滴 之中。

　　依據高德謝夫氏（G. A. E. Godsave）的實驗[26]，霧滴的燃燒速度與液體的 蒸氣壓無關，僅與蒸發熱（Heat of Vaporization）有關，霧滴在燃燒之前必須經 過蒸發階段，而且燃燒在沸點左右的溫度進行[25]。

噴霧燃燒包括預熱及發光（燃燒反應）等兩個區域，95%的蒸發所需的熱能是以對流方式傳送，在預熱區中蒸發一個直徑10微米的霧滴約需0.025秒。由圖3-20可知，在閃火點以上時，霧滴的著火濃度範圍與其蒸氣完全相同，但是溫度低於閃火點時，霧滴仍可燃燒，而蒸氣則無法著火。霧滴的爆炸（突燃）速率略低於蒸氣，但是會隨濃度增加而上升，大型霧滴會產生不均勻的燃燒速率。

霧滴如加入惰性氣體（氮、二氧化碳、溴化甲烷）或液體添加劑，可以避免燃燒的危險，表3-11列出惰性氣體與添加劑的種類及濃度。

3.6.9 凝結相態的熱爆炸及反應失控

熱爆炸及反應失控最初是以均一反應開始的，然後以同樣的型態進行：熱能的累積及反應速率的加速，當系統溫度到達臨界點時，演變成一連串連續性反應，如果壓力急速上升，則產生爆炸現象。

熱失控反應速率通常是由下列兩個化學現象所加速產生的：

1. 自行催化反應：反應過程產生某些足以催化／加速起始反應。此種化學加速影響遠高於自行加熱的影響。

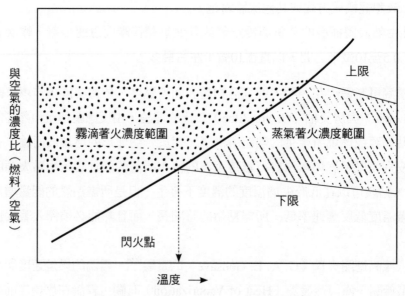

圖3-20　霧滴與蒸氣著火濃度範圍[25]

表3-11　惰性氣體阻燃添加劑[25]

名稱	氣體百分比（％）	添加劑／燃料質量比例
I　惰性氣體		
1.氮氣（N_2）	30	
2.二氧化碳（CO_2）	22	
3.溴化甲烷（CH_3Br）	5.2	
II　液體添加劑		
4.四氯化碳（CCl_4）		3.9
5.氯仿（$CHCl_3$）		5.0
6.二氯乙烯（$C_2H_2Cl_2$）		11.0
7.三氯乙烯（C_2HCl_3）		6.0
8.四氯乙烯（C_2Cl_4）		4.1
9.溴化甲烷（CH_3Br）		>5.0
10.溴仿（$CHBr_3$）		1.75
11.碘化甲烷（CH_3I）		>1.6
12.水		0.5（註）

註：再加上2-3%三乙醇胺以乳化燃料油與水。

2.開始時，起始反應產生一種準穩性條件（Metastable Condition），然後以兩種方式進行，一種為反應產生的高反應性物質足以進行快速放熱式分解反應，反應速率與溫度有很大的關係，另一種方式為所產生的反應性物質可與未反應的物質形成快速放熱反應，其速率與溫度有關。無論以哪一種方式進行，在反應初期，高反應性物質逐漸積聚，直到溫度到達臨界點時，突然產生一連串的反應，在極短的時間內放出大量熱能或大量氣體，最後導致爆炸。

在凝結狀態下發生的熱爆炸及失控反應遠較氣體狀態危險，因為：

1.單位體積中凝結相態（液、固體）的質量遠較氣體或懸浮於氣體中的霧滴、粉塵高。

2.所可能產生的熱能亦較氣相高。

3.所產生的壓力亦遠高於氣相，因為大量物質氣化後，產生的壓力自然高。

4.反應物與體積由於氣體、氣泡的產生與熱膨脹效應而膨脹。在許多情況下，凝結相態下的體積膨脹足以損壞桶槽，造成可燃物質外洩，可燃物質再與空氣接觸後，引燃爆炸，造成二次爆炸及火災。

圖3-21顯示，冷卻系統失常後，合成反應失控的溫度與時間的變化。當冷卻中斷後，溫度不斷上升至合成反應的最高溫度，此時部分物質開始分解或與其他反應物進行快速放熱反應，反應開始失去控制，反物性物質包括O─O，N＝N-，C＝C-等功能基（**表3-12**）。

依據英國健康與安全局（Health and Safety Executive, UK）巴頓氏（J. A. Barton）的分析，失控反應發生的原因[27, 28]如下：

1.對化學反應瞭解不足（29%），例如：
　(1)反應生成物的分解。
　(2)對反應所放出的熱能估算錯誤，冷卻程度不足。
　(3)產生不穩定的中間體。
　(4)原料添加速度不適當。

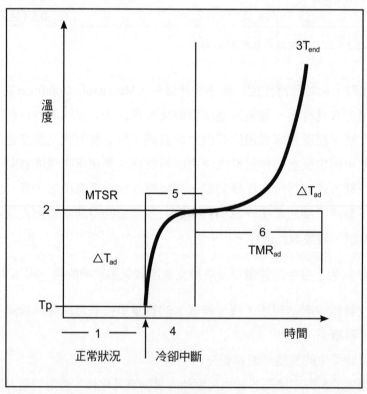

MTSR：合成反應所可能達到的最高溫度；TMR$_{ad}$：絕熱條件下達到最大反應速率的時間；△T$_{ad}$：絕熱條件下溫度的上升；Tp：製程溫度

圖3-21　反應失控後溫度隨時間的變化

表3-12 產生熱爆炸及失控反應的功能基及化合物[28]

功能基	化合物
O-O，O-O-O	過氧化物
-OCl₂，-OCl₃	氯酸鹽，過氯酸鹽
-N=N-，-N≡N≡N	含偶氮基化合物
-C≡C-	乙炔衍生物
$-\overset{|}{C}$-M	重金屬化合物
-OCN，-C≡N	異氰酸鹽，氰酸鹽
-NO₂，-ONO₂	硝酸鹽，過硝酸鹽

　　(5)原料中所含的雜質引起催化作用或其他反應。

　　(6)自行催化。

2.溫度控制不良（19%）：

　　(1)加熱速率太快或控制不良。

　　(2)溫度指示計失常。

　　(3)反應器冷卻水系統失常。

　　(4)溫度計安裝位置錯誤。

3.攪拌不良（10%）：

　　(1)攪拌速率過低，產生過熱或混合、分配不平均現象。

　　(2)攪拌機失常。

　　(3)電力中斷。

4.原料或觸媒供應量或速率不當（21%）：

　　(1)原料或觸媒進料過多。

　　(2)供應錯誤的物質。

5.公共設施、回流或清洗（15%）：

　　(1)公共設施（冷卻水、蒸汽電力、壓縮空氣）失常。

　　(2)回流閥關閉，溶劑蒸發、凝縮。

　　(3)反應槽未清洗乾淨，殘餘少許引起異常反應的物質。

6.其他（6%）：

　　(1)反應結束前，即進行下一階段的工作。

　　(2)操作失誤。

　　(3)蒸氣不適常的供應。

預防反應失控的發生，必須全盤瞭解反應的熱效應、熱力學及動力學。由於造成失控反應的條件如公共設施或冷卻水中斷、攪拌不良、錯誤反應物質或觸媒的加入等皆非操作時所欲進行的或所期望發生的條件，任何一個研發工程師在探討反應熱力學及動力學時，不太可能關注這些失常狀態下的反應特徵，而把主要人力、資源放在如何在正常狀況下得到最適化的產品品質、產出率的條件，因此吾人對於許多化學反應，僅知其在正常狀態下能發生的壓力、溫度或其他特性的變化，而對在異常或失控狀況下一無所知。如欲防止失控反應所造成的後果，宜從瞭解其在異常狀態下的特性著手。表3-13列出四種主要測試化學反應速率及熱能的設備，以供參考。近年來有關此類問題已逐漸受重視，讀者可參閱下列文獻：

1. F. Stoessel, What is Your Thermal Risk?, *Chem. Eng. Progress*, p. 68, October, 1993.

2. M. J. Creed and H. K. Fauske, An Easy Inexpersive Approach to The DIERS Procedure, *Chem. Eng. Progress*, p. 45, March, 1990.

3. T. Hoppe, Use Reaction Calorimetry for Safer Process Designs, *Chem. Eng. Progress*, p. 10, September, 1992.

4. R. N. Landan and R. S. Cutro, Assess Risk Due to Desired Chemistry. *Chem. Eng. Progress*, p. 66, April. 1993.

5. J. L. Cronin and P. F. Nolan and J. A. Berton, A Strategy for Thermal Hazards Assessment is Batch Chemistry Manufacturing, p. 113, in IChemE Symposium Series No. 102, 1987.

6. 經濟部工業局，《製程反應失控預防技術手冊》，工研院環安衛中心，2003。

表3-13　測試化學反應速率及熱能的儀器[30]

名稱	應用範圍
1.微分式掃描計熱器（Differential Scanning Calorimetry）／熱差式分析	測試物質分解熱
2.加速反應速率計熱器（Accelerating Rate Calorimetry, ARC）（註一）	在近於絕熱狀況下，測試失控反應的溫度／壓力隨時間的變化
3.反應系統篩選工具（Reactive System Screening Tool, RSST）（註二）	如ARC，並可測出質量流率的特徵
4.反應計熱器（Reaction Calorimetry, RCI）（註三）	測試合成反應的熱力及動力學特徵的計熱器

註一：ARC，美國Columbia Scientific Industrial Corp.的商標。

註二：RSST，美國Fauske and Associate產品商標，為美國化學工程師學會壓力疏解系統設計院（DIERS）計畫產品。

註三：RCI，美國Mettler儀器公司產品商標。

3.6.10 凝結相態的突燃及爆震

在凝結相態下發生的突燃所產生的壓力上升遠高於氣態、粉塵或霧滴，每單位體質所釋放出的能量亦大。突燃的傳布是以質量傳遞方式（熱能與激態物質傳至未反應的物質），其速率可低至每小時不到一公分，也可高達每秒數百公尺。反應區內的溫度很高，主要的成分為氣體物質，所產生的熱量傳至周圍的桶槽或管線。在高能量、低速率的系統中，由於不斷地放熱，容器無法承受而破裂。由於突燃對於壓力的變化非常敏感，容器破裂後壓力降低，反應物急速蒸發，由反應區所產主的熱能提供蒸發熱，因此突燃可經由壓力的降低而結束。

容器中凝結狀態下發生的爆震產生相當大的壓力，在未反應物質中的反應傳布是以震波方式進行，其速率由聲速至聲速的幾倍，在進行的方向會產生很大的撞擊，每平方英寸的撞擊壓力可達數萬磅。

3.6.11 物理爆炸

物理爆炸為不經化學反應所產生的高壓氣體的揮發，但是卻可能包括液體的蒸發。大部分的物理爆炸在固定體積的容器內發生，發生的原因為：

1.氣體經由機械壓縮。
2.加熱而造成體積的膨脹或液體的蒸發。
3.氣體由其他高壓進入。

當壓力超過容器最脆弱部分所能承受的壓力時，即可能產生殼壁破裂或損壞。如果容器內含有超熱液體（液體溫度超過其在一大氣壓下的沸點時），容器破裂後，大量的液體蒸發，會造成壓力的上升，此種現象為沸騰液體氣化膨脹（BLEVE）。

另外一種物理爆炸現象發生於液體閃蒸時忽然與另一個物質接觸，其溫度遠高於液體在常壓下的沸點，例如低溫液體或低溫液化氣體由低溫儲槽外洩或高溫金屬或礦物與閃蒸液體接觸時。此時由於液體在極短的時間內接受了大量熱能，大量液體閃蒸而產生大量的氣體，如果冷液體與熱表面的接觸面積夠大時，閃蒸的速率極快，足以產生震波，向四面散布。此種現象在工業程序中屢

見不鮮，必須特別小心，**表3-14**列出液體閃蒸爆炸的案例，**圖3-22**顯示熔融鹽類與水接觸所產生的蒸汽爆炸範圍。

表3-14 低溫液體與高溫物質接觸後閃蒸爆炸實例[31]

高溫物質	低溫液體	工業別
熔融燃料	水	
鋼鐵	水	鋼鐵工業
水，海水	液化石油氣	液化氣體工業
鋁	水	鋁製品工業
熔融燃料	鈉	—
岩漿	地下水、湖水、海水	自然現象（火山爆發）

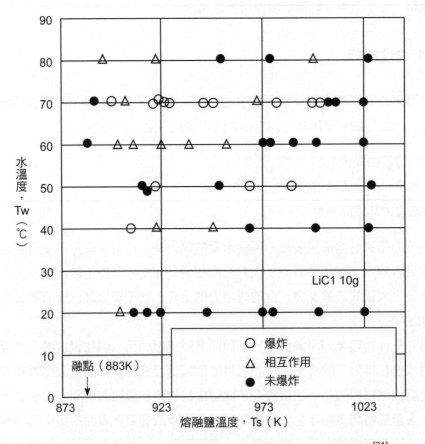

圖3-22 熔融鹽與水接觸後產生蒸氣爆炸的溫度範圍[31]

3.7 點火源

如**圖**3-1所顯示,點火源是造成火災或燃燒的三個必要條件之一,如欲防止火災的發生,必須設法避免這三個必要因素同時存在。由於空氣無所不在,難以有效避免或去除;化學製程中所使用的原料、中間產品及最終產品多為可燃性物質,僅能設法降低其儲存量或使用量,或者設法增加其安全性,但是無法完全去除;因此最有效的防止失火的方法為去除或控制點火源,避免點火源與可燃物質接觸。工程師在控制點火源之前,必須先鑑定製程中的點火源。

化學製程中的點火源很多,最主要的有下列幾個大類:

1.火焰源,直接加熱或高溫的設備外表。

2.物理點火源,如壓縮能、吸附熱、機械摩擦、切割及碰撞。

3.化學源,如催化劑、發火物質、化學能。

4.電源,如電器設備、靜電、電線短路、輻射頻率、雷電等。

美國工廠互助工程公司(Factory Mutual Engineering Corporation)曾分類過25,000個以上工業火災的原因,其中以火焰源所占的比例最高(44%),電源次之(25%),如果除去人為性縱火及吸菸所造成的火災,火焰源與電源所造成的火災比例相當[32]。

3.7.1 直接燃燒的火焰

化學製程中的火焰源為:

1.鍋爐、加熱爐、工業窯爐、焚化爐、燃燒器的火焰(關閉式)。

2.火炬、燃燒塔的開放式火焰。

3.香菸。

4.設備或煙囪排放的高溫油煙。

5.無焰燃燒的悶煙。

6.高溫設備的外表。

7.車輛或設備的內燃機。

8.人為縱火。

9.焊接、切割用火焰。

　　鍋爐、加熱爐、窯爐、焚化爐或燃燒的製程設備，是化學製程必需的設備，無法去除，只能加強安全防範設施，避免直接燃燒的火焰散布至燃燒室之外，或降低火焰與可燃性的排放氣體接觸。焚化廢氣或排放氣體的火炬及燃燒塔的火焰，大多直接暴露於大氣之中，火炬及燃燒塔的位置，宜遠離製程設備、生產工廠，或直接排至大氣的疏解閥，以避免開放火焰與可燃性物質接觸。

　　香菸也是造成火災的主要原因，占工業火災原因的18%（表3-15），菸頭並不足以點燃可燃性氣體，但是打火機或火柴的火煙卻是有效的點火源，化工廠內必須全面禁菸，以防意外。

表3-15　工業火災造成的原因[32]

原因	百分比（%）
電源	
電器設備或電線短路	23
靜電	1
雷電	1
<u>小計</u>	<u>25</u>
物理源	
機械摩擦	10
機械設備	2
<u>小計</u>	<u>12</u>
火源	
燃燒器火焰	7
燃燒產生的火花或餘燼	5
吸菸	18
縱火	3
焊接、切割所產生的火花	4
高溫設備（鍋爐、火爐、塔等）表面	7
<u>小計</u>	<u>44</u>
化學源	
化學反應失控	1
熔融物質潑灑	2
物料過熱	8
自燃	4
<u>小計</u>	<u>15</u>
<u>其他</u>	<u>4</u>

車輛或製程設備中的內燃機也可能造成火災，工廠內應儘量降低汽、卡車的活動，車輛必須行駛在固定的道路及停在指定的安全地點，摩托車則不准駛入工廠之內。

　　高溫設備的外表應加適當保溫材料，以防止高溫外表直接暴露於大氣之中，有些設備例如工業窯爐，由於內部燃燒室耐火磚材質的限制，加裝保溫材料會造成內部耐火磚的高溫時，則可設法隔離，或遠離可燃性氣體，或以冷水噴淋外表，以降低其溫度。

　　設備或煙囪排放的高溫油煙，應設法禁止或在排放前冷卻，並且避免無煙燃燒的悶煙產生。

　　約3%的工業火災是由人為性縱火造成的，只有加強安全管理及警衛設施，以避免閒雜人等進入工廠區內。

　　焊接、切割是修設與製造金屬桶槽或設備時不可或缺的工作，無法完全避免或降低其活動，僅能設法加強工作時的安全防護。線上設備的焊接、切割工作前必須全面檢視設備，避免可燃性物質的存在。管線及設備應通以惰性氣體，完全驅除可能造成意外的物質，處理或處置閒置設備、桶槽之前，亦應設法清除其中盛裝的物質，以免意外的發生。

　　安裝驅動柴油發電機、泵浦的內燃機時，應妥善考慮空氣吸入裝置及排氣排放管線的位置，以避免可燃氣體由管線進入內燃機內，點火引爆。

3.7.2 物理點火源

　　主要的物理點火源為：

1.壓縮熱。
2.機械摩擦、撞擊及火花。
3.物理吸附等。

　　可燃氣體、液滴與空氣的混合物，經壓縮後，溫度如果超過自燃溫度，即會點火。

　　當汽車引擎的溫度過高或汽缸中的汽油濃度過低時，壓縮點燃即可能會發生，此時即使將開關關閉（熄火）後，引擎仍會繼續運轉。另外一個例子為乙烯壓縮點燃時，如果低壓乙烯管線中的空氣，未被完全清除或空氣自其他設備

中洩入時，當乙烯／空氣混合物進入壓縮機後，由於空氣的定壓比熱對定容比熱的比例值高於乙烯，壓縮後的氣體溫度高於無空氣存在時的乙烯溫度，此時如果溫度超過乙烯的自燃溫度時，自燃現象就會發生。可燃性氣體，如進入空氣壓縮機吸氣管中，經壓縮後，亦會產生自燃現象。一些大型災變即由此類壓縮點燃而造成的。

由機械摩擦產生的火花而造成的工業火災約為總數的10%，為最主要的物理點火源。機械器具的應用經常會產生火花，應設法降低，或避免在儲存易燃性物質的場所，進行機械性的工作，如研磨、擊碎等。

撞擊會產生機械火花，撞擊時，造成的設備或管線的破裂及延伸，也會產生火花，如果產生的火花與可燃性氣體、液體接觸，即可能造成火災。清洗儲槽時，清洗設備與儲槽外殼撞擊所產生的火花，亦可能會引燃槽中殘餘的可燃液體或其蒸氣。

具伸縮性的高分子聚合物，受到外界強制性的振動時，會造成內能的積聚，積聚的內能有時也會造成自燃，例如壓縮空氣自橡膠封緘的裂隙中溢出時，即可能造成橡膠封緘的自行燃燒。另外一個特殊的例子為冷水經過由棉及橡膠複合材料所製成的消防水管噴出時，也會造成橡膠振動及內能的積聚，進而引燃橡膠水管[33]。

物質被活性碳、矽膠、分子篩（Molecular Sieves）等吸附所產生的物理吸附（Physisorption）是放熱的程序，如果所吸附的物質易燃，而且吸附物已含氧化劑或化學吸收的氧時，即可能點燃。吸附物表面有時也會促進分子的聚合反應，物理吸附所放出的熱量會加速反應，而造成反應失控。以活性碳吸附乙炔或酮類時，都可能造成點燃的危險[33]。

3.7.3 化學點火源

化學點火源為化學能、催化劑、強氧化劑，發熱熔結反應（Thermite Reactions），不穩定的過氧化物，乙炔衍生物及硝化物等。

表面塗有鋁、鎂等金屬的鋼製設備或鋼板受重物撞擊後，會產生強烈的火花，此類火花的產生，一半由於機械撞擊，一半由於化學（鋁、鎂）原因造成的，因此在具著火危險或可燃性物質多的地區，應避免使用表面塗有含鋁、鎂等金屬塗料的設備。原油中所含的硫化氫會與鋼製設備或桶槽作用產生硫化

鐵，硫化鐵在乾燥、溫暖的條件下，呈紅熱發光狀，而且具發火性，必須設法沾濕，然後由設備表面去除，切勿在乾燥條件下，以利器刮除。

反應性化學系統中的雜質，所接觸的設備材料，也可能具催化作用，加速或引發化學反應而造成反應失控、化合物裂碎，進而造成火災，乙炔、乙烯及環氧乙烯會被粉狀鐵鏽、矽膠、焦碳、氧化鋁或其他金屬氧化物催化而裂解。乙烯與氫氣在純化床中，經床內物質催化裂解，及受鐵鏽催化而造成裂解反應皆為已知的事實[34, 35]，至少有一次的環氧乙烯的蒸餾塔的爆炸是由於在沸器內的環氧乙烯蒸氣，受鐵鏽粉催化而造成的反應失控所引起的。

氧化劑濃度的增加也會引起火災，常溫下，微量的固體氧化劑如高錳酸鉀、硝化物皆可能引燃燃料。幾個常見的例子為：

1.高錳酸鉀與甘油醇（Glycerol）混合後，經過一段時間，會引燃甘油醇。

2.微量含有硝酸鹽的熱傳鹽類與液態二氯化矽烷（Dichlorosilane）接觸後，馬上會發生爆炸。

3.惰性氣體中微量的氧與可燃物質接觸後也可能引火。

因此強氧化劑的處理、儲存應特別小心，避免與可燃性的物質接觸，有關氧化劑的儲存及處理，請參閱美國國家防火協會出版的第43號報告（NFPA 43）。

鋁粉、鋁製物品與含有氯氟的碳氫化合物冷凍劑、溶劑及潤滑劑接觸會造成爆炸事件[36]。其他金屬如鎂、鋰、鎂、鈹、鈦等也可能引發鹵化碳氯化合物的爆炸。不過鐵氟龍（Teflon）比較安全，不會被上列金屬所引爆。

有機過氧化物、炸藥等不穩定的物質在空氣中受到撞擊、震動或加熱後，會引發火災或爆炸，處理此類物質時，必須遵守安全步驟，同時儘量避免此類物質在系統中累積，以免日後發生意外事件。

馬達德氏（L. A. Medand）曾討論不穩定物質在製程中可能造成的危險[33]，茲將幾個最常見的系統列出，以供參考：

1.在含氨或氮氧化物的系統中，會產生不同形式的不穩定的氮化物（Nitrides）、醯胺鹽（Amides）、亞醯胺鹽（Imides）或硝化合物。

2.乙炔或其他炔類系統中，炔類會與銅、銀等金屬形成不穩定的金屬炔化鹽。

3.氨及含氨基物質會與氯、次氯酸鹽（Hypochlorites）或其他氯化物形成敏感爆炸性的三氯化氮（Nitrogen Trichloride）。

4.在超低溫的系統中，氮氧化物與含有共軛雙鍵（Conjugated Double Bonds）的烯類反應，形成不穩定的膠狀物質。

　　美國國家防火協會出版的NFPA 491M報告及布瑞澤瑞區氏（L. Bretherich）所撰寫的《反應性化學危害手冊》（*Handbook of Reactive Chemical Hazards*, 4th Edition, Butterworth, Boston, USA, 1990），包含許多可能形成危險性的不穩定物質的系統及反應，讀者可自行研讀。

3.7.4 電點火源

　　電點火源包括靜電、雷電、亂電流、電器設備等。

3.7.4.1 靜電

　　靜電是造成化工廠火災中的點火源之一，許多工業爆炸事件皆由靜電所引起的。靜電基本上，是由兩種不同的物質接觸後，所產生的表面效應，以絨布摩擦玻璃棒或人走過地氈時，皮鞋與地摩擦皆會產生靜電。如果兩個物體為良導電體，電荷可以自由移動，分離時，正負電荷會抵消，兩個物體皆會恢復為原狀（未具電荷）。如果其中之一為絕緣體，不具導電性，電荷無法自由移動，物體分離後，仍各自保持電荷，一為正電荷，另一物體則帶負電荷。靜電壓可低至1伏特，也可高至1,000伏特。

　　許多化學程序中皆包含不同物體的表面接觸，相互移動及分離，例如氣／固體、氣／液體、固／固體物質的作用及分離（**表3-16**），設計時應設法避免其危害，並降低靜電的產生。**圖3-23**顯示各種可能產生靜電的活動。

(一)液體的流動

　　非極性（Nonpolar）液體在管線中的流動，會產生靜電而帶電荷，當電阻係數（Resistivity）超過10^8歐姆·公尺（$\Omega \cdot m$）以上，即具危險性。**表3-17**列出一些有機化合物的電阻係數，一般非極性碳氫化合物的電阻係數高達10^{13}歐姆·公尺以上，長碳鏈有機樹脂約10^{11}左右，略具極性的氯化有機物如氯苯、溴苯、氯仿或有機酸的10^8歐姆·公尺，低碳醇類如甲醇、乙醇約10^6歐姆·公尺，

表3-16 化工程序中可能產生靜電效應的系統[37]

相態／相態	系統
氣／液體	• 濕蒸氣的清洗 • 水的噴淋 • 濕蒸氣的洩漏
氣／固體	• 以壓縮空氣輸送顆粒狀固體 • 流體化床
液／液體	• 兩種不相溶液體物質的混合 • 液滴在另一液體物質中沉落
液／固體	• 液體在管線中流動 • 液體過濾 • 充填容器時液體的飛濺
固／固體	• 固體物質在輸送帶上的輸送 • 紙或塑膠的捲動 • 人體的行走

強極性的丙烯腈，乙二酸約10^3歐姆・公尺，甲酸的電阻係數最低，僅100歐姆・公尺。

僅須加入少量的強極性添加劑或溶劑，即可有效降低非極性液體的電阻係數，添加劑必須溶於流體之中，否則不僅不會降低電阻係數，反而會造成係數的增加。以汽油為例，則其電阻係數為10^{13}歐姆・公尺，如果每公秉加入1-2公克的添加劑（Teepol 530或Lissapol N），則其電阻係數即降至10^8歐姆・公尺。

液體中所含的懸浮固體雜質或不相溶的液滴，也會增加其電阻係數，當固體物質在非極性或非導性的液體中沉澱時，液體的電荷急速上升，因此在可燃性液體溶劑中沉澱過程必須在惰性氣體環境中進行，以免靜電荷放電所產生的火花點燃液體上方所揮發的蒸氣與空氣的混合物。

為了降低靜電所造成的失火危險，宜採取下列防範措施：

1. 可燃性流體輸送管線內，必須全部充滿液體，以免爆炸性或可燃性的氣體在管中產生；如果管線無法完全充滿時，必須防止空氣的進入；充填或排放至桶、槽的速度不可太快，酯類的流速每秒不宜超過10公尺，汽油、柴油或長碳鏈碳氫化合物則視管徑大小而異（**表3-18**），40公厘的直徑的管內流速不宜超過7公尺／秒，管徑增至600公厘時，其速度不宜超過1公尺／秒。

表3-17　液體有機化合物的電阻係數[38]

液體化合物		電阻係數（Resistivity）
中文名稱	英文名稱	歐姆・公尺（Ω・m）
1.非極性有機化合物（電阻係數＞10^8Ω・m）		
二硫化碳	Carbon Disulfide	10^{16}
四氯化碳	Carbon Tetrachloride	10^{15}
柴油	Diesel Oils	10^{13}
汽油	Gasoline	10^{13}
環己烷、苯、甲苯、二甲苯	Cyclohexane, Benzene, Toluene, Xylene	10^{13}
乙醚	Diethyl Ether	10^{13}
1,4環氧己烷	1,4 Dioxane	10^{12}
茴香酸	Anisole	10^{11}
硬脂酸丁基酯	Dibutyl Stearicate	10^{10}
溴苯、氯苯	Bromobenzene, Chlorobenzene	10^8
氯仿	Chloroform	10^8
丙酸	Propionic Acid	10^8
2.極性有機化合物（電阻係數＜10^8Ω・m）		
二氯乙烷（1,2）	1, 2-Dichloroethane	10^7
苯酸乙基酯	Benzoic Acid Ethyl Ester	10^6
甲醇、乙醇、丙醇、丁醇	Methanol, Ethanol, Propanol, Butanol	10^6
醋酸乙基、醋酸	Ethyl Acetate, Acetic Acid	10^5
丙烯腈、丁烯腈	Acetonitrile, Propionitvite	10^5
丙酮、丁酮、環己酮	Aceton, Butanone, Cyclohexanone	10^5
異丙醇、異丁醇	Isopropanol, t-butanol	10^4
甲酸乙基酯	Ethyl Formate	10^4
硝化苯	Nitrobenzene	10^4
乙二醇	Glycol	10^3
乙醛	Acetaldehyde	10^3
甲酸	Formic Acid	10^2

表3-18　汽油、柴油等非極性碳氫化合物由管線排至桶、槽的最高速度（公尺／秒）

管線直徑（公釐）	40	50	80	100	200	400	600
速度（公尺／秒）	7.0	6.0	3.6	3.0	1.8	1.3	1.0
流量（公升／分）	600	800	1,100	1,600	3,500	10,000	17,000

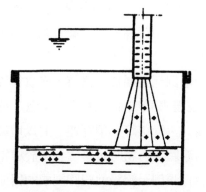

(a)不導電液體由金屬管線流出（分離效應）

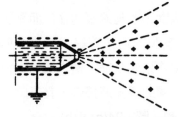

(b)液體由金屬管線噴出（分離效應）

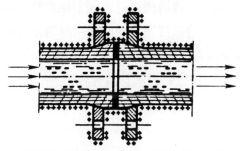

(c)不導電液體或粉末在玻璃或塑膠管中傳送

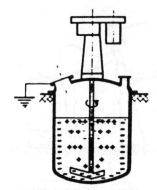

(d)不導電液體在容器中攪拌

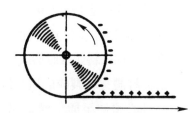

(e)塑膠或捲紙（分離效應）

(f)穿著絕緣鞋走過尼龍地氈或塑膠地板

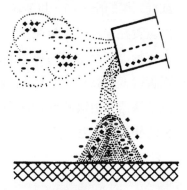

(g)粉末由塑膠袋倒出（分離效應）

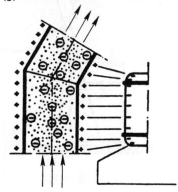

(h)粉末在塑膠管中輸出，不僅會產生靜電，而且會造成附近金屬感應帶電

圖3-23　產生靜電的物理程序[38]

2.每秒流速超過1公尺時，必須選擇具導電性或具內襯的金屬彈性管線，彈性金屬管線間的凸緣或偶合之間，必須互相接觸或以金屬管線相連，不宜使用絕緣料如橡膠製成的彈性管線。

3.由非導體材料製成的瓶、罐，將液體傾倒至金屬桶、槽時，充填管線、漏斗必須伸至桶、槽底部，以避免液體飛濺或產生漩渦、氣泡；導電材料製成的器具如桶、槽、噴嘴、漏斗、管線等必須互連，並以地線接地；含有兩種或兩種以上互不相溶的液體混合物時，必須儲存於導電性或金屬桶、槽之中，不宜將此類混合物傾倒至絕緣性塑膠製成的器皿或桶、槽之中。

4.流體在兩個桶（槽）之間的連接管線中流動，或經過泵浦輸送而產生亂流時，會造成液體及管線帶電荷，當金屬製的連接管線、泵浦與桶、槽接觸或分離時，即可能放電，因此必須將泵浦及桶、槽之間以導線相連，並以地線接地。金屬管線與桶、槽之間的導線連接處，宜遠離管線或桶／槽的出入口，以避免與可燃蒸氣接觸（**圖3-24(a)**、**(b)**）。

5.由裝置在卡車或火車廂上的液體儲槽，將液體傳送至固定儲槽時，儲槽及車輛之間必須以電導線相連，並以地線接地，同時使用具導電性的傳送管線，司機及工作人員必須穿著導電性鞋靴。

6.以塑膠器皿由儲槽吸取液體時，塑膠器皿的容量必須低於5公升，以免累積的靜電荷產生火花。

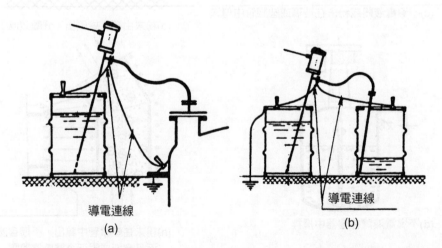

(a)　　　　　(b)

圖3-24　流體在桶、槽之間輸送時，管線、桶、槽之間必須以導線相連，並接地線[38]

7.反應槽中帶電荷的液體,與金屬製取樣器或測試工具接觸後,即會放
電,為了避免失火的危險,取樣及測試工作宜以閉路方式進行,並
且以惰性氣體充填槽中空間,以避免槽中之液體與外界空氣接觸(圖
3-25(a)、(b))。

(二)固體粉粒的傳送

固體粉粒的傳送、研磨、混合、篩選、充填桶槽或在空氣中飛濺時,分離
過程不斷地產生,因此不論所接觸的物體是否具有導電性,每一個固體粉粒皆
會帶電荷,同時會將所接觸的物體充電。由於一般粉粒的傳送或拂拭,所產生
的放電能量低,不足以點火;然而,大型儲槽內固體粉粒拂拭效應的累積所造
成的放電能量,可能高達百分之一焦耳(10 mJ),此放電能量值雖低於一般粉
粒的點燃能量(約25 mJ),但是足以引燃點燃能量低的粉粒。

即使粉粒及可燃氣體的濃度低於著火濃度下限,懸浮在空氣及可燃氣體
中的可燃固體粉粒,仍會著火爆炸,此種爆炸最常發生於盛裝有機樹脂的儲槽
中,如果樹脂表面的有機溶劑未被完全驅除,而且儲槽中又有空氣存在時。

傳送或處理固體粉粒時,應注意下列事項,以避免靜電引起失火的危險:

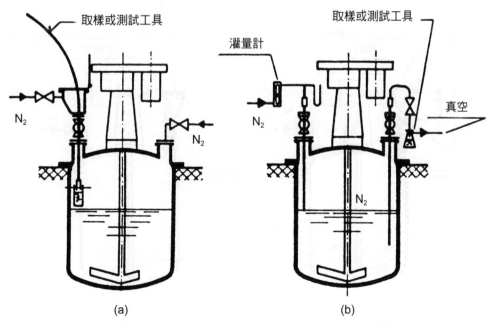

圖3-25　反應槽中取樣或測試裝置的安全設計[38]

1. 如果周圍環境中不含可燃性氣體或蒸氣時，僅須將導電材料製成的管線、桶、槽以導線連接，以地線接地即可；也可使用非導電材料製成的管線、桶、槽及工具。

2. 如果環境中含有可燃性氣體或蒸氣時，宜在惰性氣體，如氮氣下進行充填、儲存、輸送、研磨、篩選等程序，避免空氣或氧氣滲入系統之中（圖3-26(a)、(b)）。

3. 由非導體材料製成或具塑膠內襯的桶、槽將表面受溶劑沾濕的固體粉粒移轉至導電材料製成的桶、槽時，宜使用木製圓鍬，或接地線的鐵鏟。

4. 使用導電材料製成的桶、槽盛裝表面受溶劑沾濕的固體粉粒時，粉粒不宜裝入塑膠袋中，桶、槽亦不宜安裝含有塑膠或非導體材料製成的內襯。

5. 將帶電荷的固體產品充填由導電材料製成的桶／槽時，如果桶／槽不接地線，桶／槽會被充電，應使用具導電性車輪的槽車裝載可能具高電荷的固體，同時保持車輪清潔，工作人員應穿著導電性鞋靴。

6. 大型固體粉粒儲槽內壁不得塗以絕緣性的塗料，直徑超過3公尺的儲槽，其電場強度不得超過500kv/m，以免遭電擊放電。

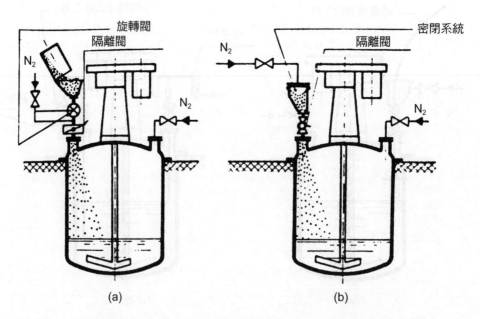

圖3-26　可燃性氣體存在時，將固體粉粒充填桶、槽的安全設計[38]

7.使用金屬或導電材料製成的通風及吸氣管線，管線內壁不宜使用絕緣性塗料。

8.使用導電材料製成的輸送帶、滑輪、驅動帶、圓柱形滾輪，同時測試轉動物體對地線的電阻，以確定是否接地。

(三)人體接地

　　工作人員宜穿著具導電性鞋底的鞋靴，如皮底鞋靴；不宜穿著鞋底由塑膠硬紙板或纖維材料製成的鞋靴，以免與接地物體接觸時放電產生火花，鞋底漏電電阻應低於10^8歐姆。如果鞋底不具導電性，則可使用連接鞋底與膝部的導電帶，導電帶的最低電阻必須高於10^6歐姆，以免電震危險。

　　脫除人纖材料製成的衣裳時，也會產生高電荷及放電現象，在具爆炸危險的場所不得脫除含人纖材料的衣物，以免放電造成爆炸的危險。

(四)靜電防範及安全準則

1.英國標準局標準第5958號（BS 5958, British Standards Institution, 1991）。

2.瑞士化學工業安全專家委員會所出版的《靜電：工廠安全規定》（*Static Electricity Rules for Plant Safety*, Expert Commission for Safety in the Swiss Chemical Industry (ESCIS), SUVA, Fluhmattstrasse 1. CH 6002, Lucerne, Switzerland, 1988）。

3.美國國家防火協會報告第77號（NFPA 77）。

4.美國石油研究院報告第2003號（API 2003）。

3.7.4.2 電機設備

　　化工廠中的轉動設備，如泵浦、壓縮機、攪拌器、絞碎機、電熱、輸送設備等，大多由電力驅動；設計及安裝時，如不嚴格控制，很容易會因線路短路或設備失誤而造成失火及爆炸事件。最可能造成火花的設備及元件為下列七類：

1.電源開源。

2.電路斷電器。

3.馬達啟動器。

4.按鈕站。

5.電源插頭。

6.電墊或照明設備。

製程安全管理

Chemical Process Safety Management

118

7.馬達。

為了確保安全起見，電路及電機設備的設計及安裝前，必須界定地區的危害性，然後依據地區危害性分類，應用合適及安全的設計及安裝準則。有關電路及電機設備的設計準則，不在本書範圍之內，讀者可參閱下列組織出版的規則及準則：

1.美國國家電機及電子器材製造業協會（National Electric and Electronic Manafacturers Association, NEMA）。
2.美國電機及電子工程師學會（Institute of Electric and Electronics Engineers, IEEE）。
3.美國國家標準局（American National Standards Institute, Inc., ANSI）。
4.美國國家電機法規（National Electric Code, NEC）。
5.美國石油協會出版的煉油工廠電機設備檢視準則（API Guide for Inspection of Refinery Equipment）。
6.美國卜內門公司電機設備安裝規定（ICI Electric Installations Code）。

3.7.4.3 雷電

儲槽的避雷及通地設施設計或安裝不良時，即可能遭雷擊而失火，有關預防雷電的設計準則請看下列資料：

1.美國國家防火協會報告第78號（NFPA 78）。
2.美國石油協會報告第2003號（API RP2003）。
3.電擊防範研究院標準作業規定第175號（Lightning Protection Institute, LPI-175）。
4.M. G. Frydenlund, Understanding Lightning Protection, Plant Engineering, Dec. 13, 1990.

浮頂式儲槽（Floating Roof Tanks）的接地（Grounding）及避雷聯線（Bonding）設施的安裝，必須遵照一定的安全準則，以免雷擊失火；油氣輸送管線之間的電流傳送可經過接連凸緣的螺栓，不致於造成阻礙，如果螺栓表面塗有絕緣塗料，如鐵氟龍時，可在凸緣之間使用星形墊圈，以加強金屬凸緣之間的接觸；管線上的「三明治」式閥，旋轉接頭或任何可能造成電流阻礙的接

合處宜安裝跨接電線，以利電流通過，其主要目的在於電擊時，降低電流傳送至地面的電阻。

地面的接觸情況會影響地緣的效果，地面宜含適當水分，便於電流散布，接地表面過分乾燥時，電流難以散布，接地效果不佳。

3.7.7.4 雜散電流

雜散電流（Stray Currents）並非蓄意設計或提供的電流，它是經由電流或電機設備的感應，或相互影響而產生的閉雜電流，它可能是連續性或間歇性、單向性或交替式。主要的雜散電流源，為無線電頻率傳送器（Radio-Frequency Transmitters）、高壓電輸送線、電化學作用及陰極保護系統。

(一)無線電頻率所造成的雜散電流

金屬結構如起重機、怪手、加油管線會受附近高能量無線電或雷達輸送器的影響，成為偶發性天線，在金屬結構的尖端不連續處放電，產生火花[39]，檀香山的貨櫃轉運站及德國漢堡港口的起重機皆曾發生人員灼傷事件，其電壓強達1,000伏特，漢堡港的意外事件是由7公里以外的一個300瓦強度的廣播站所引起的[40]。

無線電輸送站所造成的天線效應及輻射頻率與金屬結構的大小、形狀有關，頻率低於30MHZ以下時，對迴路結構如起重機、儲槽充填／排放迴路，及管線、支柱所組成的迴路最為有效。

由於鐵鏽會加強此類天線效應所引起放電強度，而且點火能量下限（Threshold for Ignition）與金屬結構的電阻有關，不宜應用清潔表面的點火能源下限（300v）來判斷是否安全。必須假設在最壞可能發生的天線效應下，在無線電發射站周圍20公里內，實際進行無線電頻率場的分析，以決定是否安全。

(二)高壓電線

高壓電線下的地表面的電場約5千伏／公尺（kv/m），人、物與地線接觸時可能會產生火花，放電能量與人／物體及地面之間的電容量、高壓線電壓有關。由實驗證明可以得知，在一般人及車輛的電容量下，尖端電壓必須超過4千伏（4kv）以上，才可點燃碳氫化合物或有機醇類的蒸氣，由於一般高壓線所感應的電壓低於此數值，因此只有在極高的電場下或周圍充滿了特殊易於點燃的有機蒸氣與空氣的混合物時，才會發生火災。

(三)陰極防腐系統

儲槽的陰極防腐系統也會造成裝載液體化學品或油品的船舶與儲槽之間的電動勢，油品卸載時，兩者電路相通，即會產生強烈的電流，而成為點火源。為了避免火花或電弧的產生，可以使用絕緣性凸緣，切勿使用不具導電性的橡膠管，因為橡膠管內液體的流動會產生靜電。

(四)化學電流

兩種不同金屬物體的接觸及分離時，也會產生化學電流，也可能點燃周圍的可燃氣體。

利用金屬器具由盛裝酸、鹼及鹽類等電解質的儲槽中取樣及進行測試工作時，也會產生此類化學電流。馬達德氏曾討論下列兩個事件[33]：

1. 鋁棒與鑄鐵製的硝化槽側維修用的開口接觸後，即會產生火花，其電壓約1.5伏特，電流為1.6安培，幸而電流感應低，僅0.01mH，所釋放的能量僅0.013mJ，未能引火。
2. 一個以不鏽鋼線連接的取樣瓶，伸入盛裝酸類的輪船的儲槽中時，由於化學電流產生的火花，造成氫與空氣混合氣體的爆炸。

為了防範化學電流的產生，宜使用與儲槽材質相同的金屬器具，以進行取樣、測試工作。

3.8 化學工廠中的火災

化學工廠失火會造成人員傷亡及嚴重的財產損失，研擬防範火災之前，宜瞭解造成火災發生的原因及失火後的發展及蔓延過程。

化學工廠中所發生的火災，是由於可燃性物質洩漏或潑灑所造成的，小量物質的洩漏是由於凸緣、取樣點、排放管線或其他管線及桶／槽的接頭不良而造成的，大量洩漏或潑灑則由於管線、設備、桶／槽、泵浦破裂及損壞所造成的。

可燃性物質由程序管線或設備洩漏後，由於點火時間不同，會產生不同的結果；可燃氣體或液體洩漏後如立即著火，會如火炬或燃燒器一樣產生火焰，直接噴在附近設備或空間上，如果洩漏的氣／液體未與點火源接觸，氣體或揮發的蒸氣會形成蒸氣雲。蒸氣雲如與點火源接觸則會產生蒸氣雲爆炸或閃火現

象，蒸氣雲爆炸已於前面討論過，不在此贅述。閃火是蒸氣雲燃燒的結果，其威力遠較爆炸為低，雖不一定直接造成桶／槽及設備的破裂，但也會造成廣泛的損失，例如電線、電纜的失火及短路，桶／槽的壓力上升及疏解，原料及產品的排放等；閃火也會造成附近空間氧氣的缺乏，而導致人員的窒息。

未揮發的液體洩漏後，會形成液池，液池點燃後形成池火，大型池火所產生的輻射熱也會造成嚴重的後果。

化學工廠的洩漏主要發生於泵浦、凸緣、一般設備及大型儲槽，所發生的火災亦因洩漏處所不同而異，茲將各種失火情況簡述於後。

3.8.1 凸緣失火

管線之間或管線與設備、桶／槽之間接頭的凸緣，易因物質的洩漏而失火。凸緣的洩漏主要是由於溫度變化而造成凸緣的變形，當高溫流體通過管線時，凸緣外部溫度較管線為低，凸緣內外部分膨脹程序不同，會造成螺栓、氣墊及凸緣的變形，時間一久，凸緣之間的氣密情況，即會由於不斷地熱脹冷縮而越來越差，終將造成裂隙，而導致管線內流體的洩漏。

改進既有凸緣氣密的方式為使用：

1.具套筒的長螺栓。
2.貝勒維爾（Belleville）式墊圈。

3.8.2 泵浦失火

泵浦的封緘（Seal）或填函蓋（Gland）的洩漏，是造成泵浦火災最主要的原因，克萊茲氏曾詳細討論烯類分離工廠泵浦失火事件[37]，他建議安裝隔離閥以降低流體的洩漏。改善泵浦的機械可靠度，使用複式機械封緘、加強封緘及氣密度等，亦可降低洩漏發生的機率。

3.8.3 設備包層套的失火

設備的包層套，如保溫材料，往往會為油或其他可燃液體所浸漬，如果包層套溫度很高，足以點燃浸漬的油液時，包層即會失火。

預防包層套失火的方法為：

1.防止包層套為油或可燃液體所浸漬，即防止洩漏，並且不在凸緣或接頭處安裝包層，以金屬薄片製成的軸環圍繞取樣裝置，以避免取樣裝置洩漏的液體與包層接觸。

2.包層套不可太厚，厚度愈高，保溫效果愈佳，但是也愈利於包層所浸漬的油液的自燃，決定保溫包層厚度時，除考慮保溫效益外，亦應避免自燃現象的加強。

3.包層外部宜以鋁片、表面具瀝青塗膜，或以膠結劑處理的材料包覆，以防止包層浸漬的油液與空氣接觸。

4.使用玻璃泡棉、鬆軟的鋁箔以取代傳統保溫材料。

3.8.4 儲槽失火

大型儲槽失火事件屢見不鮮，固定頂儲槽失火的發生頻率約為1/833儲槽率 [37]，浮頂儲槽失火頻率則不詳。由於儲槽容量大，失火後火勢難以有效地加以控制，因此會很快地蔓延至附近儲槽，造成大量的產品洩漏及損失。

儲槽失火及爆炸事件大多是由於人為的疏忽或儀器失常而導致的液體溢流所造成的，有些則由於空氣進入儲槽後，與蒸氣混合形成可燃性氣體而點火爆炸，另外儲槽附近的火焰、蒸氣雲爆炸及閃電也會造成儲槽的失火。

儲槽失火後不久，即會損壞殼壁、管線及泵浦等設施，依據以往的經驗，與火焰接觸的管線，在十至十五分鐘內即被破壞，所產生的輻射熱亦足以損壞附近的其他儲槽。

預防儲槽失火的措施為：

1.定期檢查液面指示儀表、泵浦及管線，避免洩漏及溢流。

2.儲槽之間宜保持安全距離，以降低輻射熱的影響。

3.儲槽區宜配備水噴淋系統，必要時，可以冷水冷卻儲槽以防止儲槽外殼過熱。

4.大型儲槽周圍部分應以獨立的短堤加以包圍，以防止洩漏或潑灑的液體散布，另外應儘量避免數個儲槽設置於同一個短堤之內，依據以往的經驗，只要一個儲槽失火，所有同一短堤內的儲槽皆會遭受波及。

5.短堤內管線上的閥以及凸緣數量應儘量降至最低，泵浦宜設置於堤外。

6.低壓及常壓儲槽應通以氮氣，以避免空氣進入，高壓儲槽應裝置壓力疏解裝置。

3.9 工廠的消防措施

工廠中的消防策略可分為下列兩種：

1.消極性火災預防及防範。

2.積極性保護。

3.9.1 消極性火災預防及防範

消極性預防及防範措施，是以預防火災的發生及發生後限制火勢的蔓延，而積極性的保護措施則為救火及緊急因應措施。

工廠設計及營建時，應將消極性預防及防範措施考慮在內，這些火災預防的考慮包括：

1.去除火災發生的可能性，例如去除點火源、可燃性物質的洩漏及排放。

2.火災發生時，物質的緊急移轉，例如壓力疏解及送至火炬焚化，緊急排放至安全場所或儲槽，以降低設備中的可燃性物質含量。

3.應用耐火材料，以避免著火。

4.限制火勢的蔓延。

5.儲槽及設備之間保持安全距離，以降低火勢蔓延。

3.9.2 積極性保護

積極性保護措施，雖然也在設計時考慮，但是卻在火災發生後，才會發揮作用，這些設施包括：

1.火災偵測及警示系統。

2.滅火劑。

3.消防水供應系統。

4.固定式滅火系統。

5.活動式滅火系統。

美國陶氏化學公司（Dow Chemical Company）所發展的陶氏失火及爆炸指數（Dow Fire and Explosion Index），可協助安全工程師排列不同程序及場所的危險程度計量化，以作為判斷及因應的參考，有關陶氏指數的說明及應用，請參閱第四章4.2.1節。陶氏化學公司發表的準則[41]並包括下列保護設施的說明：

1.基本火災及爆炸防範及保護措施。

2.推薦的最低預防及保護措施。

其標題項目則列於**表3-19**及**表3-20**中，其他有關化學工廠火災防範準則及手冊，請參閱下列著作：

1. *Protection Manual for Hydrocarbon Processing Plant*, by Vervalin, 1973.

2. *BS CP 3013: Fire Portections in Chemical Plant*, 1974.

3. *Guidelines for Safe Storage and Handling of High Toxic Hazard Materials*, American Institute of Chemical Engineers, 1988.

表3-19　陶氏化學公司損失防範準則：基本防範及保護措施[41]

項次	項目及標題
A	足夠的消防用水供應
B	桶／槽（容器）、管線、鋼結構的結構設計
C	壓力疏解裝置的過壓
D	腐蝕抗阻及裕度
E	管線及設備中反應物質的分離
F	電機設備的接地
G	輔助電力元件的安全位置（變壓器、斷電器）
H	電力中斷後的一般性防護設施，例如備用電源、柴油發電機及備用儀器用空壓系統
I	法規、同業公會、工程師學會準則（ASME、NEC、ASTM、ANSI等）的遵守
J	故障保安儀電系統設計
K	車輛及人員緊急疏散路徑及場所
L	消防用水及化學品洩漏之安全排洩
M	表面發熱設備的絕熱
N	國家電力規範（National Electric Code）之遵守
O	玻璃器皿應用於易燃性或危害性場所及設備的限制

（續）表3-19 陶氏化學公司損失防範準則：基本防範及保護措施[41]

項次	項目及標題
P	建築物及設備的安全布置
Q	管線支架及儀電用纜線盤的防火措施
R	隔離閥的安裝及設計說明
S	冷卻水塔損失防範及保護
T	消防器材的防護
U	電力安全分類（Electric Classification）
V	程序控制室防火牆及設計需求

表3-20 陶氏化學公司損失防範準則：最低預防及保護措施[41]

項次	項目及標題
1	耐火處理
2	設備及場所應具備的噴淋水保護需求
3	滅火用泡沫膠及薄膜化學藥劑
4	監視槍
5	排洩、棄置及潑灑的控制
6	燃燒氣體偵測儀
7	儲槽周圍的短堤
8	掩埋於地下的儲槽
9	應用於儲槽上的泡沫膠劑
10	遙遠的手控設施
11	特殊儀器
12	防火牆及障礙
13	建築物的通風
14	塵爆控制
15	開放式程序結構
16	建築物的緊急疏解通氣

參考文獻

1. Central Fire Brigades Advisory Council, Home Office, United Kingdon, Item 10, 1970.

2. G. W. Jones, Inflammation Limits and Their Practical Application in Hazardous Industrial Operations, *Chem. Rev., Vol. 22*, No. 1, pp. 1-26, 1938.

3. F. C. Mitchell and C. H. Vernon, Effect of Pressure on Explosion Hazards, *NFPA Quarterly, Vol. 31*, No. 4, pp. 306-313, April, 1938.

4. Coward and G. N. Jones, U. S. Burean of Mines, *Bulletin, 503,* 1952.

5. M. G. Zabetakis, Fire and Explosion Hazards at Temperature and Pressure Extremes, AIChE-Inst. Chem. Eng. Symp. Sec. 2, Chem. Eng. Extreme, Cond., Proc. Symp., pp. 99-104, 1965.

6. 張一岑，《化工製程安全管理》，第三章，新北市：揚智文化事業公司，1995年。

7. F. P. Lees, *Loss Prevention in the Process Industries, Vol. 1*, p. 408, Butterworths, London, U. K., 1980.

8. Pensky and Martens, *American Society of Testing and Measurements*, Standard Method D-93-61 and D-56-61.

9. Cleveland, *American Society of Testing and Measurements*, Standard Method D-92-57.

10. M. G. Zabetakis, U. S. Burean of Mines, *Bulletin, 627,* 1965.

11. L. G. Britton, Spontaneous Fires in *Insulation, Plant/ Operations Progress, Vol. 10*, No. 1, p. 20, 1992.

12. J. B. Edwards, *Combustion: Formation and Emission of Trace Species*, Ann Arbor Science, 1974.

13. ASME, Hazardous Waste Incineration, A Resource Document, American Society of Machanical Engineers, January, 1988.

14. CCPS, Deflagation and Detonation Arresters, Chaptar 13, in *Guidelines for Engineering Design for Process Safety*, American Institute of Chemical Engineers. New York, N. Y., USA, 1993.

15. B. Lewis and G. Von Elbe, *Combustion Flames, and Explosions of Gases*, 3rd ed., Acad. Press, Orlando. FL., USA, 1987.

16. CCPS, Explosion, Protection, Chapter 17, in *Guidelines for Engineering Design for Process Safety*, American Institute of Chemical Engineers, New York, N.Y., USA, 1993.

17. D. A. Crowl and F. Louvar, *Chemical Process Safety Fundamentals with Applications*, p. l75, Prentice Hill, Englewood Cliff, N. J. USA, 1990.

18. W. Bartknecht, *Explusion*, p. 27, Springer-Varlag, N.Y.C., N. Y., USA, 1981.

19. T. A. Kletz, Consider Vapor Cloud Dangers, *Loss Prevention, Vol. 13*, p. 147, 1980.

20. 小木曾千秋著，上原陽一、小川輝繁編修，〈可燃液體容器加熱時之爆發〉，《防火

防爆對策》，第七章第五節，東京：技術系統株式會社，1994年。

21. R. F. Schwab, Dust, *Fire Protection Handbook*, Section 3, Chapter 12.

22. Bureau of Mines, RI5753; RI5971; RI6597; RI7132; RI7208.

23. 槙木兵治著，上原陽一、小川輝繁編修，〈粉塵爆炸〉，《防火防爆對策》，第三章第五節，東京：技術系統株式會社，1994年。

24. W. J. Cruice, Explosions, *Fire Protection Handbook*, Section 1, Chapter 5, Edited by A. C. Cote.

25. J. Eichhorn, Mist Can Cause Explosion, *Fire Protection Manual, Vol. 1*, Gulf Publishing Co. Houston, Texas, 1973.

26. G. A. E. Godsave, *Fourth Symposium on Combustion*, p. 144, 1953, Williams and Wilkins, Baltimore, Md., USA.

27. J. A. Barton, Inst. Chem. Eng. Symp. Series, 115, 3, 1989.

28. 若食正英著，上原陽一、小川輝繁編修，〈反應性化學物質之反應暴走〉，《防火防爆對策》，東京：技術系統株式會社，1994年出版。

29. F. Stoessel, What is Your Thermal Risk?, *Chem. Eng. Progress*, p. 68, October, 1993.

30. T. Hoppe, Use Reaction Calorimetry for Safer Process Design, *Chem. Eng. Progress*, p. 70, September, 1992.

31. 飯田嘉宏著，上原陽一、小川輝繁編修，〈蒸氣爆發之相平衡破綻型蒸氣爆炸〉，《防火防爆對策》，東京：技術系統株式會社，1994年。

32. NSC, Accident Prevention. *Manual for Industrial Operations*, National Safety Council, Chicago, IL, USA, 1984.

33. L. A. Medard, *Accidental Explosions, Vols. 1 and 2*, John Wiley & Sons, NewYork, N. Y., USA, 1989.

34. L. G. Britton, D. A. Taylor and D. C. Webster, Thermal Stability of Ethylene in *Elevated Pressures, Plant/ Operations Progress, Vol. 5*, No. 4, 1986.

35. R. T. Halle and M. O. Vadekar, Rust Catalyzed Ethylene Hydrogenation Temperture Runaway, 3rd Annual Ethylene Producers Conference, AIChE Spring Meeting, Houston, Texas, April 9, 1991.

36. R. F. Schwab, Chlorofluorohydrocarbon Reaction With Aluminum Rotor, *Loss Prevention, Vol. 5*, 1971.

37. F. P. Lees, *Loss Prevention in the Process Industries, Vol. 1*, p. 498, Butterworths, London, U. K. 1980.

38. ESCIS, Static Electricity: Rules for Plant Safety, *Plant/ Operations Progress, Vol. 7*, No. 1, p. 1, 1988.

39. P. S. Excell, Radio-Frequency Ignition Hazards, *Hazard Prevention*, May/ June, 1984.

40. S. M. Richardson and J. L. J. Rosefield, Radio Frequency Transmission Hazards in

Exploration and Porduction Operations, European Newsletter, Edition 4, April, 1987.

41. *Dow Fire and Explosion Index Hazard Classification Guide*, 6th Edition, Dow Chemical Company, 1987.

42. C. C. Chen, H. J. Liaw, T. C. Wang and C. Y. Lin, Carbon Dioxide Dilution Effect on Flammability Limits for Hydrocarbons, *Journal of Hazardous Materials, 163*, pp. 795-803, 2009.

43. C. C. Chen, T. C. Wang, H. J. Liaw and H. C. Chen, Nitrogen Dilution Effect on the Flammability Limits for Hydrocarbons, *Journal of Hazardous Materials, 166*, pp. 880-890, 2009.

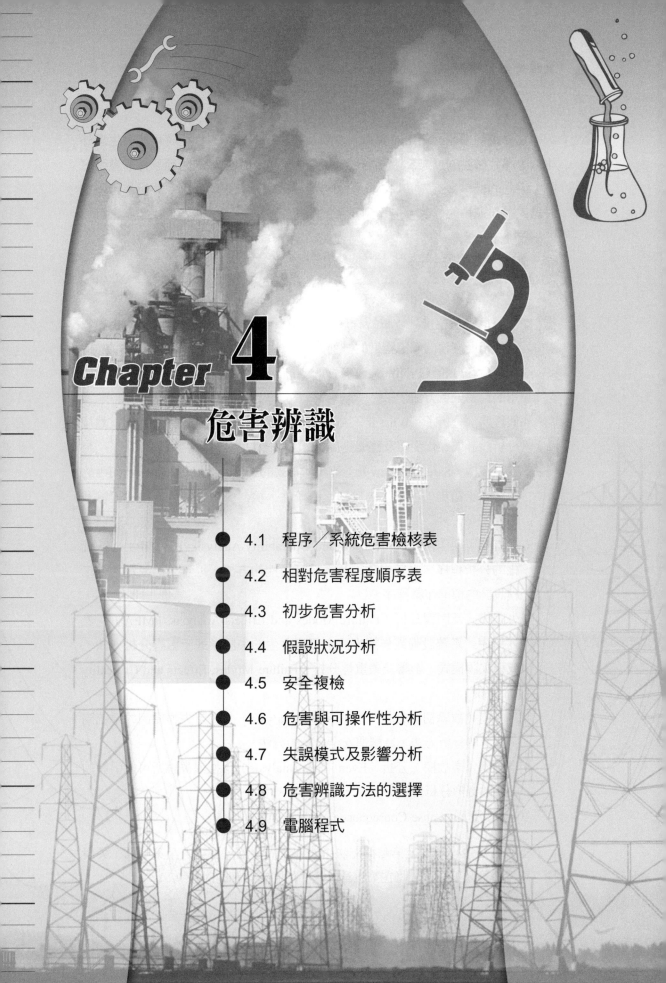

Chapter **4**

危害辨識

化學品的搬運、輸送、製造、儲藏及廢棄物的處理過程隨時可能發生意外事故，導致財產的損失、人員傷亡及環境生態的破壞，如欲防範意外的發生，降低發生的機率，首先必須事先找出可能導致意外發生的原因，然後進行製程設計或操作運轉的修改，以達到安全的最終目的，危害辨識就是找出危害特性的系統性方法。

危害辨識的方法很多[2]，主要的方法可分為下列十種：

1. 程序／系統危害檢核表（Process/Systems Checklists）。

2. 相對危害順位排列：依據程序中的物質，操作情況及安全設施的相對危害性，所發生的危害程度的排列方法。

3. 初步危害分析（Preliminary Hazard Analysis, PHA）：工程設計初期所使用的簡易分析方法。

4. 假設狀況分析（"What if" Analysis）：列出可能發生的意外狀況，然後分析設計或操作步驟及應變措施。

5. 安全複檢（Safety Review）：傳統非正式的工程設計或程序試俥前使用的檢討安全措施的方法，由於缺乏系統性，檢討成效往往因複檢者經驗多寡而相異。

6. 危害與可操作性分析（Hazard and Operability Analysis, HAZOP）：系統化的分析程序／系統中危害及操作實用性的方法，近年來已成為化學工程設計的標準作業程序。

7. 失誤模式及影響分析（Failure Modes and Effects Analysis, FMEA）：表列程序／系統設備或作業方法上可能發生的失誤模式及影響分析方法，或稱失誤模式、影響及嚴重性分析（Failure Modes, Effects and Criticality Analysis）。

8. 失誤樹（故障樹）分析（Fault Tree Analysis）：決定失誤原因的系統圖（譜）的分析方法，為標準安全分析的方法。

9. 事件樹（事故樹）分析（Event Tree Analysis）：推演失誤所可能引發的結果的圖形分析方法。

10. 因果分析（Cause-Consequence Analysis）。

上列方法中，第一至第七種方法將於本章內介紹，而第八至第十種（失誤樹、事件樹及因果分析）將在第五章風險評估中有詳細的討論。

4.1 程序／系統危害檢核表

　　檢核表是校對及驗證程序、系統設計或操作方法是否合乎標準或合理的清單，通常是一連串針對不同項目的安全措施的是非題，以方便使用。檢核表為非計量性的鑑定方法，它可能提供針對程序或系統某種問題上的瞭解，協助找出某一個單一設備或作業步驟的缺失及危害，但是由於化學製程非常複雜，研擬完善的問卷以分析設備或系統間的相互作用的影響，是很困難的工作，因此檢核表使用的目的僅在於提醒校驗者一些標準性及一般性的安全考慮，以免疏忽。

　　檢核表的研擬應該由具有運轉、設計經驗及安全訓練的資深工程師加以負責，此類檢核表並不具任何工業機密，各公司之間相互觀摩、交換的情況非常普遍，使用者僅需熟悉基本工程或工安基礎，即可於短期內進入狀況，並不需要正式的培訓及講習。許多公司通常使用標準型式或問題的檢核表，以抽驗工廠之運轉或工程專案之進行，有時也作為管理階層批准或評估專案之可行性的工具，這些可以算作一種針對安全上的溝通及管制方式。附錄七列出一個標準的程序／系統危害檢核表，以供參考使用。

4.2 相對危害程度順序表

　　由於工廠意外所造成的災害很大。為了分辨不同物質及不同製程的危害程度，保險業及化學工業界發展出不同的危害指數，其中最普遍的為下列兩種：

1. 陶氏失火及爆炸指數[4]。
2. 蒙得失火、爆炸以及毒性指數[5]（Mond Fire, Explosion, and Toxicity Index）。

　　陶氏及蒙得指數將程序的危害性計量化，可以提供決策者比較確實的概念，同時也可協助區分不同程序的相對危害性。

4.2.1 陶氏失火及爆炸指數

陶氏失火及爆炸指數於1964年首先由陶氏化學公司發展，至目前為止，已經過多次的修正及補充。它提供了一種簡單的排列化學工廠中不同程序危險程度的方法，使用者可客觀地將不同的危害因子以計分方式填入標準表格中，算出失火及爆炸因素，然後再根據指數大小，判斷危害的嚴重性。**表4-1**列出指數嚴重性的分類，指數高於159時，則具非常嚴重的危害性。

陶氏失火及爆炸指數亦可作為估算意外後果的基準，其主要的目的為：

1. 失火及爆炸所造成的損失計量化。
2. 找出可能造成失火及爆炸的因素、物質或程序。
3. 將危險程度以金額表示，以提醒經理部門注意。

陶氏失火及爆炸指數可以協助使用者瞭解製程的相對危險程度及意外可能造成的損失，但是無法取代詳細的危害評析工作，僅能算作一種縱覽的工具。

使用陶氏失火及爆炸指數表時，必須先具備下列文件：

1. 標準指數計算表格及使用手冊[4]。
2. 流程圖。
3. 費用或價值估算數據。
4. 工廠設備布置圖。

然後依據表格及手冊的說明，將所需數據填入，**圖4-1**顯示指數計算步驟為了協助讀者瞭解，此處以一簡單的聚醇生產單元為例，逐步求得所需數據，**表4-2**、**表4-3**及**表4-4**則分別列出計算結果：

1. 製程單元說明：首先將甘油輸入批式反應器中，然後逐漸將環氧乙烯及

表4-1　陶氏失火及爆炸指數相對危害表

陶氏失火及爆炸指數	相對危害程度
1-60	輕微
61-96	適度
97-127	普通
128-158	嚴重
159以上	非常嚴重

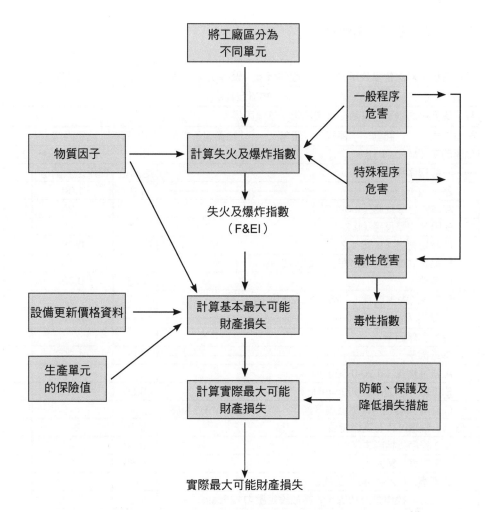

圖4-1 計算陶氏失火及爆炸指數及最大可能財產損失步驟[4]

環氧丙烯注入，反應後產生聚醇，反應完全後，除聚醇產品外，尚有剩餘部分未反應的環氧丙烯。聚醇工廠具備爆炸控制、液體排放及噴淋滅火系統等安全設施。

2.決定基準物質及物質因子：

危害的基準物質：環氧丙烯（反應器中數量多，而且最具危害性的物質）

物質因子（MF）＝24（由**表4-5**查得）

3.計算一般程序危害因子：一般程序危害因子包括放熱、吸熱化學反應、物質傳送、密閉式或室內操作情況（避免及降低氣體散布），排放式潑灑控制因子，每一種危害因子視情況不同相異，以聚醇生產為例，由於

表4-2　失火及爆炸指數表[4]

			地點：_____	日期：1/7/2011
工廠名稱：XXX化學公司YYY廠	程序單元：聚醇工廠	評析者：		複閱者：
物質及程序				
程序單元中的物質：甘油、環氧乙烯、環氧丙烯				
操作方式：　起動　停機　正常		物質因子之基準物質名稱：環氧丙烯		
物質因子（MF）（註一）　　　　　　　　　　→				24
一、一般程序危害		處罰值	使用之處罰值	
基準因子　　　　　　　　　　　　　　　　→		1.00	1.00	
A.放熱化學反應（0.3-1.25）			1.25	
B.吸熱化學反應（0.2-0.4）			-	
C.物質傳送（0.25-1.25）			0.85	
D.閉路式或室內程序單元（0.25-0.9）			0.45	
E.其他		0.35	0.35	
F.排放及潑灑控制（0.25-0.5）200加侖			-	
一般程序因子（F_1）　　　　　　　　　→			3.90	
二、特殊程序因子				
基準因子　　　　　　　　　　　　　　　　→		1.00	1.00	
A.毒性物質（0.20-0.80）			0.40	
B.低壓（壓力小於500mmHg）		0.50	-	
C.在著火範圍內或附近溫度操作　　是否具惰性氣體				
1.儲槽區存有高燃物質		0.50	-	
2.程序失控或失常		0.30	-	
3.在著火範圍內		0.80	0.80	
D.塵爆（0.25-2.00）（註二）			-	
E.壓力：操作壓力100psig　釋放設定壓力125psig			0.34	
F.低溫（0.20-0.30）			-	
G.易燃及不穩定物質數量：重量100磅；燃燒熱　　13,200BTU/lb				
1.程序中的液體、氣體及反應性物質（註三）			1.60	
2.儲槽中的氣體或液體（註四）			-	
3.庫存易燃固體及程序中的塵埃（註五）			-	
H.腐蝕及侵蝕（0.10-0.75）			-	
I.洩漏——接頭及包覆（0.10-1.50）			-	
J.燃爐應用（註六）				
K.熱煤油系統（0.15-1.15）（註七）			-	
L.轉動機械		0.50	0.50	
特殊程序危害因子（F_2）　　　　　　　　→			4.64	
單元危害因子（$F_1 \times F_2 = F_3$）　　　　→			8.0	
失火及爆炸因子（$F_3 \times MF = F\&EI$）　　→				192

註一：參考文獻〔4〕中表Ⅰ　　註二：參考文獻〔4〕中表Ⅱ

註三：參考文獻〔4〕中圖3　　註四：參考文獻〔4〕中圖4

註五：參考文獻〔4〕中圖5　　註六：參考文獻〔4〕中圖6

註七：參考文獻〔4〕中表Ⅲ

表4-3　損失控制率表[4]

1.程序控制（C_1）	
(a)緊急供電系統	0.98
(b)冷卻系統	0.97-0.99
(c)爆炸控制	0.84-0.98
(d)緊急停俥系統	0.96-0.99
(e)電腦控制	0.93-0.99
(f)惰性氣體	0.94-0.96
(g)操作步驟	0.91-0.99
(h)反應性化學物檢討	0.91-0.98
C_1小計	<u>0.84</u>
2.物質隔離（C_2）	
(a)遙控閥	0.96-0.98
(b)排放	0.96-0.98
(c)液體排放	0.91-0.97
(d)互鎖系統	0.98
C_2小計	<u>0.91</u>
3.消防設施（C_3）	
(a)洩漏防制	0.94-0.98
(b)鋼結構	0.95-0.98
(c)埋於地下的儲槽	0.84-0.91
(d)水供應	0.94-0.97
(e)特殊系統	0.91
(f)噴淋系統	0.74-0.97
(g)水簾	0.97-0.98
(h)化學泡沫	0.92-0.97
(i)防火器及監視器	0.95-0.98
(j)電纜防護措施	0.94-0.98
C_3小計	<u>0.74</u>
損失控制率＝$C_1 \times C_2 \times C_3$＝<u>0.56</u>	

表4-4　單元分析綜合表[4]

A-1：失火及爆炸指數	<u>192</u>	
A-2：接觸半徑	<u>50</u>	公尺
A-3：接觸範圍內價值	<u>50,000,000</u>	元
B：損失因子	<u>0.88</u>	
C：最大可能的財產損失	<u>44,000,000</u>	元
D：損失控制因子	<u>0.56</u>	
E：實際財產損失	<u>24,640,000</u>	元
F：最大可能的停工日數	<u>25</u>	日
G：停工損失	<u>10,000,000</u>	元

表4-5 陶氏失火及爆炸指數表中所使用的數據[4]

化合物	物質因子	燃燒熱 千卡／公斤	閃火點 攝氏度數	沸點 攝氏度數
丙酮（Acetone）	16	6,833	−20	56
丙炔（Acetylene）	40	11,500	（註一）	−83
苯（Benzene）	16	9,611	−11	80
溴（Bromine）	1	0	-	-
丁烷（Butane）	21	10,945	（註一）	−0.6
碳化鈣（Calcium Carbide）	24	5,056	-	-
一氧化碳（Carbon Monoxide）	16	2,389	（註一）	−192
氯氣（Chlorine）	1	0	-	-
環己烷（Cyclohexane）	16	10,389	−20	82
環己醇（Cyclohexanol）	4	8,333	68	161
柴油（Diesel）	10	10,389	38-55	157
乙烷（Ethane）	21	11,333	（註一）	−89
燃料油（Fuel Oil）	10	10,389	38-66	150-300
汽油（Gasoline）	16	10,444	−43	38-204
氫氣（Hydrogen）	21	28,667	（註一）	−252
甲烷（Methane）	21	11,945	（註一）	−161
甲醇（Methanol）	16	4,778	11	64
礦物油（Mineral Oil）	4	9,445	193	360
硝化甘油（Nitroglycerine）	40	4,333	-	-
辛烷（Octane）	16	11,389	13	126
戊烷（Pentane）	21	10,778	−40	36
原油（Crude Oil）	16	11,834	−7-32	-
丙烯（Propylene）	21	10,945	（註一）	−47
環氧丙烯（Propylene Oxide）	24	7,333	34	34
甲苯（Toluene）	16	9,667	4	111
氯乙烯（Vinyl Chloride）	21	4,445	（註一）	−14
二甲苯（Xylene）	16	9,778	27	144

註一：常壓下為氣體。

反應激烈，其因子值（處罰值）以最高值（1.25）填入，一般程序因子（F_1）值則為各危害因子的總和。

F_1值為：

$F_1 = 1.0 + 1.25 + 0.85 + 0.45 + 0.35 = 3.90$

4. 計算特殊程序危害因子：特殊危害因子為毒性、真空低壓、易燃溫度範圍操作、塵爆、操作壓力、易燃及不穩定物質數量、腐蝕及侵蝕情況、連接或包覆洩漏情況、燃爐的應用、熱媒交換系統及轉動機械等操作情況的危害因子的總和。

在本例中，僅指基本因子、毒性（A）、易燃溫度操作（C）、壓力（E）及不穩定物質（G）及轉動機械（L）適用，其總和為4.64。

即，特殊程序危害因子（F_2）為：

$F_2 = 1.00 + 0.40 + 0.80 + 0.34 + 1.60 + 0.50 = 4.64$

5. 計算單元危害因子：單元危害因子（F_3）是一般因子（F_1）及特殊因子（F_2）的乘積，其最小值為1，最大值設定為8，任何乘積超過8時，仍以8計算。

F_3值為：

$F_3 = F_1 \times F_2 = 3.90 \times 4.64 = 18.10 > 8.0$

$\therefore F_3 = 8.0$

6. 計算失火及爆炸指數：失火及爆炸指數（F&EI）為物質因子（MF）與單元危害因子的乘積，即，$F\&EI = MF \times F_3 = 24 \times 8.0 = 192$

指數大於158，屬於最嚴重性的危害。

7. 估計火災及爆炸所接觸的半徑及範圍：接觸半徑的估計視現場設備布置及防火、防爆設施而異，此處以50公尺為半徑（**表4-4**之A-2項）。

8. 估算接觸範圍內的財產價值：半徑50公尺以內，各類生產設備、管線、控制儀表、公共設施及房屋建築的估價，是以範圍內所有設備更新的價值估計，此處以50,000,000元估算，填入**表4-4**之A-3項內。

9. 估算損失因子：損失因子是估計設備可能遭受損害程度的機率，此處假設為0.88（**表4-4**之B項）。

10. 估算最大可能發生的財產損失：最大可能發生的財產損失為接觸範圍內財產值與損失因子的乘積為：

0.88 × 50,000,000元 = 44,000,000元

11. 估算損失控制因子：損失控制因子包括程序控制（緊急供電、冷卻、防火、防爆、惰性氣體淡化、安全作業步驟、電腦控制），物質隔離（遙控、排放、互鎖系統等降低危害物質含量措施）及消防設施（防漏、鋼結構、水源供應、噴水、水幕、泡沫、滅火器及電纜防護等），如果損失控制設施完備，損失控制因子越低，反之則越高，如毫無任何控制設施，損失控制因子的數值為1.0。

此例中，控制因子分別為0.84、0.91及0.74（**表4-3**）。損失控制因子則為三項的乘積。由於本工廠具備爆炸控制（C_1＝0.84）、液體排放（C_2＝0.91）及噴淋系統（C_3＝0.74），因此：

$$C＝C_1 \times C_2 \times C_3＝0.84 \times 0.91 \times 0.74＝0.56$$

12. 估算實際最大可能發生的財產損失：最大可能發生的損失與損失控制因子的乘積為：

44,000,000元×0.56＝24,640,000元

13. 估算停工日數及停工損失：陶氏失火及爆炸使用準則[4]，以過去137個意外的實際經驗值，再加上70%的機率估算停工日數；此處僅假設停工日數為25天，即：

每日平均停工損失＝400,000元

停工總損失＝400,000元×25＝10,000,000元

由於工廠的製程複雜，無法同時全部進行指數的估算，一般慣例僅著眼於最具危險性的生產單元，一個普通的生產單元僅需一個瞭解製程的化學工程師或化學師單獨進行即可，平均一星期可完成兩個至三個單元工廠。

4.2.2 蒙得失火、爆炸以及毒性指數

蒙得指數是由英國的卜內門化學工業公司（Imperial Chemical Industries, ICI）屬下蒙得部門專家將陶氏失火及爆炸指數擴充而得的危害排列系統，它除了考慮物質的毒性外，並增加了一些所謂補償歸零（降低危害性）的考量，蒙得指數最適於化學工廠的營建企劃或工程設計時使用，它可以協助工程師在企劃或設計階段找出具危害性的來源，及時提出解決或修改方案，同時增加防護或控制損失的設施（補償歸零的設施），以降低蒙得指數，換句話說，即增加程序的安全性。

計算蒙得指數的步驟如下：

1.將工廠區分為不同的生產程序單元。

2.辨認及鑑定程序單元輸出／輸入的物質、設備及程序的危害。

3.估算危害項目的相對危險（即指數的估算）。

4.檢討危害的嚴重性。

5.研擬改善設施，以降低危險程度（例如加設消防設施、防火牆、警示及
　儀控設備、增加設備之間的距離等）。

　　蒙得指數的計算包括兩個主要部分，第一部分為計算工廠的最壞情況下的
危害程度（指數），第二部分則計算安全及消防設施所可能降低危害的程度。
如果第二部分的計算結果，顯示危害程度仍具嚴重性而無法接受時，必須修正
基本設計。

4.3 初步危害分析

　　初步危害分析是在一個工程專案可行性研究或構想設計時，所使用的危害
辨識方法，是美國軍事標準系統的安全需求之一[3]。

　　初步危害分析可以協助工程師於設計初期發現基本設計構想中的缺陷及可
能產生的危害，確定安全設計準則，及時修正設計中的缺失。使用初步危害分
析可以避免設計完成後，才發現危害項目，而必須修正基本設計的人力及時間
的浪費。

　　初步危害分析是危害分析的前奏，它的主要焦點在於程序中所使用的危害
性物質、基本流程及設備功能。通常僅檢討反應失常或失控時危害性物質或能
量的處置方式是否安全、妥善。基本上它是一種定性式的表列的原料、產品、
反應及處理方式、安全設施等類別危害項目的方法，缺乏數值（危害相對指
數，損失）的估算及危害順序的比較。

　　初步危害分析作業可分為下列三個主要的步驟：

1.資料收集。

2.分析。

3.報告撰寫。

工作的執行僅需一至二位具工業安全經驗的化學工程師即可，所需時間則視程序的複雜性而異，少至一、二日，多至一星期，人力及時間需求遠低於危害及操作性分析、安全檢討等方法。

4.3.1 資料收集

由於進行初步分析時，僅完成構想或基本流程設計，詳細的管線及設備布置設計尚未完成，因此資料的收集包括下列項目：

1.原料、中間產物、產品、殘渣及廢棄物的特性、流量。
2.基本化學反應、處理方式。
3.設備規格及功能。
4.公共設施（水、電、蒸氣）。
5.生產目標。
6.環境保護法規及排放標準。
7.工業安全標準。
8.預定建廠地點的一般資訊。

過去類似工廠的工程設計資料，也在收集範圍之內，因為過去的經驗可以協助分析者迅速進入狀況。

4.3.2 分析

分析者除了鑑定出程序中的危害所可能造成意外的事件，以及導致嚴重災禍的事件外，必須找出可以避免或降低危害性的設計準則。分析時必須考慮的項目如下：

1.危害性物質：
　(1)不同物質如原料、中間產物、產品添加物、燃料的特性是否具有危害性質。
　(2)不同物質的相容性及儲存方式。

(3)物質的輸送、搬運所可能產生的危險。

(4)降低危害性物質儲存、輸送所須採取的工程設計，操作步驟或行政管制的準則。

2.主要處理方式：

(1)正常運轉、起動、停機及失控狀況考慮是否正確。

(2)設備的設計是否以最壞可能發生的狀況為基準。

(3)設備設計規格及材質選擇。

(4)失控時安全設計。

3.公共及支援設施，單元工廠間相互關係：

(1)公共及支援設施（水、電、蒸氣、冷卻水、儀控用空氣、氮氣等），容量是否足以配合生產需求。

(2)公共及支援設施的設計準則。

(3)程序單元間的連通管路及控制系統的可靠性。

(4)某一單元工廠緊急停工時，物料輸送的路徑及處理方式。

4.環境因素：

(1)氣候變化的影響。

(2)天災（地震、颱風、洪水等）的影響。

(3)靜電、濕度、雷電的影響。

5.預期運轉狀況：

(1)基本或正常運轉方式。

(2)起動、停俥、維修、測試、緊急停機狀況。

(3)操作及維修時間表。

(4)行政管制及人為的失誤。

6.一般場所設施：

(1)廠內公共設施、生產、維修、廢棄物處理及行政管理部門的布置。

(2)區域照明、通風、通道及警示的設計準則。

(3)高危險生產單元工廠及危害性物質儲存的隔離。

7.安全防護設施：

(1)基本消防設施配置準則（消防栓、消防車、消防水管、防火牆、噴淋滅火系統等）。

(2)緊急排放管路及處置系統（燃燒塔、洗滌塔、緊急排放儲槽等）。

(3)互鎖控制系統。

(4)緊急疏散路徑及應變作業準則。

4.3.3 報告撰寫

分析報告至少應包括下列主要成分：

1.緣起或分析目的。

2.背景說明。

3.分析結果（包括可接受的安全計畫部分、設計準則、危害項目、類別、危害說明、建議改善方案等）。

4.結論。

4.3.4 初步危害分析優缺點

初步危害分析通常應用於專案的設計初期，可以協助設計者及早發現基本設計的缺點，促使設計者加強設計準則，增添安全防護設施，可以減少設計完成後修正時所需的人力及時間。由於分析的焦點在於初步或構想設計，工作所需的人力及時間遠較其他分析方法低。

主要的缺點為分析的性質為定性式，無法計量化，因此無法區分危害項目的嚴重性及順序。由於分析非系統化，分析結果的品質視分析者的經驗、能力及直覺而異。

4.3.5 範例[1]

1.製程說明：**圖4-2**顯示一個以氟酸為催化劑的批式反應器，反應為放熱式，須以循環冷卻水降溫，氟酸的輸送、排放氣體的中和及洗滌，所有的隔離閥都是氣動式，如果空氣供應停止的話，隔離閥則自動關閉。氟酸具強烈腐蝕性及毒性，其排放是否安全是分析重點，其他反應物不具危害性，將不在此討論。

2.資料收集：本製程尚在研究發展階段，沒有過去同型工廠的設計或運轉經驗可供參考，分析者僅有基本流程圖與簡單的程序說明，必須尋找其

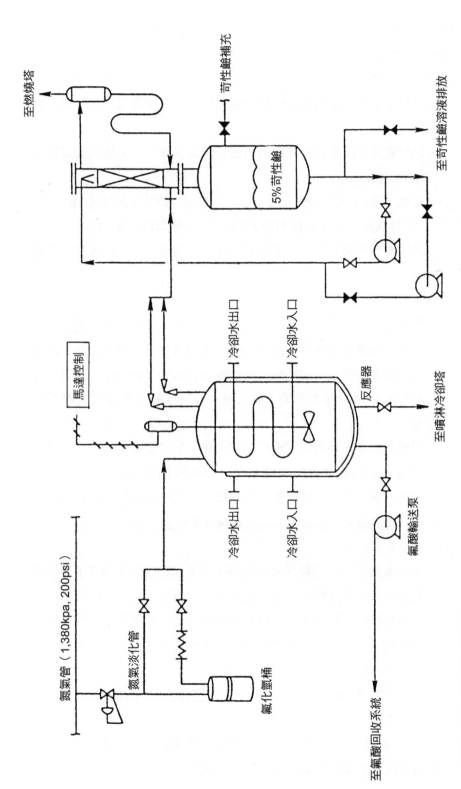

圖4-2 基本流程圖[1]

說明：反應以氟酸為催化劑

他製程中使用氟酸的設備資料及數據，以作為分析者的參考。

3.危害分析結果：

(1)危害性物質：

· 氟酸添加處（氟酸桶及輸出管線）無保護或覆蓋裝置，容易受到損害。

· 氟酸輸送管線未具特殊安全裝置（例如套管），如果洩漏或破裂，會放出劇毒氟酸。

· 氟酸以氮氣壓力輸入反應器，若氮氣壓力調閥損壞，高壓（1,380kpa）氮氣會造成氟酸桶的過壓，將氟酸洩至桶外。

· 氟酸具強烈腐蝕性，如果反應物含水量高時，會加速管線的腐蝕及破裂。

(2)主要處理或反應部門：

· 放熱反應所產生的熱量必須以冷卻水去除，如果冷卻水供應不足，反應溫度會繼續升高，反應失控，氣體產生量及壓力上升，造成壓力疏解閥的開啟。因此壓力疏解閥的容量的選擇及壓力設定是非常重要的，如果容量不足，壓力無法及時疏解，會造成反應器的損害。

· 反應器的攪拌裝置不連備用供電系統，如果電源供應停止，攪拌器停機，反應器內物質混和不均勻，反應無法正常進行。

· 批式反應完成後，反應器中的氟酸由泵浦排至氟酸回收器中，應選擇具防漏裝置的泵浦，以避免氟酸洩漏。

(3)公共及支援設施：

· 冷卻水循環系統配置三個相同的離心泵，每個泵浦的容量為總容量的50%。正常運轉時，僅須使用其中的兩個，另外一個為備用。由於反應器的運轉是否正常與冷卻水的供應有直接關係，為了避免泵浦損壞時，反應受到影響，備用泵浦應安裝遙控開關及起動系統，俾方便操作員迅速因應。

· 儀控用空氣系統僅具一個壓縮機；應加裝備用壓縮機，以增加系統可靠性。

(4)預期運轉方式：為了避免取樣時接觸腐蝕性氟化氫氣體，取樣裝置的設計及取樣步驟的研擬必須考慮安全措施。

(5)安全防護設施：氟酸具水溶性，與水混合，會放出熱量，而且會經水
流散布，因此失火時，必須先使用其他消防及滅火器具，最後再考慮
使用噴水系統。

4.4 假設狀況分析

假設狀況分析是一種非結構化的危害分析方法，它不需要進行計量式的計
算，也不需特殊的預備工作。它的主要目的為分析程序或系統在反應失控、溫
度／壓力的劇烈變化，管線破裂等假設狀況下所產生的危害因素及後果，以作
為設計改善的依據。這種分析方法通常於新工廠的設計或運轉有年的工廠更改
部分製程、擴廠的工程設計或改變現行操作步驟時使用。

分析者通常先回答一連串的假設狀況的問題表，然後再將具危害的狀況及
項目列出，由於缺乏危險程度的計算，分析結果無法計量化，也無從比較相互
間的危害程度。假設狀況的問題表多由熟悉各生產部門的專家根據以往的經驗
研擬，然後交由各部門專業工程師回答及分析。

假設狀況分析工作的執行可分為六個主要步驟：

1.界定分析範圍。
2.分析人員的選擇。
3.資料收集。
4.假設狀況研擬。
5.分析。
6.報告整理。

4.4.1 界定分析範圍

首先必須界定危害的類別，然後再界定危害源及受影響的物理界限。危害
的類別包括火災、爆炸、毒性氣體的排放、毒性液體排放、臭氣散布等。危害
源則為生產、輸送、儲存或廢棄物處理所需的設備，分析的對象可以小至一個
反應器或一個蒸餾塔，也可能是一個生產工廠，甚至可大至包括不同生產工廠
的綜合性化學工廠。遭受危害影響的範圍則視危害源的性質及大小而定，可能

小至生產工廠也可能大至工廠周圍的社區，界定危害源的範圍時，宜考慮設備間或生產工廠間的相互影響，有些設備失控時，本身並不具嚴重的危害性，但是可能會促使上、下游的設備運轉失常，而造成嚴重的後果。

4.4.2 分析人員的選擇

分析小組應由具有不同專長的專業人員組成，應包括資深的操作員或工程師、具工程設計經驗的方法工程師、維修工程師、熟悉安全作業標準及法規的安全工程師等人，小組召集人是分析小組的靈魂人物，往往由安全工程師擔任，他必須界定分析對象、物理界限、選擇分析人員，並選擇或研擬分析時使用的假設狀況問卷表，其他小組成員應具備危害分析、安全稽查等相關訓練及經驗。

4.4.3 資料收集

主要資料如下：

1.流程圖、管線及儀表圖、流程說明。
2.質能平衡、操作狀況。
3.設備規格。
4.設備及設施布置圖。
5.操作及維修資料：
　(1)操作步驟及職司。
　(2)生產計畫及目標。
　(3)定期維修計畫。
　(4)緊急應變步驟。

4.4.4 假設狀況研擬

假設狀況應包括下列狀況：

1.設備運轉失常或失控。

2.運轉狀況失常（由於壓力、溫度或原料的變化）。

3.儀器或控制系統損壞。

4.公共設施供應停止或不足。

5.操作人員失誤。

6.不遵照標準作業步驟。

7.維修有關的意外。

8.廠內發生的意外（車禍、升降機失控等）。

9.外在意外（飛機失事、人為性破壞、暴風、地震等）。

問題的安排宜具系統化，須自原料的儲存、輸送一直至生產部門，逐步安排。

4.4.5 分析

分析人員首先閱讀所收集的資料，熟悉廠區方位、設備、布置、生產程序、作業步驟、安全規定、安全標準及安全設施，然後逐步回答假設狀況的問題，找出危害項目及可能發生的影響，並研擬解決方案。

4.4.6 報告整理

假設狀況分析的結果通常記錄於標準作業表格中（**表**4-6），表中包括有下列三項：(1)假設狀況；(2)危害及影響；(3)建議改進措施。

報告包括下列成分：

1.緣起或分析目的。

2.分析對象及範圍。

3.標準作業表。

4.結論。

5.附錄（包括主要相關資料、圖表）。

表4-6 假設狀況分析範例作業表[3]

假設狀況	危害／影響	建議改善措施
1.以錯誤的原料輸入反應槽中	發生機率甚低不必考慮	
2.磷酸供應不足或濃度不合規格	氨水未能完全反應，造成氨氣的排放	起動及磷酸進料前測試磷酸儲槽中的磷酸濃度
3.磷酸含有雜質	機率甚低不必考慮	
4.A閥關閉或阻塞	反應槽中的氨未能反應，氨氣外洩	在磷酸輸入管線安裝流量計及低流量警示信號
5.氨供應太多	氨氣外洩	在氨輸入管線安裝流量計及高流量警示信號

資料來源：*Guidelines for Hazard Evaluation Procedures*, AIChE, pp. 4-30, Fig 4-3, 1992.

4.4.7 假設狀況分析優缺點

1.優點：

(1)適用於工廠的任何階段（設計建廠，或擴廠、修改）。

(2)作業程序簡單。

(3)費用低，僅需參與人員的時間。

(4)表列危害影響及建議改善措施等項目，使之易於瞭解。

2.缺點：

(1)分析作業由一組不同部門的專業人員組成，時間不易配合，分析工作進度難以有效控制。

(2)假設狀況的研擬及分析品質依賴參與人員的經驗、直覺及想像力等。

(3)由於缺乏客觀及系統化步驟，分析結果主觀性強。

(4)分析屬定性式，缺乏計量式的機率及影響數值的計算。

4.4.8 範例

1.製程說明：**圖4-3**[3]顯示，磷酸及氨水混合產生無害的磷酸二銨（Diammonium Phosphate），如果磷酸的供應不足，反應不完全；氨水過剩，則會造成氨的排放；氨水供應不足，產品品質不佳，但不致構成危害。

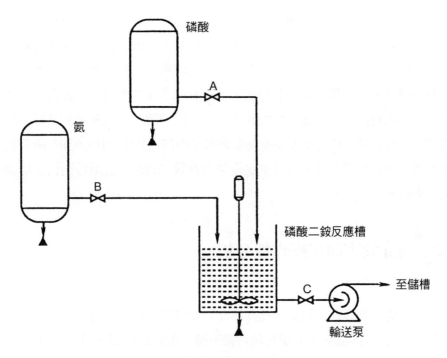

圖4-3　磷酸二銨的反應圖（假設狀況分析）

2.分析範圍：

　　(1)分析對象以操作人員的安全為重點。

　　(2)危害源為磷酸二銨生產工廠設備。

　　(3)影響範圍局限於工廠物理界限之內。

3.假設狀況、危害／影響及建議改善措施則列於**表4-6**中。

4.5 安全複檢

　　安全複檢是最常用的辨識程序中危害的方法，它並不是一種結構化或系統化的方法，進行複檢的方式及對象則視情況而異。一般生產工廠的定期性檢查或檢視，例如工程設計階段有關安全的複檢，工場試俥前的複檢都可稱為安全複檢。本節僅討論設計階段時所做的複檢，有關定期性的複檢屬於安全稽查類的行政管制，則不在本節範圍之內。

安全複檢是工程設計過程中不可缺少的步驟，設計者必須滿足安全複檢者的問題，有時必須修改設計，以增加安全程度，否則工程專案無法繼續進行。安全複檢通常是由資深而且瞭解製程的工程師擔任，他（們）除了熟悉安全標準及法規外，尚必須具備設計的能力。複檢的工作主要是找出設計上的缺陷，提出問題或建議改善措施，由於缺乏系統化的步驟，複檢結果的品質因複檢者的經驗而有差異。且近年來逐漸為危害與可操作性分析（HAZOP）所取代，但是生產工廠的局部改善，實驗室或先導型實驗工廠的設計階段則仍使用傳統的安全複檢。

4.6 危害與可操作性分析

危害與可操作性分析是一種簡單而具結構的危害辨識方法，它不僅可以確認程序中危害的來源，並且還可作為突破操作運輸上的瓶頸，以達到設計目標的工具。它允許分析者在一個控制的模式或範圍內，利用想像力，去分析各種可能發生意外的狀況。危害與可操作性分析是針對未具實際運轉實績及經驗的新技術而發展的，但是後來又發現它亦適用於運轉中的工廠，因此目前已成為應用最普遍的危害辨識方法。由於這個方法並未提供有關危險或影響嚴重性的評估，無法分辨分析結果及建議改善措施的優先順序，如果全部採納分析的建議，等於將設計鍍金，許多發生率極低的危害也設法防範，造成投資的大幅增加。

分析工作的執行步驟為：

1.分析人員的選擇。
2.資料收集。
3.討論及分析。
4.報告撰寫。

4.6.1 分析人員的選擇

分析人員應由不同專業背景中挑選，包括不同生產單元工廠的中大型工廠，通常需要5-7人，小型工廠則僅需2-3人。小組召集人應具備工業安全及實際進行危害與可操作性分析經驗的資深工程師擔任，參與分析人員至少應具備下列背景：

1.方法工程師：熟悉基本設計、程序模擬。

2.熟悉系統工程師：熟悉管線及儀器圖及基本設備規範。

3.操作工程師：熟悉標準操作步驟及標準。

4.儀控工程師：具儀表及控制系統選擇經驗。

5.安全工程師：瞭解安全標準、法規、消防設計。

6.其他專業人員：工業衛生專業人員、毒品專家、電機工程師、維修工程師等。

　　分析小組成員中，並非每一個人均須全程參與分析工作，部分人員如電機、工業衛生、毒品、維修工程師等為顧問性質，僅需要參與即可。

4.6.2 資料收集

　　危害與可操作性分析工作進行前，必須收集妥下列資料：

1.流程圖、管線及儀表圖、設計標準。

2.流程說明、質能平衡、生產計畫、生產目標。

3.設備規格、設備布置圖。

4.公共及支援設施說明。

5.操作步驟（正常、起動、停俥）及維修計畫。

　　分析小組於資料收集齊全後，應先檢討，確保資料正確及相互連貫性。

4.6.3 討論及分析

　　基本上危害與可操作性分析的實際作業是依據小組召集人的經驗，依照一些標準導字（Guide Words）的指引，在一連串的會議中利用腦力激盪方式，針對流程設計進行討論及分析，這種方式可以刺激參與人員的想像力，討論時應避免互相批評，以免部分人員為了避免爭論而降低其參與性。

　　一些基本的術語及討論分析時使用的標準導字說明如下：

1.分析結（Study Node）：工程圖上擬進行分析的位置。

2.意向（Intention）：正常情況程序設計的意圖。

3.偏差（Deviation）：與設計意向不同的表現。

4.原因（Cause）：造成偏差的來源或原因。

5.後果（Consequence）：偏差造成的結果或影響。

6.導字（Guide Words）：一些用來表達設計意向特性或數量的簡單字詞，例如無（None）、更多（More）等，**表4-7**列出導字與操作參數、偏差的關係。

　　會議開始時，先將製程分成許多分析結，然後針對每一個分析結上，利用標準的導字進行討論。**圖4-4**顯示討論或分析的流程圖[3]。

表4-7　危害與可操作性分析的導字意義與操作參數、偏差的關係

項次	導字	意義	操作參數	偏差說明
1	無（No/Not）	與設計意向完全相反	流動	不流動
2	更多（More）或更少（Less）	數量增加或減少	壓力 反應速率 流動	壓力升高或降低 速率增加或降低 流量增加或減少
3	如同（As Well As）	除了設計意向外，其他情況同時發生	物質 相態	不同物質存在 雙相態
4	部分（Part Of）	僅達到設計意向的一部分	物質	物質之間的比例改變
5	逆（Reverse）	與設計意向相同情況發生	流動 合成反應	流動方向與設計方向相反 分解
6	其他狀況（Other Than）	設計意向未達到，但是卻發生其他狀況	正常操作	停機、維修、意外發生

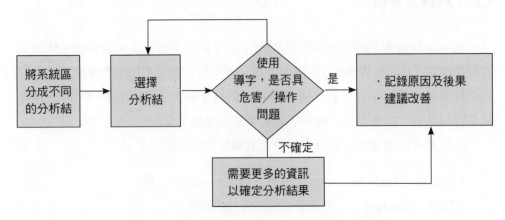

圖4-4　進行危害與可操作性分析的流程圖

當危害確定以後，小組召集人應確保小組成員同意及瞭解。一些簡單而顯而易見的降低危害程度及解決操作問題的方案，可能在危害源及危害特性發現時，即可提出。複雜性、爭議性的問題往往必須等到所有的分析結束後才可綜合解決。

4.6.4 報告撰寫

報告撰寫也是一個重要的步驟，會議進行時，主要的危害項目及討論結果應該及時記錄於標準作業表格中（**表4-8**），以免遺忘。會議結束前應檢討會議紀錄。報告的撰寫由小組召集人負責，內容所包括的項目與前述其他的危害分析的報告類似。報告草稿應交由主要小組成員檢討。

表4-8　乙二醇合成反應的危害與可操作性分析標準結果紀錄[1]

導字	原因	後果	建議改善措施
1.分析結＃1：1號管（環氧乙烯泵輸入管）			
停流	泵浦停機，或輸出閥關閉或儲槽k-1液面降至下限	乙二醇生產停頓	・安裝低流量警訊 ・安裝泵浦馬達低電流警訊
逆流	泵浦停機及PIC（壓力指示及控制）閥失常，2號管上的HS閥未關閉，FV閥大開	水進入1號儲槽，環氧乙烯自行分解，造成儲槽破裂	重新檢討2號管及4號管上的控制閥，同時研礙防範逆流的措施
流量降低	閥部分關閉	生產量降低但不會造成危害	如「停流」欄
2.分析結＃2：1號泵浦A/B			
停流	排放閥關閉	泵浦排放阻塞，溫度升高，環氧乙烯自行分解，最後造成泵浦的損壞	・安裝低流量自動停機裝置 ・安裝高溫停機裝置 ・安裝泵浦馬達低電流停機裝置
逆流	泵浦停機，PIC閥失常或者洩漏，2號管上的水閥未關閉	水進入1號儲槽，環氧乙烯自行分解，儲槽破裂	從新檢討2號及4號管上的控制閥，研擬防範逆流措施
溫度升高	外在熱源或日光輻射熱由備用泵浦的管線傳入	環氧乙烯自行分解，造成泵浦損壞	確定環氧乙烯自行分解溫度，安裝溫度警訊

4.6.5 危害與可操作性分析優缺點

1. 優點：

(1)簡單而具結構化的分析方法，分析品質易於控制。

(2)不僅可以鑑定製程中的危害，還可協助發現是否具實用性。

(3)分析以多人集會討論方式進行，可以刺激分析者的想像力，使設計趨於完美。

(4)分析結果記錄於標準作業表格，易於瞭解。

2. 缺點：

(1)分析為定性性質，缺乏計量化，難以區分危害項目的相互順序。

(2)分析以集會討論方式進行，時間需求較長。

(3)分析結果往往造成工程設計複雜化，過分考慮安全因素，不僅造成工程費用的大幅增加，而且降低製程的彈性。

4.6.6 以經驗為基礎的危害與可操作性分析

以經驗為基礎的危害與可操作性分析是利用過去及以後累積的同型或同類工廠設計／操作的經驗為基礎，而進行的分析方法，傳統分析所使用的導字則被小組召集人的經驗或特殊的問卷所取代。分析的焦點在於比較目前的設計是否合乎以過去經驗為基礎所發展的設計準則及標準。此類分析的長處在於設計品質得以維持一定的標準。缺點則為易於墨守成規，設計往往無法繼續改進。

4.6.7 範例

1. 製程說明：**圖4-5**顯示一個環氧乙烯（Ethylene Oxide）與水化合而產生乙二醇（Ethylene Glycol）的流程。由於反應為放熱反應，為了避免溫度上升，反應器中必須輸入大量的水。環氧乙烯的儲槽應避免水的存在，少量的水（0.005%容積）即會造成環氧乙烯的自行分解，因此分析的重點在於環氧乙烯儲槽。本例取材自*Risk Assessment and Risk Management for the Chemical Process Industry*, Van Nostrand and Reinhold, 1991, Chapter 8.

2. 分析結果：**表4-8**列出環氧乙烯輸送泵浦的輸入管及泵浦兩個分析結的危害與可操作性分析，以供參考。

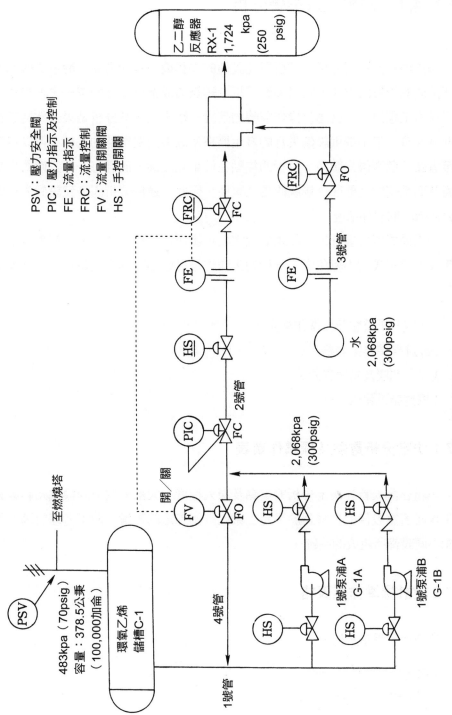

圖4-5　危害與可操作性分析：乙二醇生產流程圖

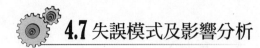

4.7 失誤模式及影響分析

　　失誤模式及影響分析是評析單元設備的失誤或失常的方式，發生的機率以及所造成的影響的方法，它可協助分析者辨識造成嚴重意外的單一失誤模式。它可使用工程設計、營建及操作運轉的階段。基本上，其分析結果雖然為定性及演繹性質，但是提供設備失常的發生機率及危害的嚴重性的比較，可以協助決策者區分危害優先順序，分析的焦點在於單元設備，而且每一項設備的失常考慮為與系統中其他部分無關的獨立事件，因此不適於分析因多元設備失常的組合而造成的意外情況。

　　失誤模式與影響分析工作也如危害與可操作性分析類似，由一組專長不同的專業人員組成的小組負責，分析的工作也是以會議討論方式進行。進行的步驟為：

　　1.決定分析重點及標準作業表。
　　2.設計標準作業表格。
　　3.界定問題及物理界限。
　　4.填寫結果報表。

4.7.1 決定分析重點及標準作業表

　　小組召集人首先決定分析的重點及深入程度。大部分的失誤模式及影響分析工作僅著重設備的失常對於單元工廠或整個工廠的影響，而不考慮設備附件或由不同設備所組成的系統。

4.7.2 設計標準作業表格

　　標準作業表格包括：

　　1.單元設備的功能說明。
　　2.失誤模式（失敗原因）說明。
　　3.失誤模式對系統（生產工廠或整個工廠）的影響。
　　4.失敗發生的頻率。

5.影響的嚴重性。

　　失誤發生的頻率是依據過去累積的經驗，最早由核能發電及國防工業整理。然後跨國性化學公司如英國卜內門化學公司（ICI），英美化學工程學會相繼加入行列，目前以美國化學工程學會所彙總的數據較為化工廠使用，讀者可參閱該會1989年出版的數據表——Guidelines for Process Equipment Reliability Data, with Data Tables。

　　失誤頻率可以用1至4排列，4為最高，而1為最低（**表4-9**）。影響嚴重性則以財產損失及人員傷亡多寡而排列（**表4-9**）。失誤頻率及影響嚴重性可以組合成為危險程度的評價：

　　危險程度＝失誤頻率順序×影響嚴重性順序

　　圖4-6顯示危險程度順序矩陣，當危險程度值大於6或嚴重性為4時（即圖中深線以上或以左部分），則必須進行改善措施，其餘部分的危險程度低，僅需注意而已。

4.7.3 界定問題及物理界限

　　首先決定分析的對象，換句話說，即決定針對哪些設備或生產單元進行分析，其次則確定分析對象的物理界限（範圍），並收集相關工程設計圖、程序說明、操作步驟及控制邏輯等資料。

表4-9　失誤頻率及影響嚴重性的順序

順序	情況	說明
失敗頻率		
4	高	每年發生一次以上（1／年）
3	一般	每年至每百年發生（$10^{-2}-1$／年）
2	低	每百年至每萬年發生（$10^{-4}-10^{-2}$／年）
1	極低	每萬年以上才發生（$<10^{-4}$／年）
影響嚴重性		
4	極端嚴重	人員死亡或嚴重的財產損失，整個工廠必須緊急停機
3	嚴重	主要程序失控，造成多人受傷及設備損壞，工場（廠）在控制方式下停機
2	一般	一人或數人輕傷，設備部分損失，但不須停止單元工場的生產
1	輕微	無人受傷或僅皮膚表面紅腫、擦傷，設備或財產損失輕微

影響嚴重性順序值（1-4）

	4	3	2	1
4	16	12	8	4
3	12	9	6	3
2	8	6	4	2
1	4	3	2	1

失敗頻率順序值

圖4-6　危險程度的順序值矩陣

4.7.4 填寫結果報表

結果報表的填寫是以會議討論方式進行，小組成員依照流程發展，逐步對每個設備進行研討，發覺失誤或失常的原因，然後依據過去的經驗將失敗頻率、影響嚴重性及危險程度填入分析結果報表中。

4.7.5 失誤模式及影響分析優缺點

1.優點：

　　(1)方法簡單，易於使用。

　　(2)適用於工程設計、營建或生產工廠的運輸等不同階段。

　　(3)表列設備失常頻率、影響及危險程度的順序估算，易於區分不同危害
　　　項目的相對嚴重性。

2.缺點：過分著重單元設備而忽略設備之間或系統性的危害。

4.7.6 範例

表4-10列出一個馬達的失誤模式及影響分析的結果報表，以供參考。

 4.8 危害辨識方法的選擇

選擇適當的危害辨識方法往往不是一件容易的任務，雖然每一種方法都有其特點及其適用範圍，但是有些方法在某些情況下非常類似，而在其他情況下，又完全不同。選擇之前應先考慮下列影響選擇的因素，然後根據實際需求，選擇適用的方法，**表**4-11列出各種方法的綜合比較：

1.程序／工廠發展階段：例如工程設計，運轉階段或擴廠規劃階段。

2.危害辨識的目的。

3.危害的影響程度。

4.程序或工廠的複雜性。

5.時間及費用的考慮。

6.降低危險程度的機會。

表4-10　馬達的失誤模式及影響分析結果表

元件	失誤模式	原因	可能造成的影響	發生頻率	嚴重性	建議改善措施
殼	破裂	·製造品質不佳 ·使用不合規格的材料 ·運輸時損壞 ·安裝時損壞 ·壓力過高	馬達損壞	0.0006	極端嚴重	加強製造品質管制，產品檢測及材料採購及選用標準
推動槳紋	破裂 磨損	·烤乾時張力過高 ·超低溫操作 ·超過使用期限	壓力過高 馬達殼破裂	0.0001	極端嚴重	

資料來源：W. Hammer, *Handbook of System and Product Safety*, Prentice-Hall, Englewood, N. J., USA, p. 153, 1972.

表4-11　危害辨識方法的比較

影響選擇的因素	程序／系統危害檢核	相對危害程度順序表	初步危害分析	假設狀況分析	安全複檢	危害與可操作性分析	失誤模式及影響分析	失誤樹
適用階段	運轉階段	設計及運轉階段	可行性研究，初步設計階段	設計或運轉階段	設計階段	設計或運轉階段	運轉階段	運轉階段
人員需求	1人	1-2人	1人	2-4人	1-2人	4-7人	4-7人	2-4人
時間／費用比較	低	普通	低	中等	普通	高	高	普通
目的及功能：								
合理運轉步驟偏差的確定	主要目的	主要目的			主要目的			
危害確定	主要目的	主要目的	主要目的	主要目的	主要目的	主要目的	主要目的	（註一）
最壞情況的影響估計		主要目的		主要目的		（註一）	主要目的	
降低危害程度的機會確定		主要目的	次要目的		主要目的	（註一）	（註一）	
意外發生原因的確定				主要目的		主要目的	主要目的	主要目的
意外發生頻率估算						（註一）	主要目的	主要目的
意外影響的估算				主要目的			主要目的	主要目的

註一：僅提供定性而非計量式的說明。

4.9 電腦程式

　　表4-12列出危害辨識時所使用的電腦程式，以供參考，這些程式可以協助分析者整理及記錄分析過程及結果。

表4-12　危害辨識電腦程式

程式名稱	適用範圍	開發者
CARE	FTA/ETA	Technica Inc, Fullerton, CA, USA
HAZOP小工安	HAZOP	工研院環安衛中心
HAZSEC plus	HAZOP、What If、Checklists、FMEA	DNV Technica, Temecula, CA., USA
HAZOP Manager 6.0	HAZOP、WHA、PHA	Lihou Technical & Software Services, Birmingham, United Kingdom
HAZOP secretary	HAZOP	Quest Consultants, Inc, Norman, Ok, USA
HAZOP timizer	HAZOP、What If、Checklists、FMEA	Arthur D. Little, Inc, Cambridge, MA, USA
INERFT	FTA	核能研究所
IRRAS-PC		Idaho National Engineering Lab., Idaho Falls, Idaho, USA
LEADER 2.0	HAZOP	JBF Associates
Logan Fault and Event Tree Analysis	FTA、ETA	Reliability and Safety Solutions, New Beach, CA, USA
PHA-Pro	HAZOP、FMEA、PHA	Dyaden, Richmond, Canada
PHAWork	HAZOP、FMEA、What If	Primatech, Columbus, Ohio, USA
Relex ETA/FTA	ETA、FTA	Relex Software, Greenburg, PA
Relex FMEA	HAZOP、FMEA	Relex Software, Greenburg, PA
RISKMAN		PLG, Inc, Newport Beach, CA, USA
RISK SPECTRUM		RELCON Technik
SAIC-HAZ	HAZOP	SAI, Houstion, Texas, USA
VAL-HAZOP	HAZOP	Velosi Softwares, UK

參考文獻

1. H. G. Greenberg and J. J. Cramer, *Risk Assessment and Risk Management for the Chemical Process Industry*, Van Nostrand Reinhold, New York. USA, 1991.

2. H. E. Webb, What to do When Disaster Strikes, *Safe and Efficient Plant Operation and Maintenance*, ed. Richard Greene, McGraw Hill, New York, USA, 1980.

3. *Guidelines for Hazard Evaluation Procedures*, AIChE, New York, USA, 1992.

4. *Dow's Fire and Explosion Index Hazard Classification Code*, 6th ed., AIChE, New York, USA, 1987.

5. D. J. Lewis, The Mond Fire and Explosion Index Applied to Plant Layout and Spacing, 13th ed., *Loss Prevention Symposium*, 1979.

Chapter 5

風險評估(一)

　　風險是意外發生的機率與損害的組合，也就是危害對於安全的比例。風險評估則是評估一個系統危險程度的系統化方法，其目的在於事先發現程序中的危害、可能性、後果，以及三者組合的危險程度。它的評估結果計量化，可以作為決策的依據，因此普遍應用於核能發電、航空等工業。由於化學工業的意外事件會造成嚴重的財產損失、人員的傷亡，以及附近環境生態的長期性破壞。過去二十年來，風險評估也逐漸應用於化學工業，目前已經成為化學工業安全管理上最主要的工具之一。

　　風險評估可分為：危害辨識、可能性分析、後果分析、風險分析等四個主要部分。危害辨識為發現程序或系統中可能具危害特性或造成危害的來源；可能性分析則為計算危害造成意外或意外發生的機率；後果分析為估算意外所造成的財產損失及人員的傷亡；風險分析則為機率與影響的組合。**圖5-1**中列出風險評估的步驟。由於危害辨識的方法，已於第四章中介紹，將不再本章討論。

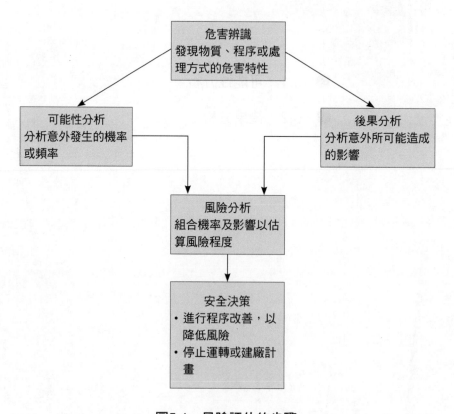

圖5-1　風險評估的步驟

5.1 可能性分析

可能性是事故發生的機率或頻率,機率是事件發生可能性的測量,意外事件發生的機率可以依據過去意外事件的統計數據求得,此種計算較適於天災(颱風、地震)或交通事故,因為此類意外頻率難以邏輯性方法歸納而求得。由於化工廠是由許多不同的設備組合而成的,意外發生主要是由單元設備的失常或設備間的相互作用而引起,因此從單元設備與意外的關係,以及設備的失敗頻率可以歸納出意外事件的機率。本節首先將介紹設備失敗的機率,然後再討論失誤樹及事件樹等邏輯推演方法。

5.1.1 失誤頻率

失誤頻率是單位時間內平均失誤的次數(μ),通常是以次/年或次/10^6時表示,它是依據製造者或使用者累積的經驗數據,經過下列篩選及修正步驟[1]所求得的:

1.決定相關事件。

2.檢討意外或失誤源數據:

  (1)歷史上發生的意外事件。

  (2)意外發生的原因。

  (3)設備接觸的時間。

3.核對數據的適用性:

  (1)核對技術改變、環境及安全步驟修正的影響。

  (2)剔除不適用的數據。

  (3)修正設備接觸時間。

4.計算頻率:

  (1)機率為失誤次數除以接觸時間。

  (2)修正因技術改變、環境及安全步驟修正等因素所造成的偏差。

5.確定頻率的準確性:

  (1)與已知的工業界及公司的數據比較。

  (2)估算數值的準確性。

表5-1列出長途輸油／氣管線失誤頻率原始數據，第3及第4步驟的修正及最終數值。

航空、太空及核能工業最早開始彙總、整理不同單元設備的失誤頻率數據，美國化學工程學會也發表適於化工界使用的數據[2]。另外，表5-2及圖5-2列出一般設備的失誤頻率及其範圍[3]以供參考。

表5-1 長途輸油／氣管線的失誤頻率[1]

失誤模式	失誤頻率（每1,000里／年）			
	美國交通部發表的原始數據	修正後數據（剔除不適用的數據）	修正因子（依據判斷）	最終數據（註一）
材質缺陷	0.21	0.07	1.0	0.07
腐蝕	0.32	0.05	1.0	0.05
外在影響	0.50	（註二）0.24	2.0	0.48
自然災害	0.35	0.02	0.5	0.01
其他	0.06	0.05	1.0	0.05
總計	1.44	0.43	-	0.66

註一：最終數據＝修正後數據×修正因子

註二：適用於8英寸管

表5-2 一般設備的失誤頻率數據[3]

設備儀器	失誤頻率（次數／10^6小時）	設備儀器	失誤頻率（次數／10^6小時）
馬達	10.0	氣／液相儀	3,493.2
變壓器（＜15千伏）	0.6	液面指示器	194.1
（132～400千伏）	7.0	固面指示器	783.1
壓力容器：一般	3.0	氧器分析儀	645.0
高標準	0.3	壓力計	161.0
管線	0.2	溫度計	3.1
管線接頭	0.5	熱偶（溫度測量）	59.4
氣密墊	0.5	防爆盤	22.8
疏解閥：洩漏	2.0	熱交換器	127-1,477
阻塞	0.5	蓄電池供電系統	0.125
手動閥	15.0	柴油引擎	12.5
控制閥	30.0	柴油發電系統：無法起動	1,250
球閥	0.5	緊急情況	125
線圈閥	30.0	控制器	33.1
過濾器：阻塞	1.0	流量計：液體	130.1
洩漏	1.0	固體	428.1
鍋爐	1.1		
鍋爐進水泵浦	1,012.5		
起重機	7.8		

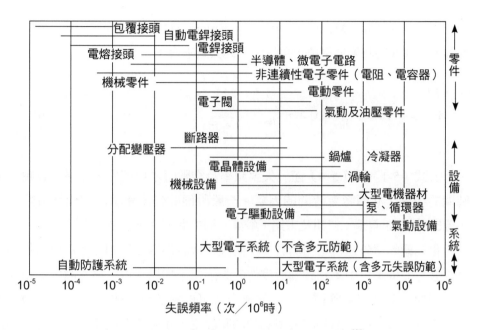

失誤頻率（次／10^6時）

圖5-2　系統、設備及零件的失誤頻率範圍[3]

5.1.2 可靠度及失誤頻率

t時間內的可靠度〔R(t)〕與失誤頻率（μ）的關係，可以用卜瓦松（Pisson）函數表示[4]：

$$R(t) = e^{-\mu t} \tag{5-1}$$

可靠度（R）是時間與失誤頻率的函數，時間（t）愈長或失誤頻率（μ）愈高，可靠度愈低。失誤機率（P）或稱為不可靠度則為：

$$P(t) = 1 - R(t) = 1 - e^{-\mu t} \tag{5-2}$$

失誤密度函數〔f(t)〕為失誤函數對於時間的微分：

$$f(t) = \frac{dP(t)}{dt} = \mu e^{-\mu t} \tag{5-3}$$

平均失誤期間（Mean Time Between Failure, MTBF）為兩次失誤之間的平均期間或失誤間的時間期望值，可以由下列公式求得：

$$E(t) = MTBF = \int_0^\infty tf(t)dt = \frac{1}{\mu}$$

（5-4）

公式（5-1）至（5-4）僅於失誤頻率為常數時才可使用，如果失誤頻率是時間的函數，必須考慮時間的因素。一般設備的失誤頻率的曲線呈浴缸型態（圖5-3），即兩頭（初期及末期）較高，而中間期間幾乎為常數[5]。

化工廠的意外通常是由於許多不同設備或設備零件的相互作用而引起的，意外發生的機率可由單元設備或零件的失誤機率加以求得。單元設備的相互作用可分成並聯及串聯兩種方式。並聯方式可以用邏輯符號「且」（AND）表示，它的意義為有關部分的失誤必須同時發生，才可能造成意外，並聯的失誤機率是所有機率的乘積：

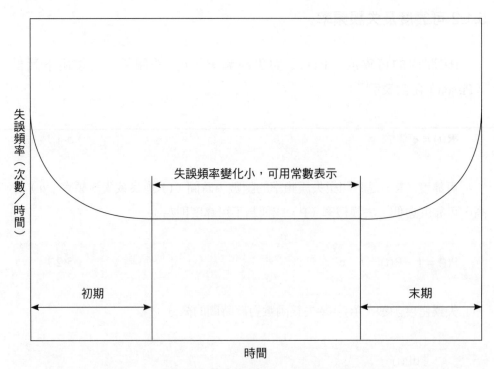

圖5-3　單元設備的失誤頻率多呈「浴缸」曲線

$$P_{AND} = P_1 \cdot P_2 \cdot P_3 \cdots\cdots = \prod_{i=1}^{n} P_i \tag{5-5}$$

P_{AND}為並聯失誤的機率，n為總設備數，P_i（$i = 1\cdots\cdots n$）為每一個失誤機率，並聯的可靠度R_{AND}則為：

$$R_{AND} = 1 - P_{AND} = 1 - \prod_{i=1}^{n} (1 - R_i) \tag{5-6}$$

串聯方式可用「或」（OR）表示，所有的部分必須同時可靠，整個系統才算可靠，因此串聯的可靠度（R_{OR}）為所有可靠度的乘積：

$$R_{OR} = \prod_{i=1}^{n} R_i \tag{5-7}$$

串聯的失誤機率（P_{OR}）可用下式表示：

$$P_{OR} = 1 - R_{OR} = 1 - \prod_{i=1}^{n} (1 - P_i)$$
$$= 1 - (1 - \sum_{i=1}^{n} P_i + \sum_{i<j} P_i P_j - \sum_{i<j<k} P_i P_j P_k \cdots\cdots) \tag{5-8}$$

如果失誤機率（P_i）很小時，公式（5-8）中的二次及二次以上乘積的項目可以刪除，而不影響總機率，因此串聯的失誤機率可簡化為：

$$P_{OR} = \sum_{i=1}^{n} P_i \qquad (P_i < < 1) \tag{5-9}$$

圖5-4顯示並聯及串聯情況的代表符號與機率關係。

失誤頻率的串聯及並聯的組合關係可由可靠度的組合關係求出。

串聯方式頻率的組合：

$$\mu_{OR} = \frac{L_n R_{OR}}{t} = \frac{L_n \{ \prod_{i=1}^{n} [EXP (-\mu_{it})] \}}{t}$$
$$= \frac{L_n [EXP (-\Sigma \mu_{it})]}{t} = \sum_{i=1}^{n} \mu_i \tag{5-10}$$

邏輯符號	可靠度示意圖	Boolean代數關係	機率
 A 且 （AND） B C　並聯	 o───•───o	A＝BC	$P(A)=P(BC)$ 　　$=P(B)P(C)$
 A 或 （OR） B C　串聯	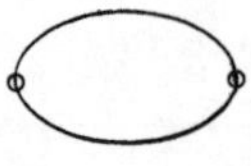 ◯	A＝B+C	$P(A)=P(B+C)$ 　　$=P(B)+P(C)-P(BC)$ 　　$=P(B)+P(C)-P(B)P(C)$

圖5-4　並聯及串聯失誤的組合、符號及機率關係

並聯方式頻率的組合：

$$\mu_{AND}=\frac{L_nR_{AND}}{t}=L_n\left[1-\prod_{i=1}^{n}(1-R_i)\right]/t \tag{5-11}$$

公式（5-11）難以簡化，不如以機率代替，如果其中只有一個單元設備以頻率表示（μ_j），而其餘皆以機率表示，則總頻率（μ_{AND}）為：

$$\mu_{AND}=\mu_j\prod_{i\neq j}^{n}P_i \tag{5-12}$$

由於一般工程師熟悉於失誤機率及失誤頻率，但不習慣於可靠度的應用，本書儘量避免使用可靠度，如遇串聯組合方式時，以頻率表示，如遇並聯方式時，則以機率表示，以簡化計算程序。

5.1.3 失誤樹分析

失誤樹（故障樹）是一種系統化歸納事件來龍去脈的圖形模式，可將引發意外事件的設備、人為的失誤以及它們的組合找出。這種方法採取「逆向思考」方式以正本清源，分析者由終極事件開始，反向逐步分析可能引起事件的原因，一直到基本事件（原因）找到為止。分析結果是一個完整的失誤樹及足以引發意外（終極）事件的失誤組合清單。如果單元設備或人為失誤機率數據齊全時，亦可將意外發生的機率求出，以作為安全管理的依據。

失誤樹分析是在1961年由美國的貝爾電話實驗室（Bell Telephone Labs.）首先發展的，最初的目的為了控制飛彈發射的可靠性，後來又經波音飛機公司改進。1975年以後成為核能反應爐安全分析中不可缺少的一環，目前已普遍為化學工業所使用。基本上，失誤樹分析假設系統中所有的失誤是二元化，換句話說，一個設備或操作員的表現只有完全成功或完全失敗兩種型式，而且又假設所有的附屬設備及相關因素表現正常時，系統則可達到設計的目的。此種分析亦不考慮設備或附屬系統的退化。

5.1.3.1 邏輯及事件符號

　　失誤樹是應用特定的邏輯及事件符號表達附屬設備的失誤與意外事件的相互關係圖，在進行失誤樹的合成步驟時，首先必須瞭解符號的意義。**圖**5-5列出最主要的符號，符號共分為兩類，第一類為邏輯符號（且、或、抑止、延遲等）或稱為「門」，它們是用來表達失誤的相互關係，第二類為事件符號，是用來區分事件的性質，例如圓形表示基本事件，也就是最原始的因素或原因，長方形為中間事件，是由其他中間或基本事件互相組合而成的事件。

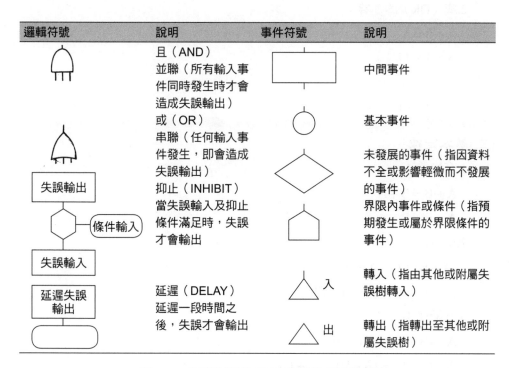

圖5-5　失誤樹所使用的邏輯及事件符號

5.1.3.2 布林代數

布林代數（Boolean Algebra）是處理邏輯的運算，運算時必然有一些基本規則可循，我們稱之為定理，這些定理是根據邏輯基本運算關係而定出，初學者只要把握住邏輯思維方式即可理解。

(一)運算符號

且（AND）為集合的交集，又稱且閘或及閘，運算符號為「．」。或（OR）是集合的聯集，又稱或閘，運算符號為「＋」。由**圖3-7**可知，A．B為A與B兩個集合的交集部分，A＋B為聯集部分。

(二)基本運算法則

1.且（AND）的運算：

$A \cdot 0 = 0$

$A \cdot 1 = A$

$A \cdot A = A$

$A \cdot A' = 0 \, (A' = 1 - A)$

2.或（OR）的運算：

$A + 0 = A$

$A + 1 = 1$

$A + A = A$

$A + A' = 1$

(三)基本定律

1.交換律：

$A + B = B + A$

$A \cdot B = B \cdot A$

2.結合律：

$(A + B) + C = A + (B + C)$

$(A \cdot B) \cdot C = A \cdot (B \cdot C)$

3.分配律：

$A \cdot (B + C) = AB + AC$

$A + (B \cdot C) = (A + B) \cdot (A + C)$

$$(D + A) \cdot (B + C) = DB + DC + AB + AC$$

4.吸收律：

$$A + AB = A$$

$$A + A'B = A + B$$

(四)機率運算

假設A事件出現的機率為P_A，B事件出現的機率為P_B，則

$$P_{AB} = P_A \cdot P_B$$

$$P_{A+B} = P_A + P_B - P_A \cdot P_B \quad 或$$

$$\quad\quad = 1 - (1 - P_A)(1 - P_B)$$

(五)化解規則

規則1：任何特定的元素或事件僅能出現一次。

因此，重複出現的元素或事件必須刪除。

$$ABAB = AB$$

$$ABCAB = ABC$$

$$AABBCC = ABC$$

規則2：如果任何集合是另一個集合的子集合，應該消除，以免機率被重複計算。

$$AB + ABC = AB$$

$$A + AB = A$$

$$A + AB + XY + XYA = A + XY$$

(六)範例

數學邏輯較為抽象，不易理解，可由下列範例說明之：

某社團會員多，男女老少都有，若以A代表男性，所占的分率為0.3(P_A = 0.3)，B代表20歲以上的成年人，分率為0.5(P_B = 0.3)。A·B為男性與成年人的交集，也就是男性成年人，所占分率（P_{AB}）為：

$$P_{AB} = P_A \times P_B = 0.3 \times 0.5 = 0.15$$

P_{A+B}為男性與成年人的聯集，即所有的男性與所有的成年人，但不包括未成年的女性，PA+B為：

$$P_{A+B} = P_A + P_B - P_{AB} = 0.3 + 0.5 - 0.15 = 0.65$$

P_{A+B}也可由1中，將不屬於A與B聯集部分去除（將未成年女性所占的分率減掉）：

$$P_{A+B} = 1 - (1 - P_A)(1 - P_B)$$
$$= 1 - (1 - 0.3)(1 - 0.5)$$
$$= 0.65$$

5.1.3.3 失誤的類別

失誤樹中的設備失誤或失敗可以分為下列三大類：

1. 初級失誤或失敗。
2. 次級失誤或失敗。
3. 一般失誤或失敗。

初級失誤或失敗是指設備或系統在設計狀況下所發生的失常現象而不是由外在因素所造成的，例如一個壓力容器在設計壓力範圍內的破裂。次級失誤或失敗是指設備在非預期狀況下的失誤或失敗，例如一個容器受了外在因素的影響，壓力超過安全設計上限而破裂，設備本身狀況並非失誤失敗的原因。一般失誤或失敗是指設備本身雖然正常，但是由於時、地或其他因素的影響而造成的失誤；溫度警示器因感測器損壞，未能發生高溫警示訊號，即為一般失誤，因為溫度警示器本身未損害，它的失誤是由於感測器的失誤所造成的。

失誤樹分析的目標在於找出造成意外的基本原因，也就是初級失誤或失敗，也就是基本事件，次級及一般失誤或失敗屬於中間原因或中間事件，必須繼續尋找，一直到基本事件（原因）找到為止。

5.1.3.4 失誤樹分析步驟

失誤樹分析可分為：問題界定、失誤樹的合成、失誤樹的題解（決定最小的分割集合）及最小分割集合的順位排列等四個步驟[6]。

(一)問題界定

問題的界定包括決定下列幾個主要的條件或範圍：

1. 界定終極事件（Top Event），也就是意欲進行失誤樹分析的意外事件（主題）。

2.界定分析的邊際條件，例如：

(1)不考慮的事件。

(2)存在的事件。

(3)系統的物理界限。

(4)解析程度。

(5)其他假設或條件。

(二)失誤樹的合成

失誤樹的合成是由終極事件開始，一層一層地向下進行（即由結果反向進行，找出原因），一直到基本事件為止。**圖5-6**顯示一個簡單的失誤樹，首先找出引起終極事件發生的失誤事件（即1號及2號失誤事件），然後判斷失誤事件的組合方式，決定邏輯符號，如果所有的失誤事件必須同時發生時，則使用「且」門（AND Gate），否則使用「或」門（OR Gate）；然後再繼續由1號及2號失誤事件以同樣方式尋找，一直到所有造成中間事件的基本事件（原因）或初級失誤找到為止。分析進行工作的主要原則如下：

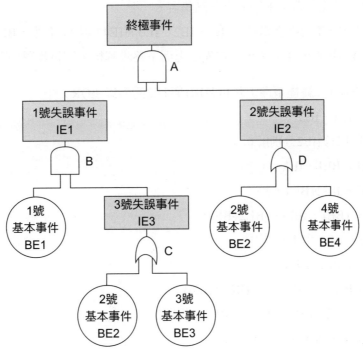

圖5-6　失誤樹說明圖[6]

1.詳細說明事件。

2.區分失誤事件類別（即區分引發設備失誤或系統失誤的事件）。

3.不應存著「僥倖」的心理（如果一個正常運轉的設備引發出一連串的失誤時，則必須深入發現原因，並謀改善，千萬不可存在僥倖心理，以為失常為偶發事件或其他「未知」的外在原因所引起的）。

4.完成所有的邏輯符號的界定及分析。

(三)失誤樹的解析

失誤樹雖然提供許多有用的資訊，但是除了簡單的失誤樹之外，難以直接由圖中直接找出導致意外發生的主要失誤，因此必須進行解析，找出直接引起意外發生的最小分割集合（minimal cut sets）。題解步驟如下：

1.鑑定所有的門及基本事件。

2.將所有的門解析為基本事件的組合。

3.將重複的基本事件剔除。

4.剔除包含其他分割集合的集合。

步驟完成後，即可求得最小分割集合。

圖5-6中，T為終極事件，IE1、IE2、IE3與IE4為中間事件，BE1、BE2、BE3與BE4為基本事件。解析時首先由上而下逐步解析，解析步驟如下：

1.首先將T（終極事件）解析為IE1與TE2的聯集（OR）：

   $T = IE1 \cdot IE2$

2.再將IE1與IE2分別解析：

   $IE1 = BE1 \cdot IE3$

   $IE2 = BE2 + BE4$，故

   $T = (BE1 \cdot IE3) \cdot (BE2 + BE4)$

3.IE3為BE2與BE3的串聯

   $IE3 = BE2 + BE3$，故

   $T = BE1 \cdot (BE2 + BE3)(BE2 + BE4)$

4.由於$BE2 \cdot (BE2 + BE4) = BE2$（規則2）

   因此$T = BE1(BE2 + BE3 \cdot BE4)$

只有兩個最小分割集合，一個是BE1‧BE2，另一個是BE1‧BE3‧BE4。

　　圖5-6的解析步驟可以用圖解方式（圖5-7）來說明：首先將終極事件的門A，填入圖5-7(a)中，然後將A以B及D門取代（圖5-7(b)）；但是由於A門為「且」門，而且B與D平行排列（並聯），因此如果遇「或」門時則垂直排列（串聯）。

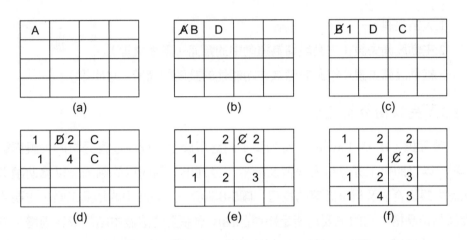

圖5-7　失誤樹解析步驟（最小分割集合）[6]

　　逐步將門以事件取代，一直到所有的中間事件完全被基本事件取代為止（參閱圖5-7(c)～5-7(f)）。最後得到下列四種分割集合：

1.集合1：1，2，2。
2.集合2：1，2，4。
3.集合3：1，2，3。
4.集合4：1，3，4。

　　集合1中的2號基本事件重複，必須剔除，集合1簡化為1、2；集合2及集合3皆包含集合1，也必須剔除，因此最後僅剩下兩個分割集合：

1.最小分割集合1：1，2。
2.最小分割集合2：1，3，4。

(四)最小分割集合的順位排列

如果設備或人為的失誤頻率或機率數據齊全時，僅須比較不同集合的機率或頻率，即可決定順位。如果沒有機率或頻率數據，順位排列則依據分析者的經驗而定。通常一個事件的分割集合較兩個事件的分割集合發生的機率為高，兩個事件組成的分割集合比三個事件的分割集合機率高。如果集合內的事件數相同時，則以下列原則排列順序：

1. 人為失誤。
2. 主動設備失誤（主動設備為運動中的泵浦、壓縮機等）。
3. 被動設備失誤（被動設備為非功能性的設備如儲槽、倉庫等）。

5.1.3.5 失誤樹分析範例

勞萊氏（H. G. Lawley）曾列舉不同應用於化學程序危害分析的失誤樹範例[6]，以協助化工界分析者學習及參考，茲列出一個簡單的例子，以協助讀者熟悉失誤樹合成及機率計算的技巧。**圖5-8**顯示一個設計中的結晶工廠，主要的設備為結晶槽，它的主要功能是將產品由反應完全的溶液中結晶成為固體，結晶後的液漿則由泵浦送至離心分離器分離。為了防止結晶由溶液溢流，結晶槽配置液面指示，警示設施，槽中的揮發性有機蒸氣則經冷凝器冷凝後回流，無法冷凝的氣體則由煙囪排放。由於結晶槽內溶液具危害性，若溢流由煙囪中排出，會造成危害，因此分析主題在於找出可能造成煙囪排放液漿的原因及其頻率。分析步驟如下：

(一)問題界定

1. 終極事件：液漿經由煙囪排放至大氣之中。
2. 不考慮事件：火災；防爆盤破裂及液漿由煙囪中溢流（煙囪高達45公尺，液漿不可能溢流）。
3. 存在事件：
   (1) 結晶槽溢流。
   (2) 反應器排放氣體的液體夾帶。
4. 物理界限：如**圖5-8**所顯示。
5. 解析程度：如**圖5-8**中的設備。

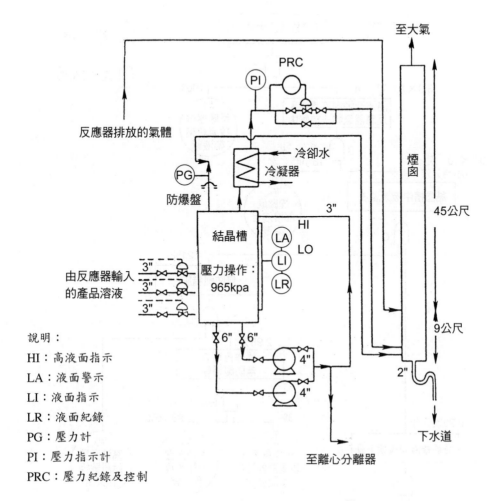

圖5-8　結晶工廠基本流程圖[7]

(二)失誤樹的合成

合成步驟如下（**圖5-9**）：

1. A門：煙囪的液漿排放是由反應器排放的氣體夾帶煙囪底部的液漿，因此其組合方式為「且」門（AND Gate）。

2. B門：溢流至煙囪的液漿進入反應器氣體排放管中係因結晶槽溢流及煙囪底部排放阻塞同時發生所引起的，B門為「且」門。

3. C門：結晶槽的溢流是由於液面上升及警示訊號失常或操作員忽視同時發生而造成的，C門為「且」門。

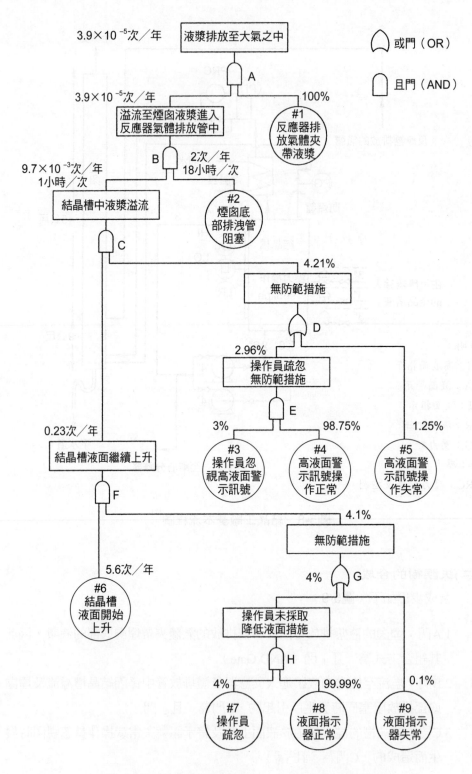

圖5-9　結晶工廠液漿自煙囪頂部排放的失誤樹[7]

4.D門：由液面警示訊號失常或警示訊號正常，但操作員疏忽，D門為「或」門。

5.E門：警示訊號正常，但操作員疏忽，E門為「且」門。

6.F門：液面繼續上升是由於液面上升，同時沒有任何防範措施（液面上升指示失常或操作員疏忽），F門為「且」門。

7.G門：無防範措施：由於液面指示失常或操作員忽視，為「或」門。

8.H門：液面指示正常，但操作員疏忽，為「且」門。

(三)失誤樹解析

共有下列四個最小分割集合：

1.（1，2，3，4，6，7，8）。

2.（1，2，3，4，6，9）。

3.（1，2，5，6，7，8）。

4.（1，2，5，6，9）。

每個最小分割集合中的數字為基本事件（初級失誤）的代號。

(四)機率或頻率的計算

失誤樹中的基本事件的機率或頻率可自經驗或設備可靠度求得（參閱頻率分析、可靠度及機率分析兩節），中間事件的計算方式視「門」（邏輯符號）的性質（串聯或並聯）而定，可參閱圖5-4，計算時由基本事件開始向上計算：

1.H門為「且」門，機率為#7及#8機率乘積：

　　$4\% \times 99.99\% = 4\%$

2.G門為「或」門，機率為H門及#9事件機率之和：

　　$4\% + 0.1\% = 4.1\%$

3.F門為「且」門，機率為#6頻率與G門機率乘積：

　　$5.6\% \times 4.1\% = 0.23$次／年

4.E門為「且」門，機率為#3及#4事件機率乘積：

　　$3\% \times 98.75\% = 2.96\%$

5.D門為「或」門，機率為#5事件與E門機率之和：

　　$1.25\% + 2.96\% = 4.21\%$

6.C門為「且」門，頻率為#6事件頻率與D門機率之乘積：

$0.23 \times 4.21\% = 9.7 \times 10^{-3}$次／年

7.B門為「且」門，頻率可由C門頻率與#2事件機率求出：

煙囪底部阻塞的機率為：

$2次／年 \times 18小時／次 \times \dfrac{年}{8,760小時} = 0.4\%$

B門頻率為：

$9.7 \times 10^{-3} \times 0.4\% = 3.9 \times 10^{-5}$次／年

8.A門為「且」門，頻率為B門頻率與#1事件機率乘積：

$3.9 \times 10^{-5} \times 100\% = 3.9 \times 10^{-5}$次／年

(五)最小分割集合的順位排列

最小分割集合的頻率計算如下：

1.（1，2，3，4，6，7，8）：

（4%）×（99.99%）×（5.6次／年）×（3%）×（98.75%）×（0.4%）×（100%）

   #7   #8   #6   #3   #4   #2   #1

$= 2.65 \times 10^{15}$次／年

2.（1，2，3，4，6，9）：

（0.1%）×（5.6次／年）×（3%）×（98.75%）×（0.4%）×（100%）

   #9   #6   #3   #4   #2   #1

$= 0.0664 \times 10^{-5}$次／年

3.（1，2，5，6，7，8）：

（4%）×（99.99%）×（5.6次／年）×（1.25%）×（0.4%）×（100%）

   #7   #8   #6   #5   #2   #1

$= 1.12 \times 10^{-5}$次／年

4.（1，2，5，6，9）：

（0.1%）×（5.6次／年）×（1.25%）×（0.4%）×（100%）

   #9   #6   #5   #2   #1

$= 0.028 \times 10^{-5}$次／年

順位排列為1、2、4、3。

5.1.3.6 失誤樹的電腦程式

複雑的失誤樹合成及其計算（機率、或最小分割集合等），必須應用電腦程式，以節省人力、時間，並避免人為的錯誤。早期發展的電腦程式可應用於大型電腦，但無法協助使用者畫出失誤樹，美國核子管理委員會出版的《失誤樹手冊》（*Fault Tree Handbook*）[8]曾詳細介紹它們。一些近年來發展的程式可以在個人電腦上使用，而且彈性較大，**表5-3**中列出一些常用的程式，以供參考。

表5-3　失誤樹分析的電腦程式[1]

功能	程式名稱	發展者
合成	Rikke	R. Taylor, Denmark
	CAT	G. Apostolakis
	Fault Propagation	S. Lapp and G. Powers
	IRRAS-PC	EG & G, Idaho
	TREDRA	JBF Associates
	GRAFTER	Westinghouse
定性分析	BRAVO	JBF Associates
	IRRAS-PC	EG & G, Idaho
	CAFTA+PC	Science Applications Int.
	SAICUT	Science Applications Int.
	MOCUS	JBF Associates
	GRAFTER	Westinghouse
計量分析	BRAVO	JBF Associates
	IRRAS-PC	EG & G, Idaho
	CAFTA+PC	Science Applications Int.
	SUPERPOCUS	JBF Associates
	GRAFTER	Westinghouse
	RISKMAN	Pickard, Lowe, and Garrick

5.1.3.7 失誤樹分析優缺點

1.優點：

(1)理論已發展完全，步驟系統化，且有許多可靠的電腦程式，可供應用。

(2)分析者可以選擇意欲分析的後果（終極事件），然後逆向歸納造成後果的基本事件（失誤）及其順序（最小分割集合）。

(3)如果機率數據齊全，結果可以計量化。

2.缺點：

(1)複雜事件的失誤樹往往包括數千個門及中間事件，即使應用電腦，仍然需要許多人力。

(2)分析者限於經驗往往很難考慮所有的因素，不同分析者所得的結果可能大不相同。

(3)失誤樹假設所有的失誤為完全失誤，實際上許多設備零件的失誤往往是「局部」性。

5.1.4 事件樹

事件樹（事故樹）是一種鑑定及量化一個創始事件的可能造成的影響之圖形模式，它可提供事件由開始一直發展到結果的程序。事件樹的思考步驟與失誤樹剛好相反，它是一種「前瞻性」及推演式的程序，分析者依據事件（失誤）的可能引發的動作，逐步推演至結果。

事件樹與商業管理使用的決策樹類似，最適於分析可能引發出不同情況的基本（初級）失誤。由於核能及化學工廠必須配置不同層次的安全防範系統，以防制或降低意外的發生，當失誤或意外事件發生時，操作人員及防範設施的因應是否妥當，是決定災害大小的主要因素，事前進行事件樹分析可以找出安全系統的缺陷及失誤可能造成的影響，事件樹亦可於意外發生後，作為鑑定結果時使用，因此事件樹普遍為核能及化學工業界所使用。

5.1.4.1 事件樹分析步驟

事件樹的分析包括下列四個步驟：

1.鑑定創始事件。

2.鑑定抑止或防範創始事件的安全系統（事前預測分析），或引發的事件及影響（事後分析）。

3.推演事件樹。

4.描述意外（失誤）事件的引發順序。

如果失誤機率數據齊全時，則可求出不同事件發展順序的機率，可作為決策上的依據。

5.1.4.2 意外前安全分析

　　意外前安全分析的目的在於鑑定安全防範措施之可靠性，此類分析著重於分析人為或機械化安全設備的反應及其失誤所可能產生的後果。**圖5-10**顯示一個連續攪拌槽式反應器，化學反應為放熱反應，必須使用水冷卻，以防止溫度過高而導致反應失控，冷卻水的流量由溫度控制，當溫度超過正常操作範圍時（$T \geq T_1$），則發出警示訊號，當溫度達到危險溫度（T_2）時，則自動關閉進料閥。

(一)鑑定創始事件

　　創始事件為冷卻水供應中斷(A)，機率為1次／年。

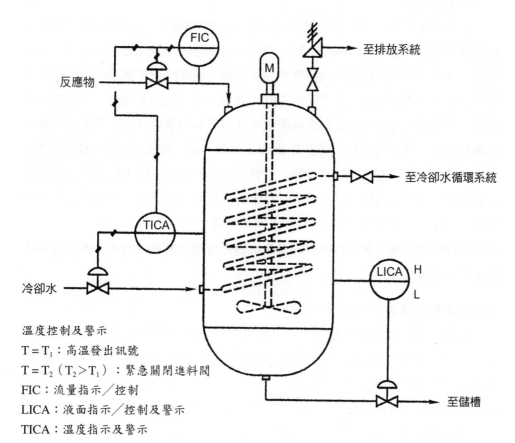

溫度控制及警示

$T = T_1$：高溫發出訊號

$T = T_2$（$T_2 > T_1$）：緊急關閉進料閥

FIC：流量指示／控制

LICA：液面指示／控制及警示

TICA：溫度指示及警示

M：馬達

圖5-10　事件樹範例流程圖：配置高溫控制及警示訊號之反應器

(二)鑑定抑止或防範創始事件的安全系統

安全系統有下列五種：

1.高溫警示(B)（機率為0.01）。

2.操作員發覺溫度過高(C)（機率為0.25）。

3.操作員重新起動冷卻系統，亦或利用其他的冷卻水來源(D)（機率為0.25）。

4.高溫自動停機控制（溫度達T_2時，關閉反應物進料閥）(E)（機率為0.01）。

5.操作員停機（關閉反應物進料閥）(F)（機率為0.1）。

(三)推演事件樹

事件樹是失誤或意外發生後隨時間發展的記事圖；事件樹的推演首先由創始事件開始，逐步將相關安全設施或引發的事件依時間先後，由左至右順序填入，然後再逐步分析安全設施是否操作正常，通常將正常情況由向上延伸的途徑表示，失常情況則以向下延伸的路徑表示。每一種情況遇到下一個完全設施時又必須加以分析，如果該安全措施不曾引發其他事件發生，可不必考慮，而繼續延伸。例如高溫警示訊號(B)操作正常時（向上延伸部分），C安全措施（操作員警覺溫度過高）的正常操作不會引發其他事件，則可移至下一個安全設施(D)；如果高溫警示(B)失常，而操作員之是否警覺是決定意外是否發生的關鍵，因此必須考慮是／否（成功或失敗）的情況。

事件樹的推演，是直到所有的安全措施完全被考慮在內為止，推演時可將機率同時計算出來。

(四)描述意外事件的引發順序

最後一個步驟是說明意外事件發生的順序，有些順序代表正常情況的恢復，有些可能是安全停機，或可能會導致最嚴重災害的程序失控。從安全的觀點而論，那些可能會引發災害的程序或反應失控是最重要的，必須設法防範或抑止。圖5-11中的結果欄列出結果的說明，結果的引發順序則以參與設施的代號表示，例如第一個結果為繼續運轉，其順序代號為A，表示A事件（創始事件）發生後，安全措施操作正常，足以應付危機，並得以繼續運轉；第四個結果為反應失控，順序代號為ADEF，表示A事件發生後，由於D、E、F安全設施失常，溫度無法控制，導致反應失控。

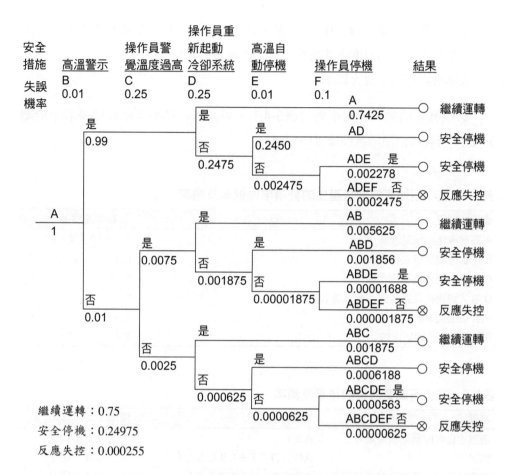

圖5-11　事件樹範例一：反應器冷卻水中斷

圖5-11的結果可分為繼續運轉、安全停機及反應失控等三類，分類的機率為各分項機率之和。

5.1.4.3 意外後果分析

意外後果分析的主要目的在於鑑定意外發生後所可能造成的火災、爆炸等後果，其分析步驟與意外前安全分析相同。以一個液化石油氣儲槽的洩漏為例，洩漏為創始事件(A)，洩漏後可能發生的狀況，依時間發展順序分別為：

1.立即著火(B)。

2.未能著火，蒸氣雲被風吹至人煙稠密地區(C)。

3.延遲著火(D)。

4.非局限性蒸氣雲爆炸(E)（有機蒸氣與空氣混合後，形成易燃蒸氣雲，如果著火，火焰速度急速增加，會造成嚴重的爆炸）。

5.儲槽附近的噴射火焰(F)。

狀況發生的頻率或機率列於**表5-4**中，事件樹的結果及結果機率顯示於**圖5-12**中，**表5-5**則顯示各種後果的頻率。

表5-4 液化石油氣洩漏後產生的分項事件機率及頻率

事件或狀況	頻率或機率
A.高壓液化石油氣洩漏	1.0×10^{-4}次／年
B.由儲槽洩漏後立即著火	0.1
C.被風吹至人煙稠密地區	0.15
D.在人煙稠密地區著火（延遲著火）	0.9
E.非局限式蒸氣雲爆炸	0.5
F.儲槽附近的噴射火焰	0.2

表5-5 液化石油氣洩漏的後果及頻率

後果	後果順位	頻率（次／年）
液體沸化形成蒸氣雲後爆炸	$AB\overline{F}$	2.0×10^{-6}
閃火	$A\overline{B}CD\overline{E}F+\overline{A}BCD\overline{E}F$	32.4×10^{-6}
液體沸化形成蒸氣雲爆炸及閃火	$A\overline{B}CDE\overline{F}+\overline{A}B\overline{C}D\overline{E}F$	8.1×10^{-6}
非局限式蒸氣雲爆炸	$A\overline{B}CDE+A\overline{B}\overline{C}DE$	40.5×10^{-6}
地區熱危害	$AB\overline{F}$	8.0×10^{-6}
安全處置	$A\overline{B}C\overline{D}+\overline{A}B\overline{C}\overline{D}$	9.0×10^{-6}
合計		100×10^{-6}

5.1.4.4 事件樹的電腦程式

下列電腦程式可以協助推演事件樹：

1.ETA II：由Science Applications International Corp.（5150 El Camino Real, Los Altos, CA, 94022, USA）開發。

2.RISKMAN：由Pick, Lowe and Gawick顧問公司（Newpork Beach, CA, USA）開發。

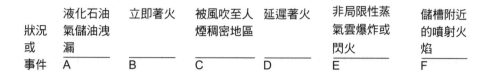

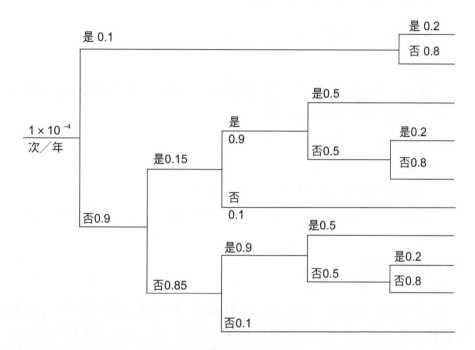

後果	發生順序	頻率（次／年）
液體沸化形成蒸氣雲後爆炸	A B F	2×10^{-6}
地區性熱危害	A B $\bar{F}$	8×10^{-6}
非局限性蒸氣雲爆炸	A $\bar{B}$ C D E	6.1×10^{-6}
閃火及液體沸化形成蒸氣雲後爆炸	A B C D $\bar{E}$ F	1.2×10^{-6}
閃火	A $\bar{B}$ C D E $\bar{F}$	4.9×10^{-6}
安全處置	A $\bar{B}$ C $\bar{D}$	1.4×10^{-6}
非局限性蒸氣雲爆炸	A $\bar{B}$ $\bar{C}$ D E	39.5×10^{-6}
閃火及液體沸化形成蒸氣雲後爆炸	A $\bar{B}$ $\bar{C}$ D E F	6.9×10^{-6}
閃火	A $\bar{B}$ $\bar{C}$ D E $\bar{F}$	27.5×10^{-6}
安全處置	A $\bar{B}$ $\bar{C}$ $\bar{D}$	7.1×10^{-6}
合計		100×10^{-6}

圖5-12　事件樹範例二：液化石油氣洩漏

3.SUPER：由Westinghouse Risk Management（P. O. Box 355, Pittsburgh, PA, 15230, USA）發展。

4.Event Tree：由ITEM Software公司開發（2190 Towne Center Place, Suite 314, Anaheim, CA, 92806, USA）。

5.1.4.5 事件樹優缺點

1.優點：

(1)可以系統地表達一件意外發生後所引發的後果及其順序，機率數據齊全時，可得出計量化的結果。

(2)可以協助分析者找出安全系統的缺陷。

2.缺點：

(1)事件樹假設所有的事件為獨立性事件。

(2)事件樹僅能由原因推演至後果，而無法鑑定造成後果發生的原因。

5.1.5 因果分析

因果分析（Cause-Consequence Analysis）是一種組合事件樹及失誤樹長處的圖形分析方法，它可以協助分析者以「前瞻」與「逆向」兩種方式雙向思考，以找出事件的因果關係，如果數據齊全時，亦可估計每一事件（失誤或後果）發生的頻率。

因果分析是由丹麥原子能委員會的尼爾遜（D. S. Nielson）及泰勒（J. R. Taylor）兩氏所發展的[9, 10, 11]，他們除了使用「且」及「或」等邏輯符號以表達原因（基本失誤）外，還增加了幾個條件性的「頂點」（Vertex）符號以說明後果的相互關係，因此分析者可以處理不同後果的進行路徑、時間延遲及時間的順序，主要的邏輯及事件符號顯示於圖5-13中。

因果分析的步驟如下：

1.選擇意欲分析的創始事件（失誤或意外）。

2.鑑定影響創始事件所引發的意外的安全系統。

3.推演創始事件所引發的意外途徑（事件樹分析）。

4.歸納演繹造成意外（創始）事件的各種原因（基本事件、失誤樹分析）。

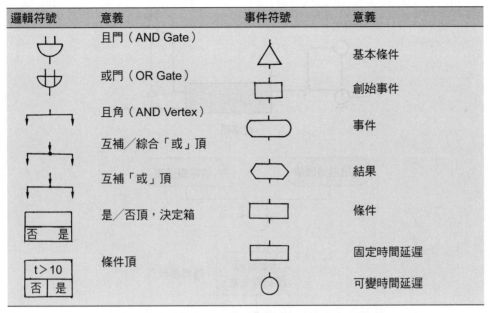

邏輯符號	意義	事件符號	意義
	且門（AND Gate）		基本條件
	或門（OR Gate）		創始事件
	且角（AND Vertex）		事件
	互補／綜合「或」頂		
	互補「或」頂		結果
否　　是	是／否頂，決定箱		條件
t > 10　否　是	條件頂		固定時間延遲
			可變時間延遲

圖5-13　因果分析使用的邏輯及事件符號[9, 10]

5.決定意外產生的最小分割集合。

6.排列分析結果的順位。

圖5-14(a)、(b)顯示一個儲槽液面控制及其因果分析圖[11]，以供參考。

5.2 後果分析

後果是估算意外造成財物及人的傷亡的損失。

由於工廠中所儲存或處理的危害性物質因人為失誤或設備失常而造成的排放，是工業災變最主要的原因，易燃、揮發性物質著火、爆炸會造成劇烈性人命及財產的損失，毒性物質的散布會造成水、空氣及土壤的汙染，長期威脅附近社區人畜健康及環境生態的平衡。因此，在估算實際損失之前，必須先瞭解危害性物質的排放及散布方式、失火及爆炸過程，以及對於人類與建築物的損害。

圖5-15顯示模擬揮發性危害物質的過程。

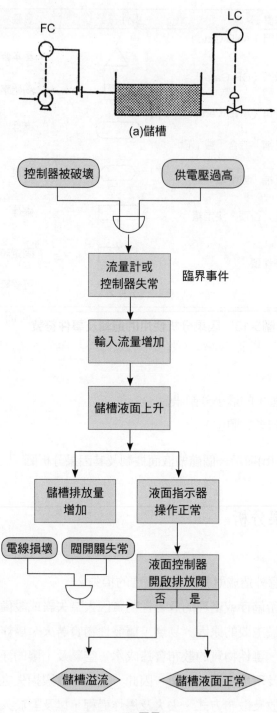

圖5-14 因果分析範圍圖[11]

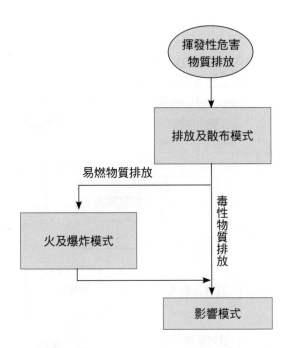

圖5-15　揮發性危害物質排放、散布、火及爆炸，與影響模式的相互關係[1]

5.2.1 危害源排放模式

閥、管線、桶／槽的破裂會造成危害物質的排放，排放方式及排放後的命運依其相態（氣態、液態或氣／液雙相態）而異，氣態物質會形成氣雲、隨風擴散或經小孔以高速噴射氣流方式排出，部分液體可能會直接揮發成氣體，其餘仍以液態方式流出，部分氣／液混合物排放後，會形成氣體與霧滴，比重較高的液體則會沉落於地面上（**圖5-16**、**圖5-17**），由於物質的排放，瞬間揮發及蒸發的計算過程及模式在大專化工課程中皆已涵蓋，茲僅列出主要公式，而不討論其理論背景及起源。

5.2.1.1 氣體排放

氣體通過孔徑的流動可分為音速流動（Sonic Flow）及低音速流動（Subsonic Flow）兩種，速率可以用下列公式表示：

$$G_v = C_d \frac{AP}{a_0} \psi \qquad\qquad (5\text{-}13)$$

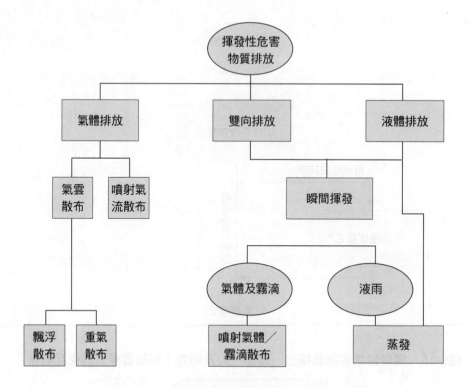

圖5-16　揮發性危害物質排放程序及命運[1]

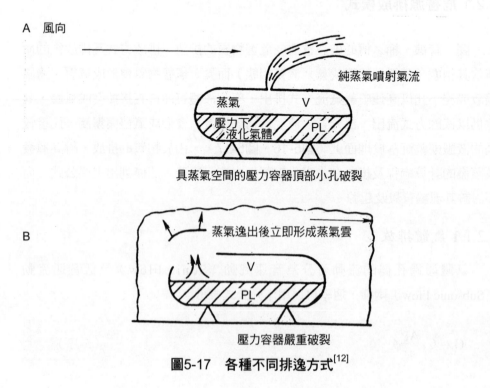

圖5-17　各種不同排逸方式[12]

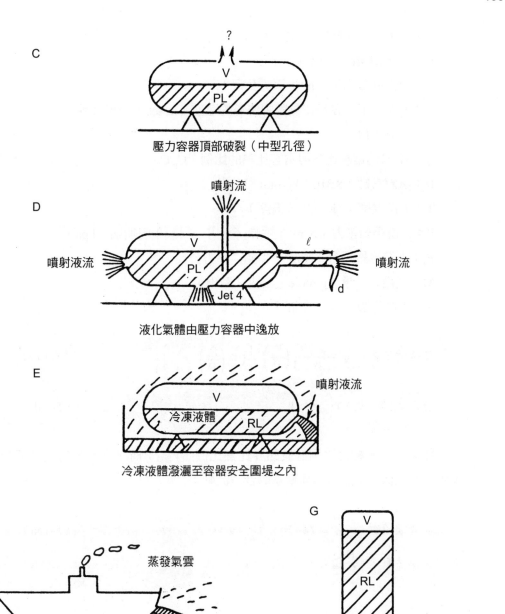

C

壓力容器頂部破裂（中型孔徑）

D

噴射流

噴射液流

噴射流

液化氣體由壓力容器中逸放

E

噴射液流

冷凍液體潑灑至容器安全圍堤之內

F

蒸發氣雲

冷凍液體潑灑至水塘、湖泊、河川之中

G

高速噴射液流以碎塊狀逸出

（續）圖5-17　各種不同排逸方式[12]

其中，G_v = 氣體質量流速（kg/s，公斤／秒）。

C_d = 排放係數（≤ 1.0）

A = 排放孔截面積（m^2，平方公尺）

a_0：T_0 溫度下，聲音在氣體中傳導的速度（m/sec，公尺／秒）

T_0：$(rRT/M)^{\frac{1}{2}}$

γ：氣體的常壓比熱與常容比熱的比例（C_p/C_v）

R：氣體常數（8,310 J/kg-mol/°K）

T：上游溫度（°K，凱式溫度）

P：上游絕對壓力（N/m^2，牛頓／平方公尺或千巴斯噶，kpa）

P_a：下游絕對壓力（N/m^2，牛頓／平方公尺）

M：氣體分子量（g/mole，公克／摩爾）

ψ：流動係數，其公式如下：

低音速流動：
$$\psi = \left\{ \frac{2\gamma^2}{\gamma-1} \left(\frac{P_a}{P}\right)^{\frac{2}{\gamma}} \left[1 - \left(\frac{P_a}{P}\right)^{\frac{(\gamma-1)}{\gamma}} \right] \right\}^{\frac{1}{2}} \tag{5-14a}$$

音速流動：
$$\psi = \gamma \left(\frac{2}{\gamma+1}\right)^{\frac{(\gamma+1)}{2(\gamma-1)}} \tag{5-14b}$$

如果上下游壓力比例低於臨界比熱比例（$\gamma_{臨界}$）時，則流動方式為低音速流動，壓差低，反之則為高壓差的音速流動：

低音速流動：
$$\frac{P}{P_a} \leq \gamma_{臨界} = \left(\frac{\gamma+1}{2}\right)^{\frac{\gamma}{(\gamma-1)}} \tag{5-15a}$$

音速流動：
$$\frac{P}{P_a} \geq \gamma_{臨界} \tag{5-15b}$$

5.2.1.2 液體排放

非揮發性液體自孔徑中排放速率為：

$$G_L = G_d A_\rho \left(\frac{2(P-Pa)}{\rho} + 2gh\right)^{\frac{1}{2}} \tag{5-16}$$

其中，G_L = 流體質量流速（kg/s，公斤／秒）

C_d = 排放係數（0.6～0.64）

A = 排放孔截面積（m^2，平方公尺）

ϱ = 液體密度（kg/m^3，公斤／立方公尺）

P = 液體絕對壓力（N/m^2，牛頓／平方公尺）

P_a = 下流液體絕對壓力（N/m^2）

g = 重力加速度（$9.81m/s^2$，9.81公尺／平方秒）

h = 液面超出排放孔的高度（m，公尺）

5.2.1.3 氣／液雙相排放

當管線破裂時，液體壓力突然變化，溫度超過常壓沸點的高壓液體，會揮發而形成雙相流動，其流速可由公式求出[13]：

$$G_{2P} = C_d \left(\frac{G_{Sub}^2 + G_{ERM}^2}{N} \right)^{\frac{1}{2}} \tag{5-17}$$

其中，G_{2P} = 單位面積雙相質量流速（$kg/m^2/s$，公斤／平方公尺·秒）

公式（5-17）中，G_{sub}、G_{ERM}及N的計算公式如下：

$$G_{sub} \text{（過冷液流速）} = \left[2 \left(P - P_v \right) \rho_L \right]^{\frac{1}{2}} \tag{5-18}$$

其中，P = 儲槽壓力（N/m^2）

　　　P_v = 儲槽溫度的蒸氣壓（N/m^2）

　　　ϱ_L = 液體密度（kg/m^2）

$$G_{ERM} \text{（飽和液流速）} = \frac{h_{fg}}{V_{fg} \left(TC_p \right)^{\frac{1}{2}}} \tag{5-19}$$

其中，h_{fg} = 蒸發熱（kj/kg）

　　　V_{fg} = 蒸氣比容－液體比容（m^3/kg）

　　　 T = 儲槽溫度（°K）

　　　C_p = 液體常壓比熱（kj/kg/°K）

公式（5-17）中的N是表達排放管的長短所造成的後果的參數：

$$N = \frac{h_{lg}^2}{2\triangle PC_d^2 V_{lg} TC_p} + \frac{L}{L_0} \qquad (\ 0 \leq L \leq L_e\ ) \qquad (5\text{-}20)$$

公式（5-20），中L為排放管線至出口的距離，L_e為0.1公尺。

當L = 0時，公式（5-17）可簡化為公式（5-16）。儲槽的排放管線破裂時，儲槽中部分高壓液體在管線中揮發，形成雙相流動；如果儲槽本身破裂（L = 0），液體由破口排放速率計算，則不須考慮液體的揮發及雙相流動。較嚴謹之雙相速率計算可使用美國化工學會發展的SAFIRE電腦程式計算。

5.2.1.4 簡易排放速率估算圖

圖5-18 [14]顯示一般常見流體在不同壓差下的排放速率，較上述公式易於使用。

5.2.2 瞬間揮發及蒸發模式

過熱的液體自高壓管線或儲槽排放至大氣中時。因壓力突然降低，部分液體會揮發成氣體，同時造成流體溫度的降低，揮發的氣體會夾帶大的液滴，有些液滴以霧的形式懸浮在大氣之中，其他則受重力影響，以下雨的方式，降至地面。溫度低於常溫沸點的液體自管線或儲槽排放後，如果吸收太陽輻射熱或地表面的熱量，也會蒸發成氣體。因此，模擬流體的瞬間揮發與蒸發，以及估算揮發或蒸發或蒸發後的氣／液比例，是討論散布之前必要的工作。

5.2.2.1 瞬間揮發

純物質的瞬間揮發公式為：

$$F_v = C_p \frac{(\ T - T_b\ )}{h_{lg}} \qquad (5\text{-}21)$$

其中，C_p = 流體的平均定壓比熱（j/kg/°K）

T = 液體揮發前的溫度（°K）

T_b = 液體在常壓（一大氣壓）下的沸騰溫度（T_b）

h_{lg} = T_b時液體蒸發熱（kj /kg）

F_v = 揮發分數

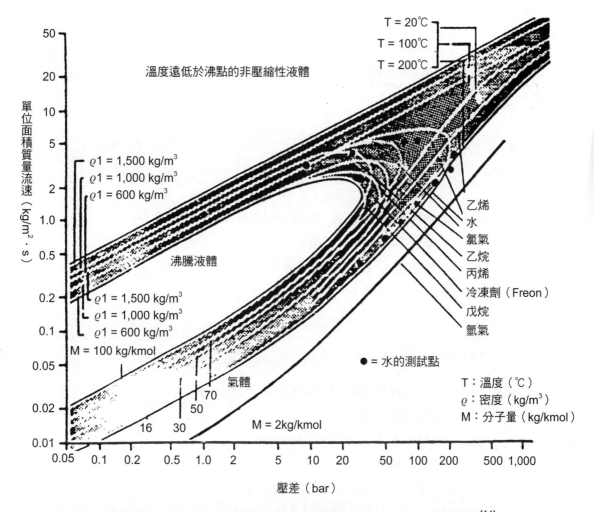

圖5-18　氣體、蒸氣及液體在不同壓差下由小孔逸出的流量圖[14]

　　成分複雜的液體揮發的計算，可以使用物性狀態公式（Equation of State）計算，一般皆使用化學工業常用的系統模擬程式如PROCESS、DESIGN Ⅱ、ASPEN PLUS、CHEMCAD等。

　　揮發分數為理論上在絕熱情況下，液體揮發的比例，並不包括被揮發氣體夾帶的液體霧滴，因此實際上蒸氣雲的質量（包括氣體及霧滴）遠大於揮發氣體的質量。有關霧滴的含量估算請參閱美國化工學會出版的*Guidelines for Use of Vapor Cloud Dispersion Models*（American Institute of Chemical Engineers, New York, ISBN：0-8169-0403-0）。

5.2.2.2 液體蒸發[15, 16, 17, 18]

沸點低於大氣溫度的液體會吸收內地表面傳導的熱量，太陽的輻射熱，以及風或空氣流動而造成的強制式對流熱而蒸發，所吸收的熱量可由下列公式表示：

$$q = q_c + q_G + q_R \qquad\qquad (5\text{-}22a)$$

$$q_c = 強制式對流熱流 = h_c\,(T_a - T_b) \qquad\qquad (5\text{-}22b)$$

其中，h_c = 熱傳係數（$W/m^2{}^\circ K$，瓦特／平方公尺·凱氏溫度）

$\qquad$ T_a = 大氣溫度（$^\circ K$，凱氏溫度）

$\qquad$ T_b = 液體溫度（$^\circ K$，凱氏溫度）

$\qquad$ q_G 為地表面傳導熱：

$$q_G = \frac{K_s\,(T_g - T_b)}{(\pi k_s t/\rho_e C_{Pe})^{\frac{1}{2}}} \qquad\qquad (5\text{-}22c)$$

其中，K_s = 土壤的導熱係數（$W/m\,^\circ K$）$\simeq 1.67 W/m\,^\circ K$

$\qquad$ T = 液體溫度（$^\circ K$）

$\qquad$ ρ_e = 土壤密度（kg/m^3）= $1{,}520 kg/m^2$

$\qquad$ t = 潑灑後的時間（s）

$\qquad$ C_{pe} = 土壤比熱（$J/kg\,^\circ K$）= $837 J/kg\,^\circ K$

q_R 為太陽輻射能，可以用 $1{,}150 W/m^2$ 估算（北緯三十度，六、七月中午的輻射熱），蒸發速率則為總吸收熱流量除以蒸發熱：

$$Q（單位面積單位時間蒸發量）= \frac{q}{H_v} \qquad\qquad (5\text{-}23)$$

其中，H_v = 蒸發熱（W/kg）

沸點高於大氣溫度的液體的蒸發，主要是由於風的吹動，其蒸發速率為：

$$Q = 0.037\frac{D}{L}AM\,\frac{(PS-PA)}{RT_a}R_e^{0.8}S_e^{\frac{1}{3}} \qquad\qquad (5\text{-}24)$$

其中，Q = 質量蒸發速度（kg/m² · s）

D = 擴散係數（m²/s）

L = 特徵長度（m）（約為液塘的直徑）

M = 分子量（g/mole）

PA = 實際蒸氣壓（N/m²）

PS = 飽和蒸氣壓（N/m²）

T_a = 大氣溫度（°K）

R_e = 雷諾數（Reynolds No.） = $\dfrac{LU\rho_a}{\mu}$

S = 史密特數（Schmidt No.） = $\dfrac{\mu}{D\rho_a}$

μ = 動力黏度（kg/m · s）

U = 平均風速（m/s）

ρ_a = 空氣密度（kg/m³）

如果沒有擴散係數（D）的實驗值時，可以使用2×10^{-3} m²/s，以得到較保守的蒸發數值[18]。

5.2.3 氣雲的散布模式

氣體或蒸氣排放後隨著風的吹動，而散布於大氣之中，它的散布範圍及方式受下列幾個因素影響：

1.風的方向、速度及亂流程度。

2.大氣的穩定性。

3.排放源特徵：連續性、瞬間排放、點或面的排放等。

4.氣體的比重。

5.排放速度。

6.周圍地形及建築物。

風是決定散布方向的主要因素，氣雲形成後的移動方向主要是受風及重力的影響，因風速直接影響散布的範圍，大氣的穩定性決定氣雲在垂直方向的運動，它主要是受風速及大氣中溫度變化而定，巴斯魁將穩定性分為不穩(A)，中性(D)及穩定(F)等三種主要狀況[19]，它們直接影響空氣的亂流程度（**表5-6**）。

表5-6　巴斯魁氣象穩定狀況[19]

10公尺高度 風速	白天日照程度			晚間狀況	
	強烈	一般	輕微	雲罩比例超過5/8以上	無雲或雲罩比例低於3/8
<2	A	A – B	B		
2 – 3	A – B	B	C	E	F
3 – 4	B	B – C	C	D	E
4 – 6	C	C – D	C	D	D
>6	C	D	D	D	D

註：A：非常不穩定。　　B：不穩定。　　C：略不穩定。
　　D：中間。　　　　　E：輕微穩定。　　F：穩定。

　　排放方式可分為連續性及瞬間排放，連續性排放會形成連續的氣雲隨風飄浮，工業窯爐或鍋爐煙囪的煙氣即是明顯的例子，**圖5-19**顯示連續性的煙氣的散布受氣候變化的影響。瞬間排放的氣體僅形成一團氣雲，而非連續性氣雲，它的散布隨時間而變，最顯明的例子為以蒸氣驅動的火車，於鳴號後的蒸氣排放，由於排放時間很短，可能1～2秒鐘，因此僅形成一圈蒸氣雲在空中逐漸散布而消失，原子彈的爆炸也是瞬間排放的例子。

　　氣體的比重決定氣雲飄浮或下沉，如果比重遠較空氣為輕，氣雲受浮力影響而上升，如果比重與空氣相近，則隨風吹動在空中飄浮，比重遠超過空氣時，氣雲形成後首先會因重力的影響而下沉，其移動方式逐漸受周圍的亂流影響而改變（**圖5-20**）。排放速度則決定垂直方向移動的高度，速度愈高，則氣雲形成的高度也愈高。

　　地表面的起伏程度決定風所造成的亂流程度，間接影響氣體的散布；建築物或其他地形上的阻礙則可阻擋氣體的流動，導致氣體流速及壓力的變化。

　　氣雲散布方式可以分為下列三種：

1.比重與空氣相近氣體的連續性或瞬間排放。

2.重氣體散布。

3.噴射氣流散布。

　　第1類散布自1915年起即有人研究，目前已經有許多不同的模式發展出來，使用最多的是巴斯魁—吉佛模式，普遍應用於煙囪排氣的擴散，重氣體散布及噴射氣流的研究起步較晚，僅有十餘年歷史，本節除了介紹巴斯魁—吉佛模式

縱部面   水平面

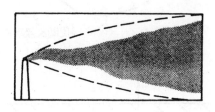 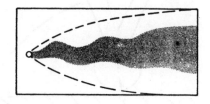

(a)不穩定（回轉）

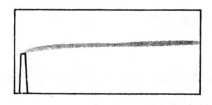 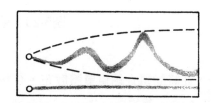

(b)中性（角錐狀）

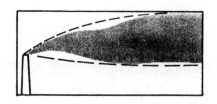 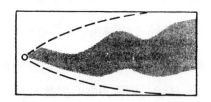

(c)垂直方向穩定，左右搖擺

 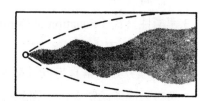

(d)排放源下方穩定，左右搖擺

(e)上方穩定，下方起伏

圖5-19 大氣穩定性對於連續性煙雲散布的影響

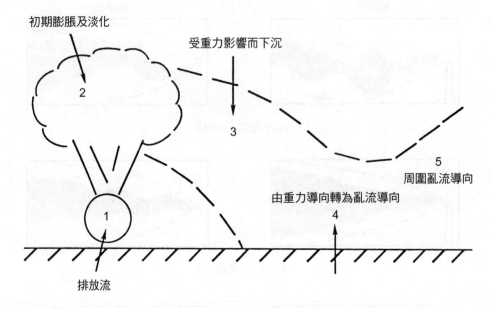

圖5-20　重氣雲的散布方式

外，亦將簡單介紹重氣體散布，有關噴射氣流散布，則不在此討論，讀者請參閱F. Lees所著的*Loss Prevention in the Process Industries*。

5.2.3.1 巴斯魁─吉佛模式

巴斯魁─吉佛模式[19, 20]是所謂高斯模式的簡化，此模式的主要假設如下：

1. 連續性的排放或排放時間大於煙氣被風吹至該點的時間，因此不必考慮氣體在順風方向的擴散。

2. 排放物質為穩定性氣體或直徑小於20微米的霧滴，而且會在大氣中懸浮一段時間。

3. 連續性公式（Equation of Continuity）可以通用。

4. 以x軸代表平均之順風方向，而且使用平均風速代表擴散層的移動。

5. 氣（煙）雲在垂直方向及截風方向的分配為常態分配，換句話說其分配函數為高斯函數表示（**圖5-21**）。

連續性的氣雲散布公式為：

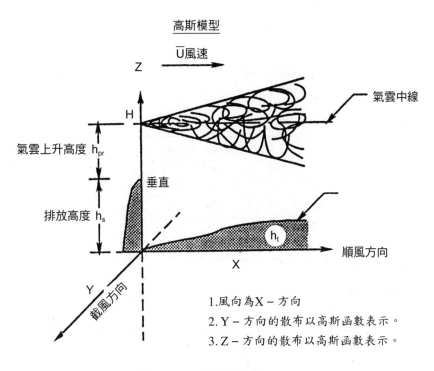

圖5-21　高斯模式圖

$$C(x,y,z) = \frac{Q}{2\pi\sigma_y\sigma_z u}\left[\exp\frac{-Y^2}{2\sigma_y^2}\right] \times$$

$$\left[\exp\frac{-(Z-H)^2}{2\sigma_z^2} + \exp\frac{-(Z+H)^2}{2\sigma_z^2}\right] \qquad (5\text{-}25)$$

其中，$C(x,y,z)$ = 在（x, y, z）座標的濃度（kg/m^3）

　　　　Q = 排放流管（kg/s）

　　　　H = 排放源的高度與氣雲上升高度之和（m）（有效排放高度）

　　　　σ_y, σ_z = 散布係數（m）

　　　　u = 風速（m/s）

y及z方向的散布係數（σ_y, σ_z）列於**表5-7**中，表中大氣的穩定級（A－F）與風速及天候有關，請參閱**表5-6**中的分類。散布係數（σ_y, σ_z）公式是使用10分鐘的實驗數據迴歸而求得的。

地表面中心線的濃度則為（y = 0, z = 0）：

表5-7 巴斯魁—吉佛散布係數

1.連續性氣雲

穩定等級

σ_y
(m)

A	$\sigma_y = 0.493x^{0.88}$
B	$\sigma_y = 0.337x^{0.88}$
C	$\sigma_y = 0.1953x^{0.90}$
D	$\sigma_y = 0.128x^{0.90}$
E	$\sigma_y = 0.091x^{0.91}$
F	$\sigma_y = 0.067x^{0.90}$

穩定等級	X (m)	σ_z (m)
A	100~300	$\sigma_z = 0.087x^{1.10}$
	300~3000	$log_{10}\sigma_z = -1.67 + 0.902\, log_{10}x + 0.181(log_{10}x)^2$
B	100~500	$\sigma_z = 0.135\ x^{0.95}$
	$500~2 \times 10^4$	$log_{10}\sigma_z = -1.25 + 1.09\, log_{10}x + 0.0018(log_{10}x)^2$
C	$100~10^5$	$\sigma_z = 0.112\ x^{0.91}$
D	100~500	$\sigma_z = 0.093\ x^{0.85}$
	$500~10^5$	$log_{10}\sigma_z = -1.22 + 1.08\, log_{10}x - 0.061(log_{10}x)^2$
E	100~500	$\sigma_z = 0.082\ x^{0.82}$
	$500~10^5$	$log_{10}\sigma_z = -1.19 + 1.04\, log_{10}x - 0.070(log_{10}x)^2$
F	100~500	$\sigma_z = 0.057\ x^{0.80}$
	$500~10^5$	$log_{10}\sigma_z = -1.91 + 1.37 log_{10}x - 0.119(log_{10}x)^2$

2.瞬間排放氣雲

穩定等級	x = 100m		x = 4000m	
	σ_y (m)	σ_z (m)	σ_y (m)	σ_z (m)
不穩定	10	15	300	220
中間情況	4	3.8	120	50
非常穩定	1.3	0.75	35	7

資料來源：F. P. Lees, *Loss Prevention in the Process Industries*. London: Butterworths, 1986, p. 443.

$$C(Z,0,0,H) = \frac{Q}{\pi\sigma_y\sigma_z u}\exp\left[-\frac{1}{2}\left(\frac{H}{\sigma_z}\right)^2\right] \tag{5-26}$$

巴斯魁—吉佛模式的準確性直接與散布係數（σ_y, σ_z）數值有關。在下列情況下，垂直方向（Z－方向）的散布係數（σ_z）的準確性在200%之內。

1.距離排放源一、二百公尺：所有的穩定等級。

2.距離排放源數百公尺至數公里：中性至溫和的不穩定級。

3.距離排放源一、二百公尺至十公里：不穩定級。

截風方向的散布係數（σ_z）的誤差較大，上列情況下，σ_z的誤差約在200%之內，巴斯魁—吉佛模式所預測的地表面中心線濃度誤差約在300%之內。

瞬間排放的單一氣雲的散布模式為：

$$C(x,y,z) = \frac{M}{(2\pi)^{\frac{3}{2}}\sigma_x\sigma_y\sigma_z}\left\{\exp\left[\frac{(x-\mu t)^2}{2\sigma_x^2}-\frac{y^2}{2\sigma_y^2}\right]\right\}\times$$
$$\left[\exp\frac{-(Z-H)^2}{2\sigma_z^2}+\exp\frac{-(Z+H)^2}{2\sigma_z^2}\right] \tag{5-27}$$

其中，M = 排放總質量（kg）

t = 排放後的時間（t）

公式（5-27）是一個時間的函數，由於瞬間排放並非連續性，定點的濃度隨時間而改變，必須考慮順風方向（X－方向）氣體的擴散，由於數據缺乏，一般計算皆假設其數值與Y－方向的散布係數（σ_y）相等。

氣體排放後由於垂直方向的動量關係，首先會向上升，然後受風吹動，方才改變方向，其高度可以由荷蘭氏（J. Z. Holland）發展的公式估計：

$$\triangle H = \frac{V_s d}{u}\left(1.5+2.68\times10^{-3}P\frac{T_s-T_a}{T_s}d\right) \tag{5-28}$$

其中，$\triangle H$ = 氣雲垂直上升高度（m）

V_s = 垂直排放速率（m/s）

d = 煙囪或排放管直徑（m）

u = 風速（m/s）

P = 大氣壓力（千分之一巴）

T_s = 排放源溫度（°K）

T_a = 空氣溫度（°K）

公式（5-28）中，低估在不穩定狀況下，氣雲上升的高度（大約在10～25%），而高估在穩定狀況下上升的高度（10～20%），使用時可酌加安全因數以校正誤差。

巴斯魁—吉佛模式簡單而易於使用，適於在手算或個人電腦上使用，是目前美國環保署預測氣體汙染物散布最常用的模式，但是僅適用於比重與空氣相近的氣體的擴散，無法正確預測高密度氣體的散布。適用距離限制於100公尺至10公里之間。由於模式中的主要參數是由10分鐘平均實驗數據所迴歸而求得的，因之此模式無法正確預測排放後短時間內的定點濃度。例如易燃性氣體排放後，最值得注意的是氣體著火下限濃度點距排放源的距離，因為此距離之內氣體如遇火花即會點燃，巴斯魁—吉佛模式則低估此距離，導致著火／爆炸範圍的低估。

5.2.3.2 重氣體之散布

許多危害性氣體的比重較空氣為重，其散布方式與空氣或煙囪排氣（比重與空氣相近）完全不同，無法由高斯模式預測。重氣體的散布自1970年起，即開始受人注意，已進行了許多實驗，目前仍然是一個熱門的專題，許多模式雖然已經發展出來，但是吾人仍未完全瞭解其過程及散布方式，早期的工作著重於石油氣及液化天然氣的研究，近年來已擴展至氯氣、氨氣及冷凍劑（Freon 12）。

氣體的比重取決於：

1.氣體成分及其分子量。

2.排放溫度。

3.排放方式。

4.周圍空氣的溫度及濕度。

劇毒性的氯氣的分子量為71，遠大於空氣，常溫下其比重遠較空氣為重，氨氣的分子量（17）較空氣原子量（29）小，其比重在常溫及沸點（－33℃）狀況皆較空氣低；甲烷的分子量僅為16，在常溫下，比重較輕，然而在沸點下（－162℃）其氣體比重高於空氣，因此液化天然氣儲槽／管線破裂時，所排出的低溫天然氣的比重較空氣高。排放氣體中所夾帶的液體霧滴會吸收氣體的熱

量而蒸發，而空氣中水蒸氣遇冷則會冷凝成水霧，同時將熱量傳至氣體，如果排放中夾帶大量霧滴，而空氣中的溫度很低時，即可能形成比重較空氣為重的氣雲。氨氣的比重較空氣輕，但從以往意外的經驗得知，氨氣氣雲卻往往形成重氣雲。

由范烏爾登（Van Ulden）[22]以及哈維（B. H. Harvey）兩氏[21]的瞬間排放實驗可知，重氣體排放後，形成一個薄餅狀的氣雲下降，此時氣雲的移動主要是由於重力的影響，當氣雲接近地面時，由於氣雲的移動，空氣氣雲邊緣混入，同時由於大氣亂流的影響，空氣由頂部進入，其移動逐漸受空氣的浮力及亂流所影響，重氣體在垂直方向的散布的高度自然較煙氣或空氣相近的氣體為低。

重氣雲的特性可以用李察遜數（Richardson Number）表示：

$$R_i\text{（李察遜數）} = \frac{g\left(\dfrac{dT}{dz}\right) + \Gamma}{T\left(\dfrac{du}{dz}\right)^2} \qquad (5\text{-}29a)$$

其中，g = 重力常數（9.8m/s²）

　　　T = 絕對溫度（°K）

　　　u = 風速（m/s）

　　　z = 垂直方向

　　　Γ = 乾燥及絕熱狀況下溫度消失率（Dry Adiabatic Lapse Rate of Temperature）

或：

$$R_{imod} = g\,\frac{\triangle P}{\rho_a} \times \frac{\ell}{u^2} \qquad (5\text{-}29b)$$

R_{imod}為校正的李察遜數。$\triangle P$為氣體與空氣的密度差，ρ_a為空氣密度，ℓ是氣雲的高度（m）。

R_i（李察遜數）小於1時，氣雲的流動方式為亂流，R_i大於1時，則為層狀流動。

重氣體散布模式可分為兩個主要類別，一種為數學模式，另一種為物理模式，最普遍的數學模式為匣盒模式（Box Model），此模式不考慮氣雲在不同方向的擴散的差異，而以一定空間的（匣盒）的平均特性代表。

范烏爾登氏[22]首先假設瞬間排放的氣雲形成圓筒形的匣盒，其體積為V，半徑為r，高度為h，t時間後，其半徑為：

$$r^2 - r_0^2 = 2c \left[\frac{(\rho_0 - \rho_a) \, gV_0}{\pi\rho_0} \right]^{\frac{1}{2}} \qquad (5-30)$$

其中，r = t時間後氣雲的半徑（m）

r_0 = 排放氣雲半徑（t = 0）（m）

g = 重力常數（= 9.8m/s^2）

ρ_0 = 排放氣體的密度（kg/m^3）

ρ_a = 空氣密度（kg/m^3）

c = 下落速度係數（～1）

V_0 = 排放氣體體積（t = 0）（m^3）

當亂流動能等於位能時，空氣亂流的影響則取代重力的影響，換句話說，也就是當下落速度為空氣摩擦速度的兩倍時，此時氣雲的平均密度與空氣相當，圖5-22顯示一個重氣體瞬間排放後，其半徑及高度的變化，傳統高斯模式高估氣雲的高度約五倍之多，然而卻低估其半徑約2.5倍，范烏爾登模式僅高估半徑10%。

柯克斯（R. A. Cox）與卡本特（R. J. Carpenter）兩氏發展出一個連續性排放的重氣體模式，稱為頂帽模式（Top-Hat Model）[23]，此模式與范烏爾登模式類似，亦假設氣雲的初期擴散是受重力的影響，但是空氣則由氣雲的頂部混入[23]。

物理模式是利用在風洞或水道中模擬的數據放大而得的模式，其用途僅限於所模擬的特殊情況，難以普遍化，因此很少使用於一般風險評估之中。

5.2.3.3 電腦程式

美國化工學會所出版的 *Guidelines for Use of Vapor Cloud Dispersion Models* 檢討了三十三個不同的高密度及中密度氣雲散布電腦程式，是目前最完全的文件。

表5-8列出幾個常用的程式，以供參考。

讀者可由美國環保署支援的個人電腦佈告欄（Bulletin Board），直接將其發展的程式，經過網路直接輸入自己的電腦中。

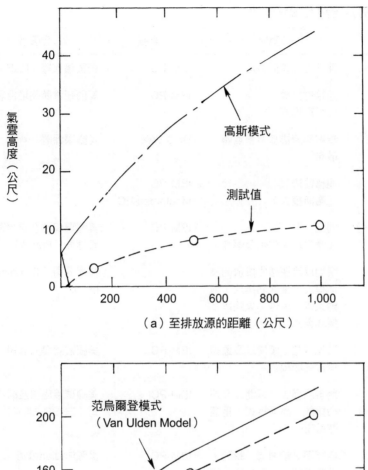

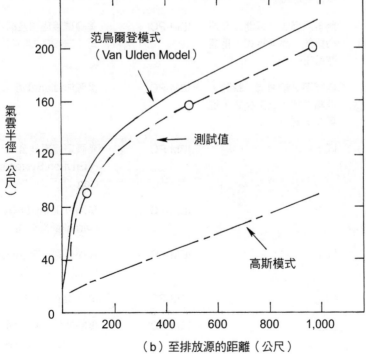

圖5-22　重氣體瞬間排放之散布

表5-8　主要的氣雲散布電腦程式

名稱	說明	電腦	發展者
INPUFF（註一）	連續性及瞬間排放	IBM-PC	美國環保署（EAP）
TXDA（註一）	連續性排放 （高斯模式）	IBM-PC	美國紐澤西州環保署
DEGADIS （註一）	噴射氣流排放及重氣體 散布	DEC VAX	美國環保署
CAMEO II	連續性排放 （高斯模式）	IBM-PC MacIntosh-PC	
ARCHIE（註一）	同上 （含火球、火焰及爆炸）	IBM-PC	美國環保署及聯邦緊急 管理局（FMEA）
WHZAN	瞬間以及連續式排放的高 斯模式，重氣體排放，噴 射氣流，火球，火焰以及 爆炸模式		技術公司（Technica, Inc.）
SPILLS	液塘蒸發，瞬間以及連續 排放高斯模式	IBM-PC	美國殼牌發展公司
HASTE	危害源模式，瞬間以及連 續排放，高斯模式，重氣 體散布	IBM-PC	美國環境服務及研究公 司（ENSR, USA）
CHARM	危害源、噴射流、瞬間， 連續排放，高斯模式，重 氣體散布	IBM-PC	美國Radian公司
CARE	同上	IBM-PC	美國環境系統公司 （Environ Systems Corp.）
MIDAS	同上	IBM-PC	美國Pickard, Lowe & Garrick顧問公司
PHAST	同上	IBM-PC	技術公司（Technica, Inc.）
TRACE	同上	IBM-PC	美國Safer公司
EAHAP	同上	IBM-PC	美國能量分析公司 （Energy Analysis, Inc.）

註一：免費，可直接向發展者索取。

5.2.4 爆炸及火災模式

爆炸是高壓氣體與周圍環境的高速平衡所產生的結果，高壓氣體所含的能量在極短的時間內以震波方式散布而消失，由於發生的環境不同，會產生局部爆炸及非局限性蒸氣雲爆炸。高壓氣體容器由於內部過壓而產生的破裂是局限爆炸，而空中飄浮的易燃性氣雲的著火爆炸則為非局限性蒸氣雲爆炸。茲介紹估算下列五種主要的爆炸或火災方式的影響方法。

1.非局限性蒸氣雲爆炸（Unconfined Vapor Cloud Explosion）。

2.物理爆炸（Physical Explosion）。

3.沸騰液體膨脹蒸氣爆炸（Boiling Liquid Expansion Vapor Explosion）。

4.局限性爆炸（Confined Explosion）。

5.池火及噴射火焰（Pool Fires and Jet Fires）。

圖5-23顯示爆炸後可能發生的情況。

5.2.4.1 非局限性蒸氣雲爆炸

小量易燃氣體或蒸氣的點燃僅會造成閃火，而不太可能產生劇烈性的爆炸，吾人至今仍不瞭解大型氣雲的燃燒程序，但是從以往意外的經驗及有限的實驗結果可以歸納出下面幾個結論[24]：

1.一些地形上或建築物的圍堵限制或阻礙，可能會促使氣雲由閃火轉變成爆炸狀況。

2.氣雲的大小或質量是決定點燃後果的主要因素，換句話說，氣雲的臨界爆炸質量或體積未達到以前，僅會發生閃火現象而不會產生爆炸。臨界爆炸質量則視氣體成分特性而異，吾人至今尚未能完全瞭解。

3.基本燃燒速度（Fundamental Burning Velocity）較高的物質易於點燃後爆炸。

4.蒸氣雲爆炸後所產生的最大過壓約一大氣壓左右，過壓遠低於爆震（Detonation），其震波的速度亦低於音速（爆震的震波速度高於音速），時間大約在0.02秒至0.1秒之間，因此只能算作是突燃（Deflagration）現象，而非爆震。

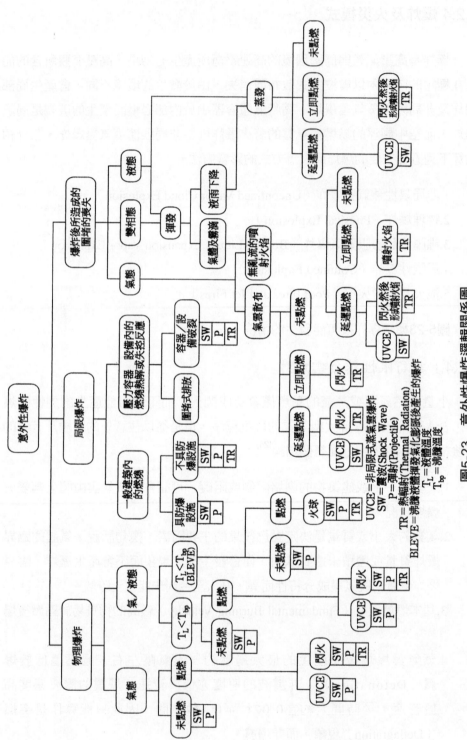

圖5-23　意外性爆炸邏輯關係圖

移動中的氣雲的著火是由周邊氣體遇到火花而發生的，因為氣雲的周圍充滿了空氣，而氣雲的中間空氣稀薄。氣雲點燃後，火勢首先向各方面延伸，然後由於浮力關係，火勢向上蔓延。如果氣體排放的環境空間中火源很多時，氣體很容易著火，大型氣雲較難形成，因此反而不會發生可怕的非局限性蒸氣雲爆炸的情況。另外一個極端的情況為氣體排放後一直未遇著火源，即便產生大型氣雲，由於未曾點燃，最後隨風吹飄而消失。

　　蒸氣雲爆炸的模式可分成下列三類：

1.炸藥當量模式（TNT模式）。

2.依據意外後果迴歸的模式（TNO模式）。

3.理想氣體動態模式（例如音波模式）。

　　炸藥當量模式[23]是將氣雲的爆炸威力，以產生相同威力的三硝化甲苯（TNT）炸藥質量表示，基本上是一種實驗性的模式，並不具任何理論的基礎：

$$W = \frac{\eta M E_C}{E_{CTNT}}$$
（5-31）

　　其中，W = 三硝化甲苯當量（kg）

　　　　　M = 易燃性物質的排放總量（kg）

　　　　　η = 爆炸係數（0.01～0.1）

　　　　　E_C = 物質的低燃燒熱值（kj/kg）

　　　　　E_{CTNT} = 三硝化甲苯的燃燒熱（4,437～4,765kj/kg）

對稱蒸氣雲爆炸係數的上限約為0.2，不規格氣雲的爆炸係數可能高達0.4左右。

　　爆炸產生的震波過壓（Overpressure）可以由圖5-24求出，圖5-24中的橫座標為比例距離（Z），它是距離震央（爆炸中心）的長度除以三硝化甲苯炸藥當量的1/3次方（$Z = r/w^{\frac{1}{3}}$），比例距離的單位為公尺（m）。

　　根據有限的意外及實驗的數據，蒸氣雲爆炸產生的初期震波的曲線與三硝化甲苯（TNT）炸藥有其不同之處，但是在一段距離外則相差不遠（圖5-25）。兩者的震波停留時間亦不相同，非局限性蒸氣雲爆炸的停留時間遠較炸藥長。雖然蒸氣雲爆炸與炸藥爆炸完全不同，炸藥當量模式卻是最普遍使用

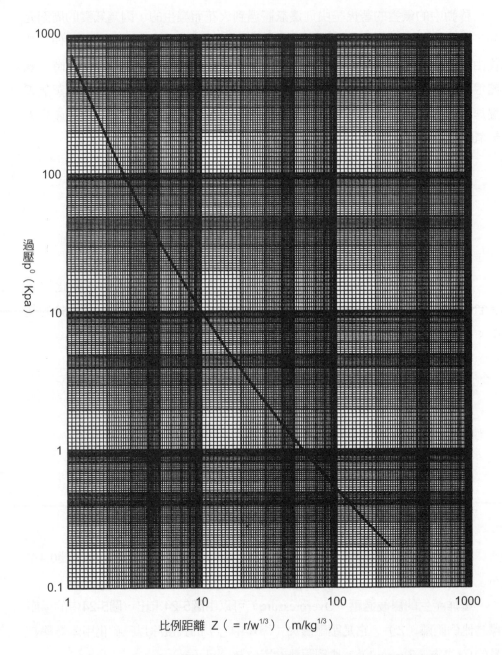

圖5-24　三硝化甲苯（TNT）炸藥爆炸後所產生的過壓曲線

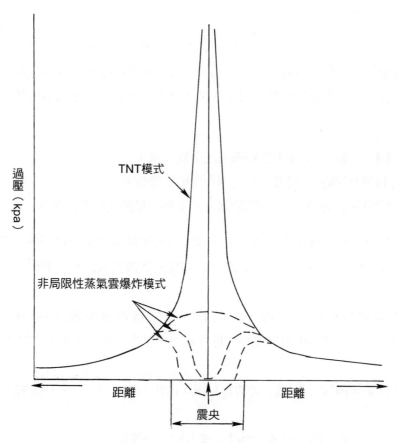

圖5-25　TNT模式與非局限性蒸氣雲爆炸的過壓比較[25]

的模式，使用者必須瞭解炸藥當量模式高估氣雲籠罩範圍內的威力，但可準確預測距離較遠的地點所受的影響。

　　TNO的迴歸模式[24]，是荷蘭的TNO組織的威克瑪氏（B. J. Wiekema）應用以往蒸氣雲爆炸事件的數據，直接迴歸而得的模式，此模式假設爆炸威力是排放質量的乘方，它可以預算四種過壓—損失程度的距離，理想氣體的動態模式不在此介紹，讀者可參閱參考文獻[26]。閃火模式尚未完全建立，艾森相格氏[26]曾經討論過一種，以史提芬—布茲曼公式（Stefan-Boltzman Equation）為基礎的熱輻射效應模式，此模式最主要的變數為火焰溫度，但是由於氣雲的火焰變化很大，而且難以預測，因此此模式往往低估了受影響的範圍。

5.2.4.2 物理爆炸

化工廠內最主要的物理爆炸的例子為高壓氣體容器的破裂，容器破裂後，釋放出大量能量，會產生震波，並且可將容器碎片彈射出去，如果容器內含有易燃性物質，排放的氣體點燃後會產生閃火及蒸氣雲爆炸。壓力容器破裂的原因如下：

1.內部壓力過高，而壓力疏解閥或防爆盤失常。

2.容器殼壁受腐蝕、侵蝕，或化學作用的影響而薄化。

3.容器殼壁張力因過熱、材質缺陷，或化學物侵蝕的影響而降低。

氣體儲槽的破裂會產生震波，溫度高於常壓沸點的液體於破裂後，部分液體會立即揮發膨脹，產生震波，溫度低於沸點的液體則流出或被彈出，形成液雨。

假設氣體為理想的氣體，而氣體的膨脹為恆溫膨脹（Isothermal Expansion），則容器的破裂所產生的爆炸威力可以用下列公式表示之[26]：

$$W = 17.4 \times 10^{-6}V\ (P_1/P_0)\ (T/T_0)\ Ln\ (P_1/P_2) \qquad (5\text{-}32)$$

其中，W = 與三硝化甲苯（TNT）威力相當的質量

　　　V = 壓力氣體的體積（m^3）

　　　P_1 = 壓力容器破裂前的絕對壓力（N/m^2）

　　　P_2 = 破裂後氣體膨脹的絕對壓力（N/m^2）

　　　P_0 = 標準狀況下的壓力 = $101.3N/m^2$

　　　T_1 = 壓力氣體溫度（$^\circ K$）

　　　T_0 = 標準狀況溫度 = $273.16^\circ K$

　　　R = 氣體常數 = $4.622\ kj/kg \cdot mole$

　　　17.4×10^{-6} = 轉換係數（假設1公斤TNT產生4,652kj能量）

物理爆炸後產生的震波與TNT炸藥所產生的震波亦不相同，因此公式（5-32）不適用於近距離的預測。

容器外表的壓力[27]為：

$$P_b = P_s \{1 - [3.5(\gamma - 1)(P_s - 1)]/ \quad\quad (5\text{-}33)$$
$$[(\gamma T/M)(1 + 5.9P_s)]^{0.5}\}^{-2\gamma/(\gamma-1)}$$

其中，P_s = 爆炸時容器表面絕對壓力（N/m^2）

$\quad\quad P_b$ = 爆炸時容器內部絕對壓力（N/m^2）

$\quad\quad \gamma$ = 定壓比熱與定容比熱比例（C_p/C_v）

$\quad\quad T$ = 氣體絕對溫度（$°K$）

$\quad\quad M$ = 氣體分子量（g/mole）

由於公式（5-33）中，P_b為已知，而P_s未知，因此必須先假設P_s值，然後代入公式中，逐次以試驗及錯誤方式求出。

5.2.4.3 沸騰液體膨脹蒸氣爆炸

儲存過熱液體或液化氣體的桶／槽突然破裂，液體迅速氣化、膨脹所產生的爆炸為沸騰液體膨脹蒸氣爆炸（Boiling Liquid Expanding Vapor Explosion, BLEVE），此類狀況通常發生於火災時，由於火焰噴至容器液面以上的外殼而造成容器材質的脆化及破裂。此類的爆炸與物理爆炸不同，由於容器的壓力並未超過設計的最高操作壓力，因此壓力疏解閥並未開啟，無法釋出安全容器內的能量。一般液化石油氣儲槽的設計壓力為1,725 kpa（N/m^2），儲槽殼壁的安全係數為4左右，內部壓力必須高達6,900 kpa（4 × 1,725 kpa）時，才會破裂。然而如果儲槽上部蒸氣空間外殼遇火時，溫度在短時間內增至650℃以上，材質在高溫下脆化，僅需2,100～2,800 kpa（300～400 psig）的壓力即會破裂。

容器破裂後過熱的液體會立即氣化，體積膨脹200倍以上，足以產生震波，並可將容器震裂。如果排放易燃性液體時，則會產生大火球。

估算BLEVE損失時，首先應決定壓力影響爆炸所產生的碎片，然後決定排放的物質是否易於燃燒，如果釋發大量液體時，則應考慮火球的形成及火球造成的熱輻射影響，爆炸壓力及威力的估算與物理爆炸相同，可以使用公式（5-32）及公式（5-33）。

荷頓及瑞夫二氏分析液化石油氣（LPG）儲槽爆炸數據時，發現約有80%以上的碎片分布在300公尺半徑之內，碎片數目與儲槽（容器）體積成正比[27]：

$$碎片數 = -3.77 + 0.0096V \tag{5-34}$$

公式（5-34）中，V = 儲槽體積（m^3），至於其適用範圍則為300～2,500m^3。

有關火球的估算如下：

$$D_{max} = 火球最大直徑（m）= 6.48M^{0.325} \tag{5-35}$$
$$t_{BLEVE} = 火球燃燒時間（s）= 0.825M^{0.26} \tag{5-36}$$
$$H_{BLEVE} = 火球中間高度 = 0.75D_{max} \tag{5-37}$$
$$D_{initial} = 初期地面上半球直徑（m）= 1.3D_{max} \tag{5-38}$$

上列公式中的M為易燃性液體的質量（kg）。

一個物體所接受的熱輻射量（假設此物體為全黑物體）則為：

$$Q_R = \tau E F_{21} \tag{5-39}$$

其中，Q_R = 熱輻射量（kw/m^2）

$$\tau = 傳遞係數 = 2.02（P_w X）^{-0.09} \tag{5-40}$$

P_w = 空氣中水的分壓（N/m^2或P_a）

X = 火球表面至物體的距離（M）

$$E = 表面輻射量（kw/m^2）= \frac{F_{rad}MH_c}{\pi（D_{max}^2）t_{BLEVE}} \tag{5-41}$$

H_c = 燃燒熱（kj/kg）

F_{rad} = 輻射分數（0.24～0.4[29]）

$$F_{21} = 相對表面視角因數 = \frac{D^2}{4r^2} \tag{5-42}$$

液化石油氣爆炸所可能造成的死亡半徑可由下列公式[30]估算出：

$$r_{50} = 38.9M^{0.432} \tag{5-43}$$

其中，r_{50} = 50%死亡率的危害半徑（m）

M＝液化石油氣質量（公噸）

5.2.4.4 局限性爆炸

局限性爆炸是指桶／槽反應器、蒸餾塔等容器及房屋、廠房等建築物內由於反應失控、燃燒、熱分解等原因所產生的爆炸。爆炸的方法為突燃、爆震及塵爆。

(一)突燃

易燃性氣體迅速著火燃燒，會產生突燃現象，突燃後，其壓力的上升可由下列公式[31]求出：

$$E = \frac{P_{2(max)}}{P_1} = \frac{N_2 T_2}{N_1 T_1} = \frac{M_1 T_2}{M_2 T_1} \qquad （5\text{-}44）$$

其中，E＝最高壓力上升比

M＝氣體分子量（g/mole）

N＝氣態中分子數

T＝氣體的絕對溫度（°K）

P＝氣體的絕對壓力（kpa或N/m²）

max＝最大值

1＝開始狀態

2＝最終狀態

一般碳氫化合物與空氣的混合物突燃後，壓力會增加至8倍左右，與純氧氣的混合物，則可能高達16倍。

$$P_2 = KP_1 \frac{S_u^3 t^3}{V} + P_1 \qquad （5\text{-}45）$$

其中，Su＝基本燃燒速率

$K = 係數 = \frac{3}{4}\pi E^2 (E-1)\gamma_u$

γ_u＝未燃燒氣體的定壓比熱與定容比熱的比例

V＝容器體積（m³）

製程安全管理

Chemical Process Safety Management

222

(二)爆震

氫氣、乙炔、乙烯、丙酮、甲烷、甲醇、苯、環己烷等化合物與空氣混合後，燃燒可能會造成爆震現象，火焰蔓延速度超過音速，產生音爆，壓力可能增至20倍以上。

(三)塵爆

塵爆壓力可使用美國消防協會（NAFA）所建議的史威福特及依卜斯坦公式（Swift & Epstein Equation）估算〔請參閱《化工製程安全設計》（揚智出版）第二章公式（2-26）〕。

5.2.4.5 池火及噴射火焰

易燃性液體潑灑後形成的小池塘，如果著火，會形成一團亂流火焰，而壓力容器排放的氣／液體著火，則會形成噴射火焰，它們的影響為局部性，僅限於失火周圍的空間。為了避免火勢的蔓延及熱輻射的影響，安全距離及空間的估算是設計安全設施最主要的工作。

(一)池火模式

池火模式已經相當成熟，它包括下列項目的計算：

1.燃燒速率。
2.液池大小。
3.火焰高度。
4.火焰表面輻射熱。
5.幾何視角因數。
6.大氣傳遞係數。
7.所接受的熱流量。

為了簡化計算步驟，必須先作下列的假設：

1.液池為圓形。
2.僅考慮地面上的影響。
3.周圍溫度為20℃。
4.不考慮大氣所吸收的熱輻射。
5.不考慮風對於火焰的影響。

以下就上述各項項目的計算逐一說明如下：

◆燃燒速率

燃燒速率與燃料（液體）的特性如燃燒熱、蒸發熱、蒸氣壓有關，由於正常沸點（Normal Boiling Point）是迴歸上列熱值的單一特性，因此可以使用正常沸點迴歸物質的燃燒速率[28]。燃燒速率通常以單位時間內液面降低的長度（m/s）表示：

$$Y = \frac{92.6\exp\left[-\left(0.0049T_B\right)\right]M_w}{\rho} \times \frac{10^{-7}}{6} \qquad (5\text{-}46)$$

其中，Y = 燃燒速率（m/s）

M_w = 分子量（kg/kmole）

ϱ = 液體比重

T_B = 液體的正常沸點（華氏度數，℉）

◆液池半徑

液池的大小視潑灑方式（連續性、瞬間或定時性）而異，以連續性的潑灑而論，由於液體會不停地流動，液池體積一直增加，一直到燃燒速率（單位時間的液體燃燒）等於液體潑灑速率為止，此時的平衡直徑為：

$$D_{eq} = 2\sqrt{\frac{V}{\pi y}} \qquad (5\text{-}47)$$

其中，D_{eq} = 平衡時液池的直徑（m）

V = 液體體積潑灑速率（m³/s）

y = 液體燃燒速率（m/s）

假設液池流動的阻力為零時，液池到達平衡的時間（t_{eq}）則為：

$$t_{eq} = 0.949 \times \frac{D_{eq}}{\left(gyD_{eq}\right)^{\frac{1}{3}}} \qquad (5\text{-}48)$$

公式（5-48）中，g為有效重力係數，如果液體直接潑灑至地面上，則g為重力常數（＝9.81m/s²）。

平衡直徑並不等於最大直徑，因為潑灑的液體仍會不停地流動，向外擴張，最大直徑是平衡直徑的T_2倍。

如果在t_{eq}到達之前，潑灑即停止時，最大直徑為：

$$D_{max} = \left[\frac{4}{3} + \left(\frac{D_s}{D_{ch}}\right)^4\right]^{\frac{1}{4}} D_{ch} \tag{5-49}$$

其中，D_s = 潑灑停止時的液池的直徑（m）

V_s = 潑灑停止時的液池體積（m^3）

$$D_{ch} = 1.65 \left(\frac{V_s^3 g}{y^2}\right)^{\frac{1}{8}} \tag{5-49a}$$

到達最大直徑的時間（t_{max}）則為：

$$t_{max} = 0.6966 \left(\frac{V_s}{gy^2}\right)^{\frac{1}{4}} \left[1 + \frac{3}{4}\left(\frac{D_s}{D_{ch}}\right)^4\right]^{\frac{1}{6}} + t_s \tag{5-50}$$

其中，t_s = 潑灑時間（s）

一般工廠中，碳氫化合物液體潑灑至地面後，其散布速度一定會受地面的阻力影響，如果考慮阻力影響。則最大直徑（D_{max}）僅為平衡直徑（D_{eq}）的1.254倍，而到達最大直徑的時間（t_{max}）為：

$$t_{max} = 0.897 \left(\frac{D_{eq}^3 C_d}{y^2 g}\right)^{\frac{1}{4}} \tag{5-51}$$

公式（5-51）中，C_d為地面摩擦阻力；至於時間或定時性潑灑的液池半徑計算請參閱參考文獻[28]。

◆火焰高度

火焰高度與火池直徑可由下列公式[32]求得：

$$\frac{H}{D} = 42 \left(\frac{M_b}{\rho_a \sqrt{gD}}\right)^{0.61} \tag{5-52}$$

其中，H = 火焰高度（m）

D = 火池半徑（m）

M_b = 質量燃燒速率 = $\rho_L Y$（$kg/m^2 \cdot s$） $\qquad$ (5-52a)

ρ_a = 周圍環境的空氣密度（常溫下為1.2kg/m^3）

ϱ_L = 液體密度（kg/m^3）

H/D = 比例大約在2至3之間

◆表面輻射熱流

表面輻射熱流[32]可由下列公式求得：

$$E_p = 0.563T_B + 107 \qquad\qquad （5\text{-}53）$$

其中，E_p = 表面輻射熱流（kw/m^2）

T_B = 正常沸點（℃）

液化石油氣及液化天然氣火池所放出的熱流可高達250 kw/m^2，一般碳氫化合物的輻射熱流為110～170 kw/m^2。正常沸點超過攝氏零度以上的物質燃燒時，因產生黑煙而阻擋熱流的輻射，其熱流僅僅20～60 kw/m^2。

◆表面幾何視角因數

假設火池火焰形成一個垂直的火筒，接受輻射熱的物體的表面視角因數為：

$$F = 1.143 \left(\frac{R_p}{X}\right)^{1.757} \qquad\qquad （5\text{-}54）$$

其中，F = 視角因數

R_p = 大池半徑（m）

X = 火焰中心至接受物的距離（m）

◆所接受的熱流量

火池周圍物體所接受的熱流量為：

$$Q_x = \tau E_p F \qquad\qquad （5\text{-}55）$$

其中，Q_x = 距離火焰中心 × 物體所接受的熱流量（kw/m^2）

τ = 大氣傳遞係數〔公式（5-40）〕

F = 視角因數

人體所接受的輻射熱流超過5 kw/m^2時，會被灼傷，超過10 kw/m^2時，即可能造成死亡，火池的灼傷及致命距離分別為：

$$X_{05} （灼傷距離） = 0.3\frac{R_p}{0.3048}E_p^{0.57}$$ （5-56）

$$X_{10} （致命距離） = 0.43\frac{R_p}{0.3048}E_p^{0.57}$$ （5-57）

(二)噴射火焰模式

噴射火焰的長度為：

$$L_j = D_j \left(\frac{1050}{C_{cl}} \right) \sqrt{\frac{M_a}{M_f}}$$ （5-58）

其中，L_j = 噴射火焰長度（m）

　　　D_j = 火焰直徑（m）

　　　C_{cl} = 燃料著火下限濃度（體積百分比）

　　　M_a = 空氣分子量

　　　M_f = 燃料分子量

上列模式假設噴射火焰的長度與燃料流量無關，亦未考慮風及噴火的方向（重點，平面或斜向）影響。

液化石油氣的噴射火焰可由下列模式表示：

$$L_j = 9.1m^{0.5}$$ （5-59）

$$W_j = 0.25L$$ （5-60）

$$r_{f,50\%} = 1.9t^{0.4}m^{0.47}$$ （5-61）

其中，L_j = 火焰長度（m）

　　　W_j = 噴射火焰尖端角錐部分的半徑（m）

　　　m = 液化石油氣流量（kg/s）（1＜m＜3,000 kg/s）

　　　$r_{f,50\%}$ = 50%致命距離（m）

　　　t = 接觸時間（s，10＜t＜300s）

5.2.5 後果模式

後果模式是估算意外事件發生後，所引發的爆炸、火災、危害物質散布等

狀況,對周圍環境內的人員及財產所造成的影響,最普遍估算影響的方法為使用後果模式,影響模式是依據過去經驗或實驗數據,以預測人員傷亡或財產損失的模式。

化學災變所造成的後果不外是下列三類:

1.熱輻射(火災)。
2.爆炸。
3.毒性物質排放。

因此,此處僅介紹估算此三類後果模式及方法。

5.2.5.1 熱輻射後果模式

熱輻射後果模式普遍應用於化學工廠的設計與計量風險評估,其目的為估算化工程序或災變發生時,所放出的輻射熱對於附近人員,及物體可能造成的傷亡與損害。由於熱輻射的實驗數據眾多,後果評估的正確度較高。進行後果分析時可使用下列兩種方式之一種:

1.依照皮膚燒傷的生理反應所導出的模式。
2.依據實驗數據所導出的簡單圖表。

美國石油協會出版的APIRP521[29]中,簡單討論熱輻射對於人類的影響,皮膚感受痛楚的時間與輻射熱的強度成反比(**表5-9**)。依據**表5-9**所列的數據,美國石油協會建議熱輻射設計標準,以提供設計火炬(俗稱燃燒塔)的高度以及安全距離的參考(**表5-10**),另外世界銀行[30]亦公布不同程度下熱輻射的影響,作為一般設計參考(**表5-11**)。摩丹氏(K. S. Mudan)綜合死亡、初級及次級燒傷的數據而繪成的圖表(**圖5-26**),亦可作為設計的依據。機率單位函數亦可應用於閃火、火池及熱輻射的傷亡評估,見第二章及其**表2-3**。

5.2.5.2 爆炸後果模式

爆炸後果模式可以預測爆炸所產生的過壓,與拋射物對於爆炸現場附近人員及物體所造成的衝擊和影響,**表5-12**列出不同強度的爆炸過壓所產生的後果。對於一般住宅區內的房屋,過壓超過2.1千巴斯噶(0.3磅/平方英寸)時,約10%的玻璃窗即會破裂,壓力愈高,損失愈大:

表5-9 曝照後皮膚感受痛楚的反應時間[29]

輻射強度		時間
（kw/m²）	（BTU/h・ft²）	（秒）
1.74	500	60
2.33	740	40
2.90	920	30
4.73	1,500	16
6.94	2,200	9
9.46	3,000	6
11.67	3,700	4
19.87	6,300	2

註：夏天日光輻射強度約1 kw/m²（320 BTU/h・ft²）。

表5-10 美國石油研究院建議的火炬輻射熱程度設計標準[29]

許可設計強度		條件
kw/m²	BTU/h・ft²	
15.77	5,000	在無人工作的建築物或設備所接受的強度下，工作人員必須躲入掩體之後
9.46	3,000	人員曝照時間僅限數秒鐘，必須具備疏散途徑
6.31	2,000	人員曝照時間可達一分鐘
4.73	1,500	人員曝照時間達數分鐘
1.58	500	不具任何危險

表5-11 熱輻射影響[30]

輻射強度		影響
kw/m²	BTU/h・ft²	
37.5	11,886	足以造成製程設備的損壞
25	7,924	足以造成木材著火
12.5	3,962	造成導燃木材著火及塑膠管熔化的下限
9.5	3,011	八秒後，皮膚感受痛楚，二十秒後產生次級灼傷
4	1,268	二十秒後，會感受疼痛
1.6	507	長期曝照，不致造成不舒服現象

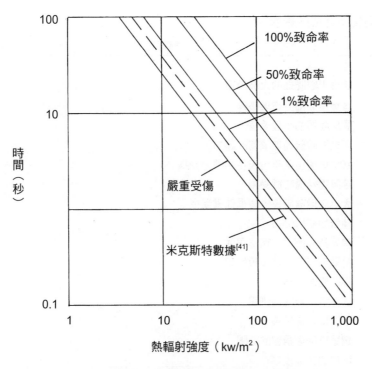

圖5-26 熱輻射強度所造成的傷亡[31]

0.49 kpa（0.7 psig）玻璃窗破碎

10.5 kpa（1.5 psig）房屋受損

35 kpa（5 psig）房屋嚴重破壞

爆炸所產生的過壓的時間長短與建築物受損程度成正比，時間愈短，所遭受的破壞愈小，由於爆炸過壓的時間難以估計，使用**表5-12**所列的損失後果時，必須小心，以免高估損失情況。爆炸附近不在建築物之內，或不受掩體保護的人員會因過壓、彈射或受到爆炸拋射物撞擊而受傷，過壓超過105千巴斯噶（15磅／平方英寸），人會因肺出血而死亡，人體受爆炸彈出後，往往因頭部受傷而致命，拋射物體撞擊人體的能量超過100焦耳（Joules）以上，即會致命。第二章所介紹的機率單位函數可用來估算爆炸、撞擊過壓，所造成的損失、受傷或死亡機率（見**表2-3**）。

表5-12　爆炸過壓所造成的影響[33]

過壓（kpa）	損害
0.14	擾人噪音
0.21	震破少數脆弱的大玻璃窗
0.28	音爆造成部分玻璃破碎
0.7	震破脆弱的小玻璃窗
1.05	可能震破普通玻璃窗的壓力
2.1	10%玻璃窗破碎，天花板部分受損
2.8	建築物結構輕微受損
3.5～7	大小玻璃窗破裂，窗框偶爾受損
4.9	建築物結構受損
7	房屋部分倒塌，無法居住
7.0～14	牆壁倒塌，鋁及鋼板傾斜
9.1	鋼架略為傾斜
14	部分牆壁及屋頂倒塌
14～21	水泥地／牆破裂
16.1	建築物嚴重損害的低限
17.5	磚房的50%損壞
21	廠房內重設備（1.5公噸）輕微受損，鋼結構傾斜
21～28	無樑架式鋼板建築物倒塌，油槽破裂
35	木製電桿折斷
35～49	整個房屋毀壞
49	滿載火車貨箱翻倒
49～64	20～30公分厚的磚牆傾倒
63	滿載火車貨箱完全毀壞
70	建築物完全摧毀，3.5公噸機械設備被移動，嚴重受損
2,100	產生彈坑

5.2.5.3 毒性物質後果模式

　　毒性物質後果模式是用以評估毒性物質排放後，對於人類健康所產生的影響，首先必須預測或計算暴露範圍內，毒性物質的濃度及範圍內人體暴露的時間，然後依據物質的毒性及濃度，判斷其對於健康的影響，毒性氣體的濃度可以應用氣雲擴散模式估算。第二章中所介紹的不同組織公布的毒性物質恕限值、許可限值、立即危險限值，以及緊急應變計畫準則（ERPG-1、ERPG-2與ERPG-3）可以作為初步評估的參考，使用時，必須請教專家以免誤用。機率單

位函數（第二章）可以用以估算致命百分比，也可使用美國紐澤西州環保局發表的TXDX方法[32]及劇烈毒性濃度值估算。

5.2.6 套裝電腦程式

多種包括散布模式及後果分析模式的套裝電腦程式已經發展出來，可供分析者使用，有些程式甚至提供失誤頻率及機率的數據，並且可以進行風險分析，有些程式則僅含後果分析的模式而無法進行風險分析，**表5-13**列出常用的套裝程式，以供參考。

表5-13　常用的後果分析的套裝電腦程式

名稱	用途及內容	電腦	發展者
Vulnerability Model	化學物及液化氣體的運輸影響分析，包含排放、散布、失火及爆炸模式	大型電腦主機	N. A. Eisenberg美國海岸防衛隊
TNO黃鳥模式	包含各種不同後果分析模式	無	荷蘭TNO組織
WHAZAN	包含各種不同後果分析模式	IBM-PC	技術公司（Technica, Inc.）
SAFTI	綜合性風險分析，包含各種後果分析程式	大型電腦主機	同上
CHEMS-PLUS	簡易散布，火災及爆炸後果的估算	IBM-PC	A. D. Little顧問公司
EAHAP	包含多種後果分析模式，為綜合性程式	IBM-PC	能量分析公司（Energy Analyst, Inc.）
HASTE	毒性物質排放及散布後果分析	IBM-PC	環境服務及研究公司（ENSR）
ARCHIE	綜合性風險評估套裝程式，含有失火、爆炸、危害源排放，散布等模式	IBM-PC	美國緊急管理局（FMEA,USA）
FLACS	3D蒸氣雲爆炸後果模擬	IBM-PC	GexCon,Norway
EXSIM	3D CFD氣體爆炸模擬	IBM-PC	EXSIM Consultants, Norway
ANSYS AutoReaGas	3D-CFD氣體爆炸模擬	IBM-PC	Century Dynamics與TNO
PHAST	散布模式、火災、爆炸與毒性危害後果計算	IBM-PC	DNV Software

參考文獻

1. AIChE, *Guidelines for Chemical Process Quantitative Risk Analysis*, American Institute of Chemical Engineers, New York, Chapter 3, 1989.

2. AIChE, *Guidelines for Process Equipment Reliability Data With Data Tables*, American Intitute of Chemical Engineers, New York, N. Y., USA, 1989.

3. A. E. Green and J. R. Bourne, *Reliability Technology*, John Wiley & Sons, New York, N. Y., USA, 1972.

4. B. Roffel and J. E. Rijnsdorp, *Process Dynamics, Control and Protection*, p. 381, Ann Arbor Science, 1982.

5. D. A. Crowl and J. F. Louvar, *Chemical Process Safety: Fundamentals with Applications*, Prentice-Hall, Englewood, Cliffs, New Jersey, USA, p. 339, 1992.

6. AIChE, *Guidelines for Hazard Evaluation Procedures*, American Institute of Chemical Engineers, New York, N.Y., USA, 1992.

7. H. G. Lawley, Operability Studies and Hazard Analysis, *Loss Prevention, Vol.* 8, p. 105, 1974.

8. *Fault Tree Handbook*, NUREG -0492, US Nuclear Regulatory Commission, Washington, D. C., USA, January, 1981.

9. D. S. Nielsen, Use of Cause-Consequence Charts in Practical System Analysis, Atomic Energy Comm., Res. Est., Riso, Denmark, Rep. Riso-M-1743, 1974.

10. J. R. Taylor, Sequential Effects in Failure Mode Analysis, Atomic Energy Comm. Res. Est., Riso, Denmark Rep. Riso-M-1740, 1974.

11. J. R. Taylor, Cause Consequence Diagrams, NATO Advanced Study Institute on Synthesis and Analysis Methods for Safety and Reliability Studies, Urbino, Italy, 1978.

12. L. S. Fryer and G. D. Kaiser, DENZ-A Computer Program for the Calculation of the Dispersion of Dense Toxic or Explosive Gases in the Atmosphere, UKAEA Safety and Reliability Directorate, Report SRD R152, Culcheth, UK, 1979.

13. H. K. Fauske, Flashing Flow: Some Practical Guidelines for Emergency Release. *Plant/Operation Progress, Vol.* 4, pp. 132-134, 1985.

14. V. Pilz and W. van Herck, Chemical Engineering Investigations with Respect to the Safety of Large Chemical Plants, Third Symposium on Large Chmeical Plants. European Federation of Chemical Engineering, Antwerp, Belgium, 1976.

15. TNO, Methods for the Calculation of Physical Effects of the Escape of Dangerous Materials: Liquids and Gases, Apeldoom, the Netherlands, 1979.

16. D. W. Studer, B. A. Cooper and L. C. Doelp, Vaporization and Dispersion Modeling of Contained Refrigerated Liquid Spills, AIChE Loss Prevention Symposium, Paper 52nd, AIChE Summer Meeting, Minneapolis, August 16-19, 1987.

17. J. M. Wu and J. M. Schroy, Emissions from Spills, Air Pollution Control Association and WPCF Joint Conference on Control of Specific (Toxic) Pollutants. Air Pollution Control Association, Florida Section, Gainesville, FL. USA, p. 337, 1979.

18. J. Wing, Toxic Vapor Concentrations in the Control Room Following a Postulated Accident Release, Nuclear Regulatory Commission NUREG-0570, Washington, D. C., USA, 1979.

19. S. R. Hanna, G. A. Briggs and R. P. Hosker Jr., *Handbook on Atmospheric Diffusion*, Technical Information Center, Oak Ridge, TN, U. S. Department of Energy, 1982.

20. F. Pasquill and F. B. Smith, *Atmospheric Diffusion*, 3rd edition, Halsted Press. New York, N. Y., USA, 1983.

21. B. H. Harvey, *Second Report of the Advisory Committee on Major Hazards*, London, HM Stationary Office, 1979.

22. A. P. Van Ulden, On the Spreading of a Heavy Gas Released Near Ground, in *Loss Prevention and Safety Promotion, Vol.* 1 , Elevier Pub. Co., 1974.

23. R. A. Cox and R. J. Carpenter, Further Development of a Dense Vapor Cloud Dispersion Model for Hazard Analysis, *Heavy Gas and Risk Assessment* (S. Hartwig Ed.) Proceedings of a Symposium on Heavy Gas, Frankfurt Germany, Sep. 3-4, 1979, D. Reidel, Dordrecht, the Netherland and Boston, USA, pp. 55-87, 1980.

24. C. M. Pieterson and S. C. Huerta, Analysis of the LPG Incident in San Juan Ixhuatepec, Mexico City, Nov. 19, 1984, TNO Reprot B4-0222, Apeldoorn, Netherlands.

25. V. C. Marshall, *Major Chemical Hazards*, Halsted Press, New York, N. Y., USA, 1987.

26. R. A. Strehlow, The Blast Wave from Deflagrative Explosions-An Acoustic Approach, *Loss Prevention, Vol. 14*, Chem. Eng. Tech. Manua, AIChE, New York, N. Y., USA, pp. 145-153, 1980.

27. P. L. Holden and A. B. Reeves, Fragment Hazards from Failures of Pressurized Liquefied Gas Vessels, Assessment and Control of Major Hazards. IChemE Symposium Series No. 93, *I. chem. E., Rugby,* UK, pp. 205-220, 1985.

28. *Handbook of Chemical Hazard Analysis Procedures*, Federal Emergency Management Agency, Washington, D. C., USA, Appendix 13-25, 1989.

29. American Petroleum Institute, Guide for Pressure-Relieving and Depressuring Systems, *API Recommended Practice 521*, 2nd Edition, Washington, D. C., USA, 1982.

30. World Bank, *Manual of Industrial Hazard Assessment Techniques*, Office of Environmental and Scientific Affairs, World Bank, Washington. D. C., USA, 1985.

31. K. S. Mudan, Thermal Radiation Hazards from Hydrocarbon Pool Fires, Proc. *Energy Combust. Sci., 10* (1) , 59-80 (ISBN-0360-1285) , 1984.

32. V. J. Clancey, Diagnostic Features of Explosion Damages, 6th International Meeting or Forensic Sciences, Edinburgh, Scotland, UK, 1972.

33. G. Mixter, The Empirical Relation Between Time and Intensity of Applied Thermal Energy in Production of 2 + Burns in Pigs, Univ. of Rochester, Report No. UR-316, Contract W-7401-eng-49, 1954.

Chapter **6**

風險評估(二)

6.1 風險分析

6.2 範例：己烷及庚烷蒸餾分離
　　的風險評估

6.1 風險分析

　　風險分析是組合意外發生的機率及其可能造成的影響，分析的過程可能必須整理及計算大量的數據與資訊，但是分析的結果往往僅是一個簡單的風險指數值，或是一個標示不同風險程度的地形圖，其目的在於提供一個明確的風險程度的指標，以作為決策的依據。由於每個意外所造成的財產損失與周圍設備的價值、新舊及種類有關，無法以標準的指數或指標表示，因此本節僅討論致命風險而不討論經濟損失的風險。

6.1.1 個人風險

　　個人的風險程度是指一個人在危害或可能發生意外的附近所接受的危險，包括人體的傷亡程度、受傷的頻率，以及可能導致傷亡的接觸時間，個人風險的主要測量方法有下列幾種：

1. 個人風險等值線（Individual Risk Contour）：在地圖上標明的個人風險程度的分配的曲線，**圖6-1**顯示一個個人風險等值線圖，圖中三個同心的曲線分別代表10^{-6}次／年，10^{-7}次／年及10^{-8}次／年等三種個人死亡的頻率，凡在同一曲線上的頻率皆相等。
2. 最大個人風險：指個人所可能接觸或暴露的最大風險程度值，是指工廠中的工作人員而論。
3. 平均個人風險（接觸或暴露於風險的人）：為工廠中接觸或暴露於風險中的人的平均風險程度。
4. 平均個人風險（總人口）：指定範圍內，所有人的平均風險值。
5. 平均個人風險（接觸時間或工作時間）：平均個人風險的計算可以用風險接觸時間為基準或以總工作時間為基準計算。

　　計算一個定點的個人風險時，通常將每一種可能發生的影響都考慮在內，因此個人風險為該定點所有個別風險的總和[1]。

$$IR(x,y) = \sum_{i=1}^{n} IR_i(x,y) \tag{6-1}$$

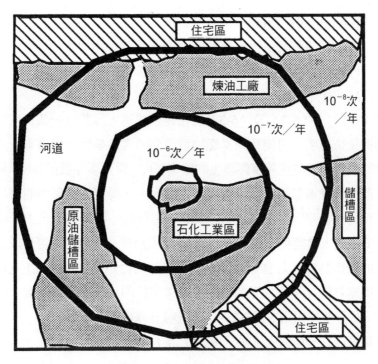

圖6-1　個人風險等值線圖

其中，IR（x,y）＝在x，y定點座標上致命風險的總和（次／年）

　　　　IR$_i$（x,y）＝x，y座標上，第i種意外後果狀況的致命風險（次／年）

　　　　n＝所考慮的意外後果狀況數目

每種意外後果狀況發生的頻率〔IR$_i$（x,y）〕則為：

$$IR_i（x,y）＝f_i×P_{f,i} \qquad\qquad （6\text{-}2）$$

其中，f$_i$＝第i項意外後果狀況發生的頻率

　　　　P$_{f,i}$＝i項意外後果狀況可能致命的機率

意外結果發生的頻率（f$_i$）為：

$$f_i＝\sum_{I=1}^{N}F_I\sum_{J=1}^{M}P_JP_{J,i} \qquad\qquad （6\text{-}3）$$

其中，F$_I$＝造成i項意外結果狀況的 I 項意外的頻率（次／年）

N = 意外事件數目

P_J = I項事件發生後，發生J項意外後果的機率

$P_{J,i}$ = J項意外後果發生後產生i項狀況的機率

M = 意外後果次數

公式（6-1）、（6-2）及（6-3）往往難以理解，因此以一個易燃物質儲槽的洩漏的例子來說明。可能造成易燃物質洩漏的意外事件為儲槽本身及輸入或輸出管線的破裂，這些意外事件發生的機率為F_I，意外事件數目為N。易燃物質洩漏後會產生沸騰液體膨脹蒸氣雲爆炸、閃火、非局限性蒸氣雲的爆炸、安全散失等幾種意外後果，其發生的機率為P_J，每種意外後果發生後由於風速、風向、地形的限制，會產生不同的散布狀況，J項意外後果發生後再形成此類意外後果狀況的機率為$P_{J,i}$；每種意外後果狀況發生的總頻率則為f_i（$\sum F_I \sum P_J P_{J,i}$），其致命的機率為$P_{f,i}$。不同地點的個人風險求出後即可畫出等值線圖，由於計算程式複雜，最好使用電腦。圖6-2列出等值線計算步驟。

接觸範圍內的平均個人風險（IR_{AVG}）為：

$$IR_{AVG} = \Sigma IR\ (\ x,y\ )\ P_{x,y}/\sum_{x,y} P_{x,y} \qquad\qquad （6-4）$$

其中，IR（x,y）= x，y定點座標的個人風險值

Px,y = x，y定點座標上的人數

總人口的平均個人風險則為接觸範圍內的個人風險總和除以指定範圍（含接觸範圍內外地區）內的總人數。

6.1.2 社會風險

社會風險是指社會大眾所承受的風險程度，其觀念及表達方式是由核能工業首先發展出來的，最普遍使用的表達社會風險程度的圖表為頻率—死亡人數圖，它是意外累積值對意外影響（致命人數）的曲線，此曲線通常是繪在對數—對數圖（LOG-LOG）。圖6-3顯示一個液化石油氣工廠的頻率—死亡人數圖。

社會風險在計算前必須界定考慮的範圍及不同時間內人口分布的狀況，圖6-4列出計算社會風險的主要步驟，基本上與個人風險的計算相同，首先計算意

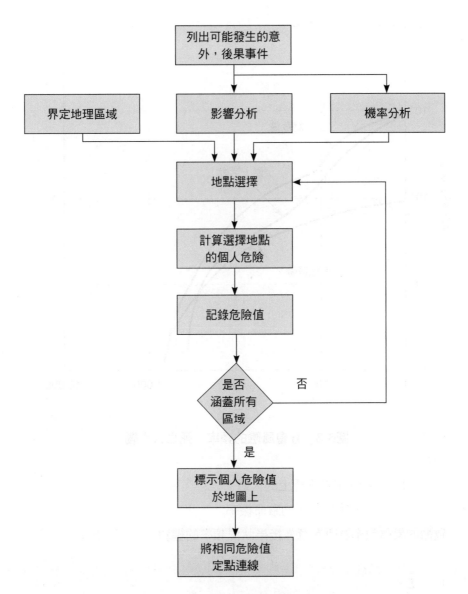

圖6-2　個人風險等值線計算步驟

外後果影響致命的機率（$P_{f,i}$），然後計算死亡人數：

$$N_i = \sum_{x,y} P_{x,y} P_{f,i} \tag{6-5}$$

其中，N_i ＝ i項意外後果狀況所造成的死亡人數

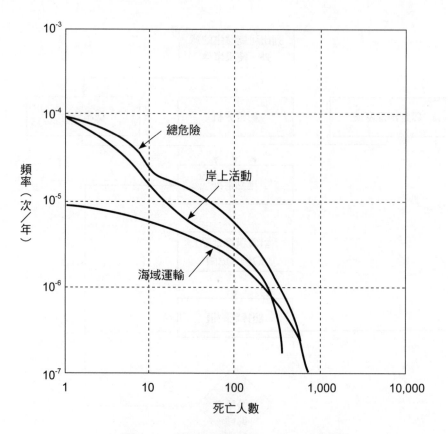

圖6-3 社會風險的頻率─死亡人數圖

$$P_{x,y} = x，y定點座標上的人數$$

$P_{f,i}$ = 意外後果狀況的致命機率

致命的累積頻率為所有意外後果狀況頻率的總和：

$$F_N = \sum_{i=1}^{N} F_i \qquad (6\text{-}6)$$

其中，F_N = 累積頻率

F_i = i項意外後果狀況頻率

頻率─死亡人數圖即為F_N對N_i的曲線。

社會風險的計算非常費時，因為必須考慮每一種可能發生的意外及其後果所造成的影響，為了降低計算的複雜性及時間。通常依據經驗將廠區分成不同風險區，然後假設區內各點的風險程度相同，並且限制所需考慮的氣候、風向情況等。

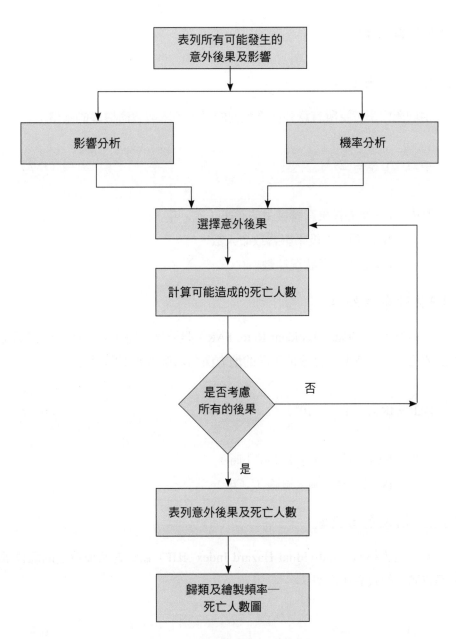

圖6-4 社會風險的計算步驟

6.1.3 風險指數

6.1.3.1 平均死亡率

平均死亡率，為所有意外後果狀況的發生頻率與致命機率的乘積：

$$平均死亡率 = \sum_{i=1}^{n} f_i N_i \qquad (6\text{-}7)$$

其中，f_i = 意外後果影響發生的頻率（次／年）

N_i = i項意外後果影響致命人數

n = 意外後果狀況總數

6.1.3.2 致命意外率

致命意外率（Fatal Accident Rate, FAR）是一億小時（10^8小時）的接觸時間內的死亡率，它與個人風險值不同的地方僅為基準時間不同而已。

$$FAR = IR_{AVG} \, (1.14 \times 10^4) \qquad (6\text{-}8)$$

其中，FAR = 致命意外率（10^8小時）

IR_{AVG} = 平均個人風險（／年）

6.1.3.3 個人危害指數

個人危害指數（Individual Hazard Index, IHI）為針對某種特定的危害源在接觸時間內的致命死亡率。

$$(IHI_i)_t = (FAR_i)_t \qquad (6\text{-}9)$$

公式（6-9）中，$(IHI_i)_t$為 t 接觸時間內的個人危害指數。

6.1.3.4 經濟或損失指數

經濟或損失指數亦可使用於個人或社會風險的計算方法中，只不過將致命機率換成造成一定價值的損失的機率而已。有關此類的計算請參考馬歇爾氏（V. C. Marshall）的著作：*Major Chemical Hazards*[2]。

6.1.4 不準確度及敏感度

不準確度是估算風險評估結果中具代表性的平均數值的可信度，而敏感度則為風險評估所使用的參數數值或假設發生變化時，對分析結果所產生的影響。

造成不準確性的來源有三種[3]：

1.模式：模式的適用性及適用範圍。
2.數據及參數：數據的準確性及參數的涵蓋性。
3.分析品質：分析的深度及完整性。

不準確度分析步驟如下[3]：

1.評析數據的準確性及代表性。
2.將數據的不準確度（誤差）代入分析過程中。
3.將不準確度所造成的誤差加入分析結果之中。
4.顯示及詮釋最終風險分析中的不準確度。
5.決策中不準確度的處理。

決策時，宜採取保守的態度，也就是將風險分析中的誤差（不準確度）考慮為附加的風險。

6.1.5 電腦程式

主要的電腦程式為：

1.SAFTI：由技術公司（Technica, Inc.）發展。
2.EAPRA：由能源分析者公司（Energy Analyst, Inc.）所發展。

6.2 範例：己烷及庚烷蒸餾分離的風險評估

為協助讀者瞭解風險評估的實際作業，本節提供一個簡單的範例，本例取材自美國化工學會出版的 *Guidelines for Chemical Process Quantitative Risk Analysis*，由於己烷（Hexane）及庚烷（Heptane）為易燃性物質，洩漏後會產

生火災及爆炸等後果。

6.2.1 製程說明

　　含58%（重量%）己烷及42%（重量%）庚烷的混合液體，由己烷蒸餾塔中間進入，含90%的己烷及10%庚烷的蒸氣由塔頂逸出，經冷凝器冷凝後由1號泵浦輸出，含90%庚烷，10%己烷液體則由塔底經2號泵浦輸出。蒸餾塔所需的熱能由180℃、810 kpa（g）高壓蒸汽提供，**圖6-5**顯示其流程圖。

　　進料流量、蒸餾塔及附屬設備操作條件如下：

1.進料流量：16.7 kg/s（ = 60,120 kg/h）。
2.90%己烷產品流量：10.0 kg/s（36,000 kg/h）。
3.90%庚烷產品流量：6.7 kg/s（24,120 kg/h）。
4.蒸餾塔操作壓力：810 kpa（g）（儀表壓力）。
5.蒸餾塔操作溫度：塔頂130℃，塔底160℃。

　　己烷及庚烷的物理特性列於**表6-1**中，**圖6-6（a）**顯示蒸餾塔附近環境圖，塔外80公尺有一住宅區，居民約200人，住宅區約100公尺寬，200公尺長。**圖6-6（b）**為風向分布圖，為了簡化計算起見，此處僅考慮最壞可能的情況，即每秒1.5公尺風速，穩定度為F。

　　風險分析的主要目的為估計住宅區內的風險程度，而不考慮廠內工作人員的風險。

表6-1　己烷及庚烷的物理特性

特性	己烷（Hexane）	庚烷（Heptane）
正常沸點（℃）	69	99
分子量	86	100
著火上限濃度（體積%）	7.5	7.0
著火下限濃度（體積%）	1.2	1.0
燃燒熱（J/kg）	4.5×10^7	4.5×10^7
定壓比熱對定容比熱的比例（C_p / C_v）	1.063	1.054
正常沸點時液體密度（kg/m³）	615	614
沸點的蒸發熱（J/kg）	3.4×10^5	3.2×10^5
液體的熱容量（J/kg·°K）	2.4×10^3	2.8×10^3

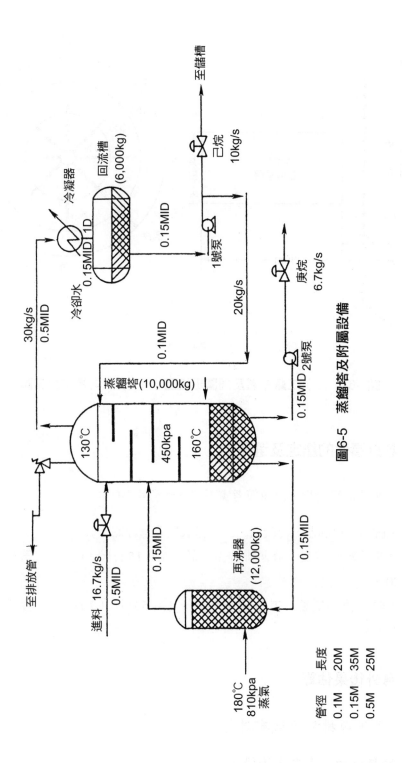

圖6-5　蒸餾塔及附屬設備

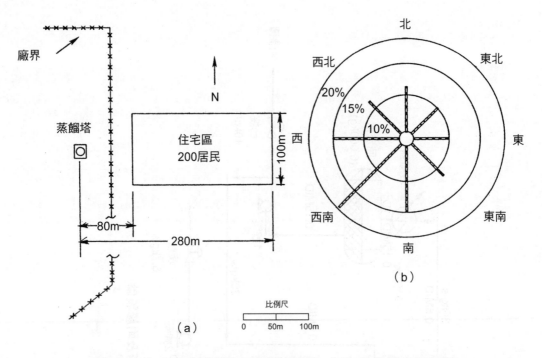

圖6-6 （a）工廠布置及周圍環境圖；（b）風向機率分布圖

6.2.2 意外事件的鑑定及選擇

為了簡化計算過程，此處僅考慮下列三種意外事件：

1.蒸餾塔、再沸器、冷凝器、回流槽或主要管線的破裂。
2.液體管線的破裂：液體排洩量等於一個0.15公尺（6英寸）管徑流量的20%。
3.蒸氣管線的破裂：其排放量等於一個0.5公尺（20英寸）管徑流量的20%。

6.2.3 意外後果估算

6.2.3.1 危害源排放及散布計算

(一)意外事件一：主要設備破裂

說明如下：

◆危害源排放

蒸餾塔、再沸器、冷凝器、回流槽等主要設備或主要管線破裂時，假設所有的物質會立即散失，由於壓力驟然喪失，部分液體會氣化。可使用公式（6-10）計算己烷及庚烷的瞬間揮發量約為0.43及0.51：

$$F_v = C_p \left(\frac{T - T_b}{H_{lg}} \right) \qquad (6\text{-}10)$$

F_v = 揮發分率

其中，C_p = 平均液體的熱容量（己烷2,400 J/kg‧°K，庚烷2,800 J/kg‧°K）

T = 操作溫度（塔頂己烷T = 130℃，塔頂庚烷160℃

T_b = 常壓下沸點（己烷69℃，庚烷99℃）

H_{lg} = 沸點的蒸發熱（己烷3.4 × 10⁵ J/kg，庚烷3.2 × 10⁵ J/kg）

假設所有的物質皆會散失，則其總散失量為28,000kg，揮發分率為0.477：

蒸餾塔容量：10,000 kg（58%己烷，42%庚烷）

再沸器容量：12,000 kg（10%己烷，90%庚烷）

回流槽容量：6,000 kg（90%己烷，10%庚烷）
_____

總量：28,000 kg（61.4%己烷，38.6%庚烷）

揮發分率：0.614×0.43＋0.386×0.51 = 0.46

以上的計算假設所有己烷在130℃時揮發，而庚烷在160℃時揮發，實際上蒸餾塔內的溫度及濃度隨位置及高度而變化，此處計算為大略估計而已。

◆散布計算

揮發分率雖然僅為0.46，然而依據以往的研究結果，容器破裂後，壓力突然降低，容器內過熱液體會立即揮發，體積突然膨脹數十倍，可將所有未揮發的液體帶入空中，形成蒸氣與霧滴混合的氣雲。排放的己烷及庚烷蒸氣比重分別為空氣的2倍及2.3倍，霧滴的比重更高，其散布宜使用重氣體散布模式。散布模式的輸入數據如後，為簡化計算，假設所有物質皆為己烷。

模式：頂帽式重氣體模式（Top Hat Model）[3]

電腦程式：WHAZAN

風向分配：見**圖6-6（b）**

風速：1.5 m/s（公尺／秒）

排放方式：瞬間排放

排放溫度：69℃（己烷的沸點）

排放物質：己烷

淡化比例：10

氣雲半徑：與氣雲高度相當

大氣穩定級：F

地表面粗糙參數：0.1 m（公尺）

大氣溫度：20℃

大氣濕度：80%

淡化比例為空氣與排放蒸氣及霧滴的體積比，氣雲形成時淡化比例約為
10%左右，由於己烷與空氣混合後，溫度降低，而空氣溫度升高，因此混合後
己烷的體積%僅為7.8%。

表6-2列出重氣體模式的計算結果，己烷的著火濃度下限為1.2%，因此蒸
氣雲中己烷的濃度超過1.2%時，仍具著火的危險性，換句話說，排放五十七秒
後，順風方向距離蒸餾塔85公尺處仍具嚴重的危險，由圖6-6（a）可知，位於
塔東的住宅區距離蒸餾塔僅80公尺，如果西風吹起時，住宅區內的居民即會遭
受火災的威脅。

(二).意外事件二及三：管線穿孔而造成的蒸氣或液體的洩漏

說明如下：

◆危害源排放

部分高壓液體由小孔洩漏後，會立即揮發（與意外事件一相同），其餘液
體會形成霧滴，而懸浮於空中。液體排放率可由公式（5-16）求出，假設洩漏

表6-2 意外事件一：己烷瞬間排放產生的氣雲散布

時間（秒）	順風距離 （公尺）	蒸氣雲直徑 （公尺）	蒸氣雲高度 （公尺）	中心線濃度 （體積%）	蒸氣雲溫度（凱 氏溫度，°K）
0	0	32	32	7.8（註）	309
20	30	91	14	2.2	297
40	60	125	11	1.5	296
57	85	148	9.5	1.2	295

註：空氣淡化比例為10。

孔徑為30公釐（30 mm），則排放率約為9.6 kg/s（公斤／秒）。意外事件三為蒸氣管線洩漏，假設洩漏小孔直徑為100公釐，則排放率為12.6 kg/s〔由公式（5-13）求出〕，由於兩種意外事件的洩漏都造成蒸氣雲，為了簡化計算，假設兩者排放率皆為其平均值（11 kg/s），則其排放方式為連續式。

◆散布模式

　　與意外事件一相同，可使用重氣體散布模式計算氣雲的散布，**表6-3**顯示排放散布結果，順風方向距蒸餾塔106公尺處以內地區的己烷濃度皆超過其著火下限（1.2體積%），如果西風吹起，住宅區的西部居民皆會受到火災或氣雲爆炸的威脅。

6.2.3.2 意外事件樹

　　三種意外事件發生後，會因為著火時間不同而產生不同的後果，可以使用事件樹來推演不同狀況，並計算其機率。以意外事件一為例，大量（28,000公斤）氣／液體瞬間排放，如果排放後立即著火，則會發生沸騰液體膨脹蒸氣雲爆炸狀況，如果等待一段時間後著火（延遲著火），則可能產生非局限性蒸氣雲爆炸或閃火，如果一直未遇火源，則逐漸為風吹散，散布於大氣之中，而不會產生任何危害；意外事件二及三的排放為連續性排放，如立即著火，會形成噴射火焰，如延遲著火則會產生閃火現象，由於連續排放率僅11 kg/s，在排放七十一秒之後（**表6-3**），己烷濃度降至著火濃度下限（1.2%）時，所有的排放量僅781公斤，低於己烷或庚烷產生非局限性蒸氣雲爆炸的質量下限（約1公噸左右），因此毋須考慮非局限性蒸氣雲爆炸的發生。**圖6-7**及**圖6-8**分別列出意外事件在兩組不同風向下的事件樹。

表6-3　意外事件二及三：己烷連續排放產生的氣雲散布

時間（秒）	順風距離（公尺）	蒸氣雲直徑（公尺）	蒸氣雲高度（公尺）	中心線濃度（體積%）	蒸氣雲溫度（凱氏溫度，°K）
0	0	3.7	3.7	7.8（註）	309
20	30	24	1.8	2.4	297
40	60	38	1.6	1.7	296
60	90	50	1.5	1.4	295
71	106	56	1.5	1.2	294

註：假設空氣淡化比例為10。

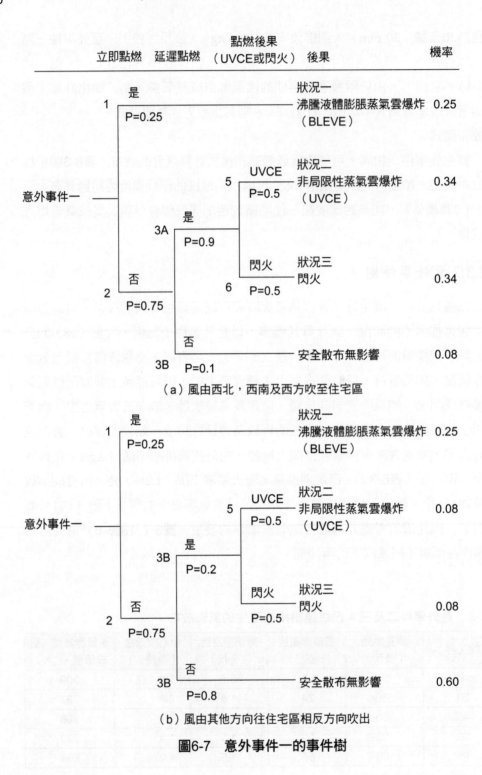

（a）風由西北，西南及西方吹至住宅區

（b）風由其他方向往住宅區相反方向吹出

圖6-7　意外事件一的事件樹

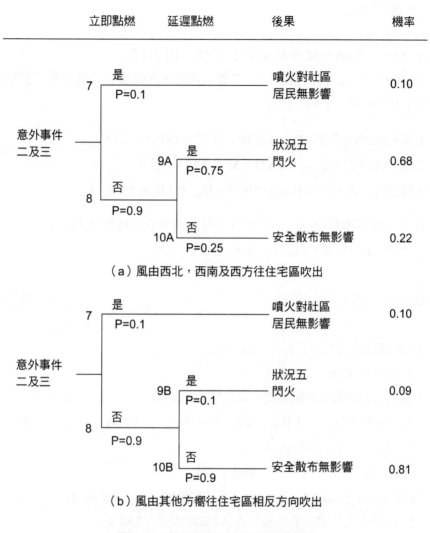

（a）風由西北，西南及西方往住宅區吹出

（b）風由其他方嚮往住宅區相反方向吹出

圖6-8　意外事件二及三的事件樹

其意外後果共有下列五項：

1.後果一：沸騰液體膨脹蒸氣雲爆炸（BLEVE）。

2.後果二：非局限性氣雲爆炸（UVCE）。

3.後果三：閃火（瞬間）。

4.後果四：噴射火焰。

5.後果五：連續性閃火。

6.2.3.3 後果的影響

(一)後果一：沸騰液體膨脹蒸氣雲爆炸（BLEVE）

28,000公斤己烷排放後著火，液體迅速氣化膨脹爆炸，其影響可使用公式（5-35）至（5-40）來加以計算：

1.最大BLEVE直徑：$D_{max} = 6.48 \times M^{0.325} = 181$ m（公尺）

2.BLEVE時間：$t_{BLEVE} = 0.825 \times M^{0.26} = 12$ s（秒）

3 BLEVE中間高度：$H_{BLEVE} = 0.75 \times D_{max} = 136$ m（公尺）

在十二秒接觸時間內，百分之五十致命的熱輻射能約75 kw/m^2，下一步則為計算75kw/m^{2}的範圍。由公式（5-39）可知：

$$Q_R（熱輻射量） = \tau EF_{21} \qquad (5\text{-}39)$$

1. τ為傳遞係數可由公式（5-40）求出：

$\tau = 2.02（P_W X）^{-0.09}$

2. X為火焰表面至熱輻射接受者之間的距離：

$X（接觸半徑） = （H_{BLEVE}^2 + r^2）^{\frac{1}{2}} - 0.5D_{max} = （1.36^2 + r^2）^{\frac{1}{2}} - 90.5$

X（接觸半徑）可簡化為：

$X = 0.99\left[（1.36^2 + r^2）^{\frac{1}{2}} - 90.5\right]^{-0.09}$

3. r為危害源（蒸餾塔）至受害者（輻射接觸者）之間的距離。

4. P_W為周圍空氣的水蒸氣壓，約為2,820 N/m^2（2.82 kpa）。

5. F_{21}（表面視角因數）由公式（5-42）求出（假設D = D$_{max}$）：

$$F_{21} = \frac{D^2}{4r^2} = \frac{8190}{r^2}$$

因之，表面放出的輻射熱流（E）為：

$$\therefore E = \frac{F_{rad} \cdot MH_c}{\pi（D_{max}^2）t_{BLEVE}} \qquad (5\text{-}41)$$

假設，F_{rad}（輻射分數）= 0.25

$$H_c（燃燒熱）= 4.5 \times 10^7 \text{ J/kg}$$

$$則，E = \frac{0.25 \times 28{,}000 \times 4.5 \times 10^7}{\pi（181）^2 \times 12} = 225 \text{ kw/m}$$

另外，熱輻射量（Q_R）可成為：

$$Q_R = 0.99 \left[（1.36^2 + r^2）^{0.5} - 90.5\right]^{-0.09} \times \frac{8190}{r^2} \times 225$$

若將50%致命熱輻射量（75 kw/m^2）代入Q_R中，再以試誤法經過幾次重複演算後則可求出50%致命距離（$r_{50\%}$）：

$$r_{50\%} = 135 \text{ m}$$

使用公式（5-43）亦可求出此項結果，下列（$r_{50\%}$）較之以上方法求出的數值多出29公尺：

$$r_{50\%} = 38.9 M^{0.432} = 38.9（28）^{0.432} = 164 \text{ m}$$

上式中M的單位為公噸。

由於住宅區西邊距離蒸餾塔僅80公尺，部分居民會有死亡的危險。

(二)後果二：大量易燃己／庚烷瞬間排放，形成氣雲後著火（延遲著火）造成非局限性蒸氣雲爆炸

非局限性氣雲爆炸（UVCE）的威力可使用TNT模式公式（5-31）計算：

$$W = \frac{\eta M E_c}{E_{CTNT}} \qquad\qquad （5\text{-}31）$$

其中，W = 三硝化甲苯（TNT）炸藥當量

M = 排放量 = 28,000（kg）

η = 爆炸係數 = 0.1

E_c = 已燃燃燒熱 = 4.6×10^7 J/kg

$$E_{CTNT} = TNT燃燒熱 = 4.6 \times 10^6 \text{ J/kg}$$

$$W = (0.1)(28,000)\frac{4.6 \times 10^7}{4.6 \times 10^6}$$

$$= 27,400 \text{ kg}$$

爆炸產生的過壓超過21 kpa（3 psi）以上，即可導致人死亡。

27,400公斤的TNT產生的過壓為21 kpa（3 psi）的半徑約239公尺，由**表6-2**可知，瞬間排放五十七秒後形成的氣雲，中心為順風方向距蒸餾塔85公尺處，其致命危害半徑可將整個住宅區包括在內。

(三)後果三：瞬間排放後延遲著火，形成閃火

閃火形成後，範圍之內的居民會有致命危險，由**表6-2**可知，瞬間排放五十七秒後形成的氣雲，中心在順風方向距蒸餾塔85公尺處，氣雲半徑為148公尺，在此氣雲範圍之內居民即有生命危險。

(四)後果四：連續性排放，立即著火，形成噴射火焰

使用公式（6-11），即液化石油氣噴火模式，可得50%致命半徑為37公尺。

$$r_{f,50\%} = 1.9t^{0.4}m^{0.47} \qquad\qquad (6\text{-}11)$$

其中，$r_{f,50\%}$ = 50%致命半徑（m）

$\qquad$ t = 噴火時間（s）= 100 s（假設值）

$\qquad$ m = 排放流量（kg/s）= 11 kg/s

因之，$r_{f,50\%} = 1.9(100)^{0.4}(11)^{0.47} = 37$ m

住宅區距離蒸餾塔80公尺，因此居民並不受影響，此種情況不必考慮在內。

(五)後果五：連續性排放，延遲著火，形成閃火

由**表6-3**可得知氣雲中心在蒸餾塔順風方向106公尺處時，其氣雲半徑為56公尺，噴火會形成一扇形，其長度為162公尺（106 + 56），扇角為38°（$\tan\frac{\theta}{2}$ = 56/162），住宅區若在噴火範圍之內，則必須考慮此一情況。

表6-4　管線及蒸餾塔失敗頻率[註]

項目	失敗情況	失敗頻率
1.管線		
直徑小於50公釐者	完全破裂	8.8×10^{-7}（次／公尺、年）
	裂隙孔徑約管徑之20%	8.8×10^{-6}（次／公尺、年）
直徑在50至150公釐之間者	完全破裂	2.6×10^{-7}（次／公尺、年）
	裂隙約管徑之20%	5.3×10^{-6}（次／公尺、年）
直徑大於150公釐者	完全破裂	8.8×10^{-8}（次／公尺、年）
	裂隙約管徑之20%	2.6×10^{-6}（次／公尺、年）
2.蒸餾塔	嚴重洩漏	1.0×10^{-5}（次／公尺、年）
	殼壁破裂	6.5×10^{-6}（次／公尺、年）

註：本表所列數據為假設值，並非實際經驗值。

6.2.3.4 意外事件頻率計算

表6-4列出設備及管線失誤或失敗的頻率數據，這些數據皆為假設數據，並不具任何意義。

(一)意外事件一

1.主要設備（蒸餾塔或附屬設備）破裂頻率 = 6.5×10^{-6}次／年。

2.55公尺長，100公釐及150公釐管線破裂頻率 = 長度 × 小管線破裂頻率 = $55 \times 2.6 \times 10^{-7} = 1.4 \times 10^{-5}$次／年。

3.25公尺，500公釐管線破裂頻率 = $25 \times 8.8 \times 10^{-8}$次／年 = 2.2×10^{-6}次／年。

綜合上述各項。得其小計 = $6.5 \times 10^{-6} + 1.4 \times 10^{-5} + 2.2 \times 10^{-6} = 2.3 \times 10^{-5}$次／年。

(二)意外事件二及三

1.55公尺長，100及150公釐直徑管線洩漏頻率 = $55 \times 5.3 \times 10^{-6} = 2.9 \times 10^{-4}$次／年。

2.25公尺長，500公釐直徑管線洩漏頻率 = $25 \times 2.6 \times 10^{-6} = 6.5 \times 10^{-5}$次／年。

3.蒸餾塔洩漏頻率 = 1.0×10^{-5}次／年。

綜合上述各項，得其小計 $= 2.9 \times 10^{-4} + 6.5 \times 10^{-5} + 1.0 \times 10^{-5} = 3.7 \times 10^{-4}$ 次／年。

6.2.3.5 意外後果機率計算

意外後果在不同風向的機率，可由事件樹中求出，**圖6-7**及**圖6-8**顯示事件樹及機率。

6.2.3.6 不同風向產生的意外後果狀況頻率計算

由**圖6-7**及**圖6-8**可以看出風向不同時，其機率亦不同，因此不同風向產生的後果狀況的頻率亦不相同。**表6-5**列出不同後果狀況的頻率，其計算方式為：

意外後果發生的頻率 = 意外事件發生的頻率 × 後果發生的機率
意外後果狀況發生的頻率 = 意外後果發生的頻率 × 風向分配率

6.2.4 風險分析

6.2.4.1 個人風險

意外後果的影響範圍已在（6.2.3.3節）後果影響中討論，其結果如下：

1.意外後果1（BLEVE）：以蒸餾塔為中心的圓，半徑為135公尺。
2.意外後果2（UVCE）：以距離蒸餾塔85公尺為中心，半徑為239公尺的圓，中心位置視風向而定。
3.意外後果3（瞬間閃火）：以距離蒸餾塔85公尺處為中心，半徑為148公尺的圓，中心位置隨風向而變。
4.意外後果4（連續性噴火）：對住宅區無影響。
5.意外後果5（連續性閃火）：162公尺長度的扇形，扇形半徑為56公尺，中心距蒸餾塔106公尺，中心位置隨風向而變。

圖6-9顯示西風吹起時不同後果的影響範圍，**圖6-10**則顯示各種不同風向下影響範圍的變化。**表6-6**列出蒸餾塔東方0～63公尺之間在不同風向下的個人風險（致命頻率），**表6-7**僅列出0～324公尺之間的總個人風險值。**圖6-11**則顯示蒸餾塔東方的個人風險與距離的關係。

6.2.4.2 社會風險

首先考慮意外發生後所造成的死亡人數，為了簡化計算，假設住宅區內的人口分布平均，而且凡有影響範圍之內的人皆有致命的危險。

表6-8列出不同後果狀況下的致命人數；**表**6-9則以死亡人數多寡來排列，並列出累積頻率，分布圖則顯示於**圖**6-12中。

6.2.5 結論

本範例目的僅為顯示風險分析估算的過程，其中有下列幾個主要的缺點：

1. 低估蒸餾塔附近的危險：未考慮噴射火焰（影響半徑39公尺）的影響，而且忽視意外發生後，所造成鄰近設備或管線的洩漏或失火的影響。
2. 僅考慮兩種著火時間（立即著火及延遲著火）。
3. 僅考慮一種風速及穩定級。
4. 可能高估非局限性氣雲爆炸（UVCE）的影響，因為此分析中使用TNT模式，而一般氣雲爆炸為突燃，而非TNT式的爆震，而且影響範圍為最大可能範圍（著火下限濃度）。
5. 為求簡化計算步驟，而做了一些未必完全合理的假設。

表6-5 不同意外後果狀況的頻率（次／年）

意外事件	後果	意外事件發生的頻率（次／年）	後果發生的機率（註一）	後果發生的機率（次／年）	風向		風向分配率（註二）	後果發生後不同狀況的頻率（次／年）
					出	至		
一	1－BLEVE	2.3×10^{-5}	0.25	5.7×10^{-6}	－	－	－	5.7×10^{-6}
	2－UVCE	2.3×10^{-5}	0.34	7.8×10^{-6}	西南	東北	0.20	1.6×10^{-6}
			0.34	7.8×10^{-6}	西	東	0.15	1.2×10^{-6}
			0.34	7.8×10^{-6}	西北	東南	0.10	7.8×10^{-7}
			0.08	1.8×10^{-6}	北	南	0.10	1.8×10^{-7}
			0.08	1.8×10^{-6}	東北	西南	0.10	1.8×10^{-7}
			0.08	1.8×10^{-6}	東	西	0.10	1.8×10^{-7}
			0.08	1.8×10^{-6}	東南	西北	0.10	1.8×10^{-7}
			0.08	1.8×10^{-6}	南	北	0.15	2.8×10^{-7}
二	3－閃火	2.3×10^{-5}	0.34	7.8×10^{-6}	西南	東北	0.20	1.6×10^{-6}
			0.34	7.8×10^{-6}	西	東	0.15	1.2×10^{-6}
			0.34	7.8×10^{-6}	西北	東南	0.10	7.8×10^{-6}
			0.08	1.8×10^{-6}	北	南	0.10	1.8×10^{-7}
			0.08	1.8×10^{-6}	東北	西南	0.10	1.8×10^{-7}
			0.08	1.8×10^{-6}	東	西	0.10	1.8×10^{-7}
			0.08	1.8×10^{-6}	東南	西北	0.10	1.8×10^{-7}
			0.08	1.8×10^{-6}	南	北	0.15	2.8×10^{-7}
三	5－連續性閃火	3.7×10^{-4}	0.68	2.5×10^{-4}	西南	東北	0.20	5.0×10^{-5}
			0.68	2.5×10^{-4}	西	東	0.15	3.8×10^{-5}
			0.68	2.5×10^{-4}	西北	東南	0.10	2.5×10^{-5}
			0.09	3.3×10^{-5}	北	南	0.10	3.3×10^{-6}
			0.09	3.3×10^{-5}	東北	西南	0.10	3.3×10^{-6}
			0.09	3.3×10^{-5}	東	西	0.10	3.3×10^{-6}
			0.09	3.3×10^{-5}	東南	西北	0.10	3.3×10^{-6}
			0.09	3.3×10^{-5}	南	北	0.15	5.0×10^{-6}

註一：圖6-7及圖6-8。

註二：圖6-6（b）。

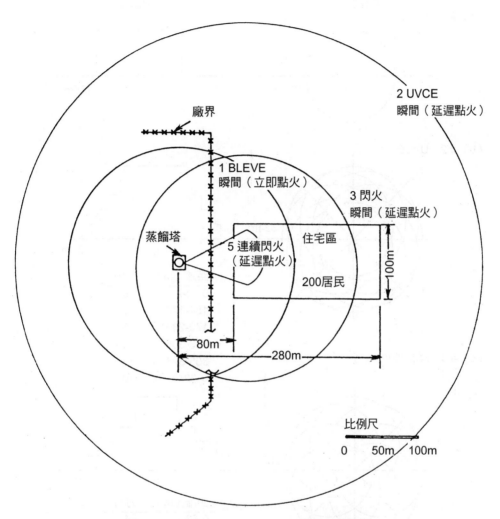

圖6-9　＃1，＃2，＃3及＃5後果影響圖

（a）#1：BLEVE

平面圖　　　　　　　　　　縱面圖

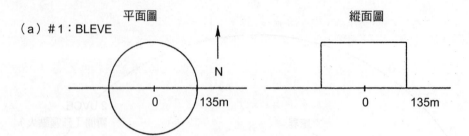

（b）#2：UVCE

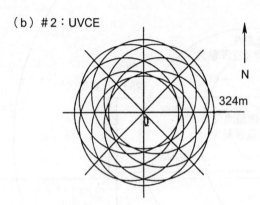

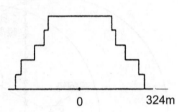

距離（m）	方向
0-154	8
154-170	7
170-233	5
233-305	3
305-324	1
＞324	0

（c）#3：瞬間閃火

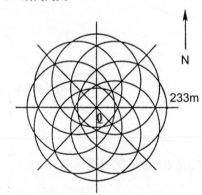

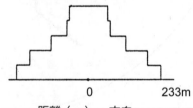

距離（m）	方向
0-63	8
63-70	7
70-120	5
120-190	3
190-233	1
＞233	0

（d）#5：連續性閃火

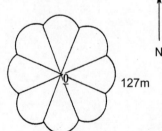

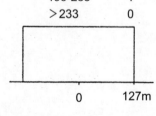

圖6-10　風險剖面圖

表6-6　個人風險程度估計（蒸餾塔東方0～63公尺之間）

至蒸餾塔之間的距離（公尺）	意外後果	後果狀況	頻率（次／年）	頻率（次／年）小計
0-63	1	與風向無關	5.7×10^{-6}	5.7×10^{-6}
	2	西南至東北	1.6×10^{-6}	
		西至東	1.2×10^{-6}	
		西北至東南	7.8×10^{-7}	
		北至南	1.8×10^{-7}	
		東北至西南	1.8×10^{-7}	
		東至西	1.8×10^{-7}	
		東南至西北	1.8×10^{-7}	
		南至北	2.8×10^{-7}	4.6×10^{-6}
	3	與第二項相同		
	5	西南至東北	5.0×10^{-5}	
		西至東	3.8×10^{-5}	
		西北至東南	2.5×10^{-5}	1.1×10^{-4}

$$總頻率 = 1.3 \times 10^{-1} 次／年$$

表6-7　蒸餾塔東方的個人風險估計

至蒸餾塔的距離（公尺）	與東方的個人風險無關的狀況 （註）	頻率小計（次／年）
0-63	閃火（連續性） 北至南 東北至西南 東至西 東南至西北 南至北	1.3×10^{-4}
63-70	閃火（瞬間） 東至西	1.3×10^{-4}
70-120	閃火（瞬間） 東南至西北 西北至東南	1.3×10^{-4}
120-127	閃火（瞬間） 南至北 北至南	1.3×10^{-4}
127-135	閃火（連續性） 西南至東北 西至東 西北至東南	1.4×10^{-5}
135-154	BLEVE	3.6×10^{-6}
154-170	UVCE 東至西	8.4×10^{-6}
170-190	UVCE 東北至西南 東南至西北	8.0×10^{-6}
190-233	閃火（瞬間） 西南至東北 西北至東南	5.6×10^{-6}
233-305	閃火（瞬間） 西至東 UVCE 南至北 北至南	4.0×10^{-6}
305-324	UVCE 西南至東北 西北至東南	1.2×10^{-6}
>324	UVCE 西至東	0

註：BLEVE：沸騰液體膨脹蒸氣雲爆炸。UVCE：非局限性氣雲爆炸。

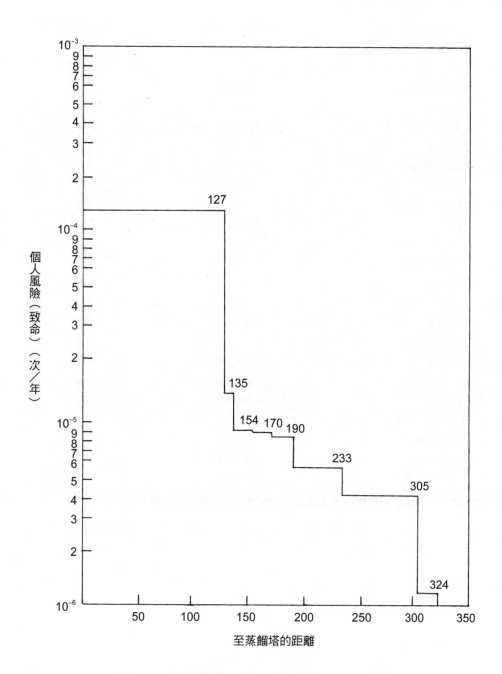

圖6-11 蒸餾塔東方（住宅區方向）的個人風險值

表6-8　意外後果狀況致命估計[4]

意外後果狀況（註）	頻率（次／年）	死亡人數
1－BLEVE	5.7×10^{-6}	50
2－UVCE		
西南至東北	1.6×10^{-6}	200
西至東	1.2×10^{-6}	200
西北至東南	7.8×10^{-7}	200
北至南	1.8×10^{-7}	130
東北至西南	1.8×10^{-7}	90
東至西	1.8×10^{-7}	70
東南至西北	1.8×10^{-7}	90
南至北	2.8×10^{-7}	130
3－閃火（瞬間）		
西南至東北	1.6×10^{-6}	100
西至東	1.2×10^{-6}	150
東北至東南	7.8×10^{-7}	100
北至南	1.8×10^{-7}	40
東北至西南	1.8×10^{-7}	0
東至西	1.8×10^{-7}	0
東南至西北	1.8×10^{-7}	0
南至北	2.8×10^{-7}	40
5－閃火（連續性）		
西南至東北	5.0×10^{-5}	5
西至東	8.8×10^{-5}	40
西北至東南	2.5×10^{-5}	5

註：BLEVE：沸騰液體膨脹蒸氣雲爆炸。UVCE：非局限性氣雲爆炸。

表6-9　社會風險的估計[4]

死亡人數	意外後果狀況（註）	意外後果狀況發生頻率（次／年）	累積頻率（次／年）
200	2－UVCE西南至東北	1.6×10^{-6}	
200	2－UVCE西至東	1.2×10^{-6}	
200	2－UVCE西北至東南	7.8×10^{-7}	3.6×10^{-6}
150	3－閃火（瞬間）西至東	1.2×10^{-6}	4.8×10^{-6}
130	2－UVCE 南至北	2.8×10^{-7}	
130	2－UVCE 北至南	1.8×10^{-7}	5.2×10^{-6}
100	3－閃火（瞬間）西南至東北	1.6×10^{-6}	
100	3－閃火（瞬間）東北至西南	7.8×10^{-7}	7.8×10^{-6}
90	2－UVCE東北至西南	1.8×10^{-7}	
90	2－UVCE東南至西北	1.8×10^{-7}	8.0×10^{-6}
70	2－UVCE東至西	1.8×10^{-7}	8.2×10^{-6}
50	1－BLEVE	5.7×10^{-6}	1.4×10^{-5}
40	5－閃火（連續）西至東	3.8×10^{-5}	
40	3－閃火（瞬間）南至北	2.3×10^{-7}	
40	3－閃火（瞬間）北至南	1.8×10^{-7}	5.2×10^{-5}
5	5－閃火（連續）西南至東北	5.0×10^{-5}	
5	5－閃火（連續）西北至東南	2.5×10^{-5}	1.3×10^{-4}

註：BLEVE：沸騰液體膨脹蒸氣雲爆炸。UVCE：非局限性氣雲爆炸。

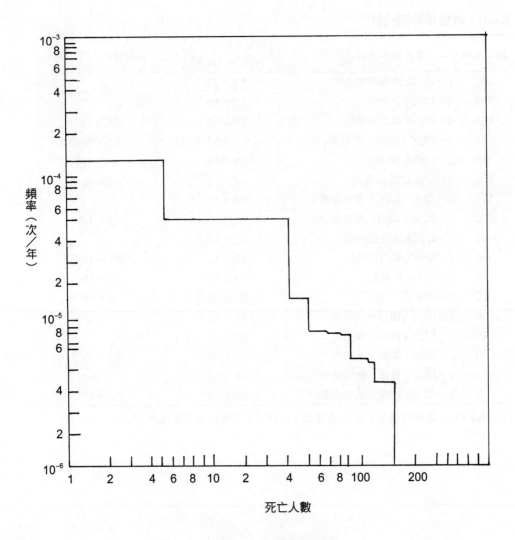

圖6-12　總社會風險

參考文獻

1. *Risk Analysis in the Process Industries*, The Institute of Chemical Engineers, Rugby, England, UK, 1985.

2. V. C. Marshall, *Major Chemical Hazards*, Halsted Press, New York, N. Y., USA, 1987.

3. R. A. Cox and R. J. Carpenter, Future Development of a Dense Vapor Cloud Dispersion for Hazard Analysis, *Heavy Gas and Risk Assessment* (S. Hartwig Ed.) Proceedings of a Symposium on Heavy Gas, Frankfurt Germany, Sep. 3-4, 1979, D. Reidel, Dordrecht, the Netherlard and Boston, USA, pp. 55-87, 1980.

4. R. Baldini and P. Komosinsky, Consequence Analysis of Toxic Substance Clouds, *J. Loss Prev. Proc. Ind.*, 1, pp. 147-155, 1988.

5. AIChE, *Guidelines for Chemical Process Quantitative Risk Analysis*, American Institute of Chemical Engineers, New York, Chapter 3, 1989.

Chapter 7

安全管理

提供合理的安全設計及硬體設施，以達安全生產的要求是化學工程師的主要的責任，吾人應該努力改善生產設備及製程，盡可能去除或降低意外發生的機會，並加強安全防護設施以減少人員的傷亡、財產的損失及環境的破壞；然而徒有良好的硬體設施而無合理的安全管理及操作運轉，意外及災變仍然會不斷地發生。依據過去的統計資料，僅有一半的意外事件是由於硬體設備不足或設計不周全而引起的，因此即使應用了最先進及最安全的設計及設備，仍無法防止其餘一半意外的發生。如欲達到安全生產、零意外的最終目標。必須加強安全管理，例如，合理作業程序／方法、訓練、安全意識、行政控制等軟體設施。

安全管理包括下列幾個基本項目：

1.安全意識。
2.安全政策及責任。
3.安全管理組織。
4.危害通識。
5.行政控制。
6.緊急應變計畫。
7.風險管理。
8.意外調查。
9.訓練。

7.1 安全意識

安全意識的建立是執行安全管理的第一步，現代化工廠多已完全自動化，操作人員的主要工作在於監視主要操作參數的變化，及因應特殊情況的發生。由於大多數操作人員並未經歷過可怕的災變，難以自然而然地建立危機意識，因此除了經由不斷地訓練及加強外，必須將安全作業程序及步驟融會於一般操作步驟之中，以建立合理安全意識。合理的安全意識應被視為員工的基本倫理，管理階層的態度是安全管理工作成敗最主要的關鍵。安全及損失防範應列為組織的營業目標，各部門每年應訂定具體而可量測的目標，執行成果則列為升遷、考核的參考，否則難以貫徹。尤其在九〇年代全球市場競爭下，許多經

理人員為求達到營業目標，往往忽視安全設施的投資及安全意識的加強，不知不覺之間埋下日後意外發生的種子。

7.2 安全政策及責任

工業生產的基本哲學為：「在不危害人類安全及環境生態條件下，生產顧客所需的產品，並謀取合理利潤。」近年來，由於化學災變的發生，危害物質的洩漏及危害性廢棄物的不合理處置，造成人員傷亡，環境的破壞，致使社會大眾普遍對工業產生反感。目前工業界已將工業安全列入工作重點，許多公司研擬安全作業準則以反映其政策，這些基本準則為：

1.必須確保生產過程安全，並且可以安全處理使用及處置。
2.必須降低產品生產儲存、經銷、使用及處置過程的危險性。
3.必須主動進行環境保護工作，並且將「環保」視為工業的社會責任之一。
4.主動與社會大眾溝通，並與專家及相關管制機構合作，以降低社會危險。

公司對於員工的責任為：

1.提供安全的工作環境。
2.執行合理的安全管理。
3.提供醫護及急救服務。
4.定期舉行安全訓練。
5.提供執行安全管理及加強安全設施所需經費。
6.遵循政府管制機構要求或法規中的規定。

7.3 安全管理組織

合理的安全管理必須依賴健全的組織系統及專業人員才可發揮，否則會流於形式化。十餘年以前，安全管理工作尚在起步階段，安全工程師及主管多

為兼任或由非專業人員擔任,效果難以發揮。近年來,已有顯著地改善。主要的跨國化學公司的安全管理工作是由一位總公司的副總經理負責,綜合工業安全、衛生及環境保護等相關業務,下設專職工業安全處,實際執行業務,並訂定目標。工程及技術部門亦設有安全工程技術組,研擬安全技術標準並提供技術(風險評估、安全設計、防火/防爆設施設計等)支援。各類工廠中則設安全管理委員會,主任委員由廠長擔任,委員由廠中一級主管或副主管擔任,委員會的功能為協調安全目標的執行及檢討工作成效,經常性業務則由工業安全課課長擔任的執行秘書負責。工業安全課成員則負責定期性查核、訓練、安全防護系統維護、意外申報等工作,安全工程師並參與試俥、停機、起動、工程計畫等安全檢討工作,以加強安全品質,**表7-1**列出工業安全課的職責。

表7-1 工廠工業安全課的職責

1.申報收集、彙總有關受傷意外(失火、爆炸、危害物質洩漏)統計資訊、發生原因,並提出改善建議及目標。
2.負責安全訓練、安全意識的建立及加強工作。
3.提供廠長有關工業安全管理工作執行狀況及改善。
4.協助各部門主管準備有關安全管理資料,俾便於員工在安全會議中討論。
5.參與研擬高危險性作業程序及步驟,並協助廠長核發作業許可。
6.收集並研習有關工業安全宣導資料(如錄影帶、書籍、說明手冊),並協助員工研習。
7.協助並協調緊急救護課程。
8.協助設計及生產工程師進行設備更新及局部改善工程中的安全檢討工作。
9.執行定期性安全查核。
10.協助研擬緊急應變計畫及緊急疏散作業。
11.負責法律有關職業安全及健康中規定事項。
12.負責假想意外事件因應之演習。
13.協調地方政府、警察局及緊急應變指揮中心。

 **7.4 危害通識**

危害通識(Hazard Communication)之目的在於介紹產品的危害特性,及其正確處理、防範方法,以及意外發生後的因應及處置手段,其對象為:員工、顧客及使用者。

為了避免廠內工作人員因疏忽或無知,而發生意外,造成受傷、火災或爆

炸的事件，化工廠應進行：廠區規劃分區、張貼標示、物質安全資料表辨認及使用、制定員工安全守則等工作。

7.4.1 廠區規劃分區

依危險程度，將主要生產及儲運地區分類，並標示其相對危險程度，並於告示欄中說明主要危害物質特性、個人防護設備需求及緊急事件發生時，疏散路徑及因應措施。

7.4.2 張貼標示

在儲槽、生產設備、桶、容器及貨櫃拖車上張貼顯明的危害特性（毒性、腐蝕性、氧化性、易燃性、放射性、壓縮氣體等）標示，提示並警告工作人員，其簡單圖解標示如圖7-1。美國消防協會發展的綜合危害標示，普遍為化學工業使用，此系統將四種主要危害特性及其相對危害程度以不同顏色列出，一目了然。圖7-2顯示一標準的危害標示，所有的資訊包含在一個旋轉45度的正方形之內，危害特性及相對程度之說明如後。

7.4.2.1 火災危害度

位於最上方，以紅色表示，危險程度依其閃火點分為下列五級：

0：不會燃燒。

1：閃火點＞60℃。

2：38℃＜閃火點＜60℃。

3：23℃＜閃火點＜38℃。

4：閃火點＜23℃。

級數愈高，愈容易著火。

7.4.2.2 反應危害度

位於右方，以黃色表示，反應指數為：

1：穩定。

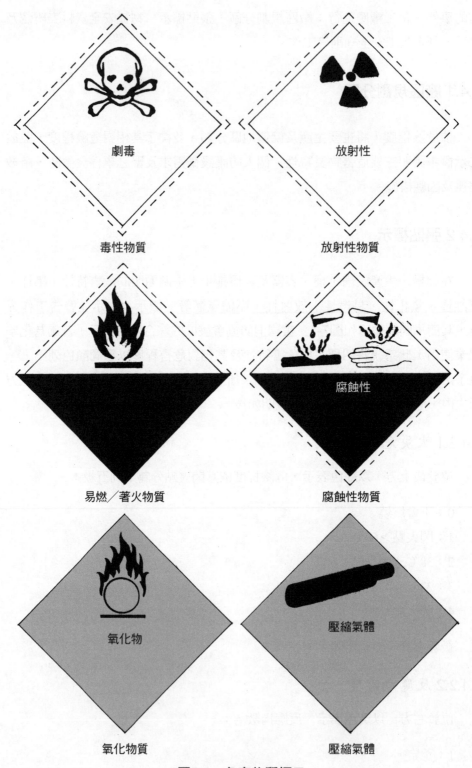

劇毒

毒性物質

放射性

放射性物質

易燃／著火物質

腐蝕性

腐蝕性物質

氧化物

氧化物質

壓縮氣體

壓縮氣體

圖7-1　危害物質標示

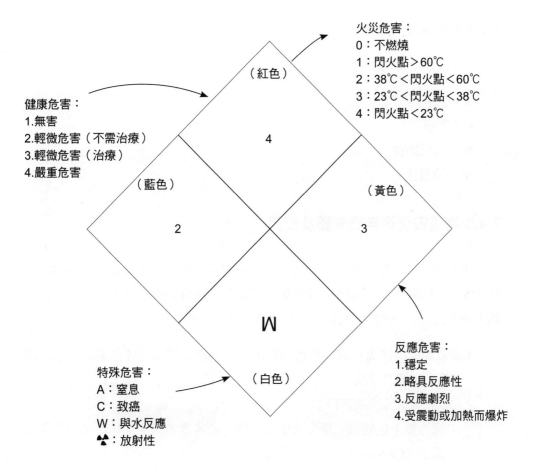

健康危害：
1.無害
2.輕微危害（不需治療）
3.輕微危害（治療）
4.嚴重危害

火災危害：
0：不燃燒
1：閃火點＞60℃
2：38℃＜閃火點＜60℃
3：23℃＜閃火點＜38℃
4：閃火點＜23℃

反應危害：
1.穩定
2.略具反應性
3.反應劇烈
4.受震動或加熱而爆炸

特殊危害：
A：窒息
C：致癌
W：與水反應
☢：放射性

圖7-2　標準危害物質標示記號

2：略具反應性。

3：反應劇烈。

4：受震動或加熱而爆炸。

7.4.2.3 健康危害度

位於左方，以藍色表示，危害指數為：

1：無害。

2：輕微危害（不需治療）。

3：輕微危害（需要治療）。

4：嚴重危害。

7.4.2.4 特殊危害度

位於下方，以白色表示。危害性為：

A：窒息。

C：致癌。

W：水反應性。

☢：放射性。

7.4.3 物質安全資料表辨認及使用

所有使用的化學品皆需具備物質安全資料表（Material Safety Data Sheet, MSDS），以供操作者或使用者參閱。物質安全資料表由生產廠家提供，它包括下列十六項有關名稱、特性，及處理時注意之事項等資訊。

1. 製造商或供應商資料：包括廠商名稱、地址、諮詢者姓名電話、緊急連絡電話／傳真電話。
2. 化學物質成分辨識資料：
   (1)純物質：包括中、英文化學物名稱（及其他名稱）、化學文摘社登記編號（CAS no.）。
   (2)混合物：包括各種成分的中英文化學物名稱、成分百分比或範圍等。
3. 危害辨識資料：最重要危害效應及危害分類等。
4. 法規：國家容許暴露濃度。
5. 物理及化學特性：包括物質狀態、熔沸點、氣味外觀、閃火點、溶解度或蒸氣壓等。
6. 滅火措施：適用滅火劑、滅火時可能遭遇之特殊危害、特殊滅火程序或特殊防護設備。
7. 反應特性：安定性、特殊狀況下可能之危害聚合物或分解物、不相容性（應避免之物質）等。
8. 健康危害與毒性資料：暴露途徑、急性、慢性或長期毒性、暴露之臨床表現、致敏感性等。
9. 暴露之緊急處理及急救措施：不同暴露途徑之急救方法、最重要症狀及

危害效應、對急救人員之防護、對醫護人員之提示。

10.暴露預防措施：個人防護設備、工程控制（如通風設備）、重要操作及儲存資訊、個人衛生措施。

11.洩漏處理方法：個人及環境注意事項、清理方法。

12.安全處置與儲存方法：儲存場所之溫度等環境注意事項。

13.廢棄處置方法：包裝、焚化或其他處理方式。

14.運送資料：國際及台灣運送規定、聯合國編號、特殊運送方法及注意事項、危害物標誌等。

15.生態資料：可能之環境影響或環境流布。

16.其他資料：參考文獻、物質安全資料表之製作單位、人員及日期等。

操作人員應確實瞭解所經手的及接觸物質的安全數據、正確處理方法與防護設施，以降低意外發生的機會，附錄六列出丙酮的物質安全資料表，以供參考。

7.4.4 員工安全守則

化學工業從業人員工作時，應具備下列基本態度，以免工作時受傷或發生意外：

1.開始工作前，辨認可能潛在的危害。

2.尊重並履行所有安全防護要求及準備，千萬不可冒險。

3.事前瞭解可能發生意外的狀況及因應措施。

4.知曉求援及求救單位的所在及方法。

5.學習急救方法。

6.使用正確的防護器具，如防護衣、護目鏡、手套等。

7.學習並瞭解意外發生時，應採取的緊急因應步驟。

8.養成良好的安全工作習慣。

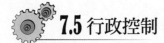

7.5 行政控制

行政控制（Administrative Controls）亦或是管理控制（Management Controls）是管理階層利用職權要求員工遵循行政命令、指令、作業標準、步驟，或理念以達到安全生產的目的。行政控制是加強或補充工程控制（即設備及程序控制）的不足，而非取代合理的工程控制。由於行政控制必須仰賴員工的認知及合作，因此所有使用的作業標準、步驟、準則、指令、命令等必須以文字明示，敘述說明及存檔，並提供員工使用。

最主要的安全作業標準是所謂操作安全標準（Operational Safety Standards）與維修安全標準（Maintenance Safety Standards）操作或設備改善安全標準，所有操作運轉及維修工作皆必須符合安全標準所規定的準則。

7.5.1 操作安全標準之建立

操作安全標準詳細規範了最主要的控制條件，例如：

1.臨界操作參數的限制。
2.特殊步驟。
3.操作運轉限制。
4.特殊測試及檢視需求。

操作安全標準的建立及實施，可以確保操作人員將程序控制於安全條件之下，而不致於造成意外的發生。

安全操作步驟應以文字明白說明之，並提供員工使用，其主要的步驟包括：

1.標準操作步驟：基本操作步驟及作業規定。
2.臨界操作步驟：有關臨界操作參數限制及控制步驟、方式及規定。
3.緊急步驟：敘述緊急情況發生時，應採取的因應措施。
4.試俥起動前安全檢討步驟：試俥前的預備工作，注意事項之檢討。
5.檢核表：明列操作前檢視、控制及預備事項及需求。
6.特殊步驟：如起動前以惰性氣體流貫設備，停俥時監視參數及條件，洩

漏測試步驟，設備清洗及防止雜質汙染措施，原料、材料品質的確定等。

測試及檢視的目的為，確定系統合乎設計標準及操作需求，以避免設備嚴重破裂，主要測試及檢視項目如後：

1.水靜壓測試：確定設備的張度。
2.厚度測試：金屬的厚度及損失的測試。
3.音波分析：裂縫測試。
4.主要儀器測試：主要監控儀器、連鎖停俥系統的校正及功能測試。
5.安全疏解閥及系統檢視及測試。

安全防護設施，如緊急排放系統，處理設備，如焚化爐、火炬、洗滌塔、消防設備等亦應隨時保持正常操作狀況，以備不時之需，它們的臨界操作參數限制及控制、測試檢視步驟也應列入安全操作標準之內。

7.5.2 維修安全標準之建立

維修安全標準詳述設備及系統的定期維護零件保養、更換，及損壞時修護工作的步驟與安全準則，其中最主要的安全步驟為維修作業許可制度及損壞設備上鎖及標示（Lockout and Tagout）。任何維修工作開始之前，應必須得到維修部門、生產部門及工業安全部門主管的許可，並與操作人員充分合作，並調整生產程序或方針，以使維修工作的進行順利。維修作業許可制度應確實執行，以免操作者及維護者之間缺乏溝通，各盡所能，而造成意外事件的發生。

損壞設備上鎖及標示是協助現場工作人員瞭解維修或損壞中設備狀況，並防止閒人任意調整維修中的設備，而造成意外的發生。**圖7-4**顯示幾種不同上鎖及標示圖例，以供參考，美國職業安全衛生署已將上鎖及標示措施列入安全法規之中。

7.5.3 操作方法或設備改善安全標準之建立

所有工廠設施的修改與改善工程在設計階段皆需經過安全及健康的檢討，以確保工程安全性及不會造成員工或廠外社區人員的健康危害及改善安全標準

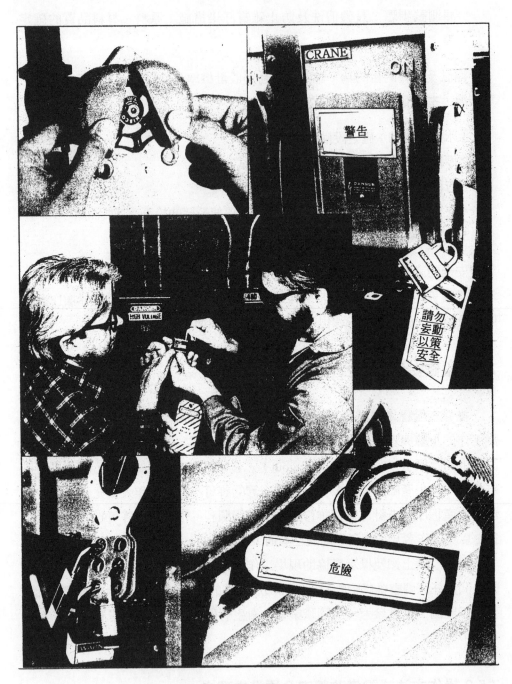

圖7-4　維修設備上鎖及標示圖

界定並詳列下列有關安全及健康的檢討：

1. 程序、操作步驟或操作參數（溫度、壓力、濃度、腐蝕、化學反應、臨界儀器控制、緊急停俥等）的改變。
2. 有關個人安全考慮，如個人安全防護器具的使用、設備的布置、維修等。
3. 健康考慮（含化學品、噪音、高／低溫及放射性元素對人體暴露影響，生理反應及壓力，人因工學考慮，通風及避雷等）。
4. 對現有消防及緊急防護系統的影響。

安全標準亦包括改善措施的進行步驟的說明：

1. 申報／細述改善內容、範圍效益及影響。
2. 決定執行方法。
3. 設計。
4. 進行設計後安全檢討。
5. 取得所需設計許可及批准（含公司及管制機構）。
6. 執行改善工作。
7. 進行試俥前的操作安全檢討。
8. 取得試俥許可。
9. 收集改善設計、試俥、紀錄、圖樣及文件，並建立檔案保存。

7.6 緊急應變計畫

　　生產場所的緊急應變計畫（Emergency Response Planning）工作，首先應著重於分析，企劃小組成員分析及評估生產過程及儲存地區的危害因素、風險程度、控制方法及疏散路徑，例如：

1. 以危害辨識方法（第四章），分析製程或場所內的危害。
2. 評估現有可供控制或抑止意外發生的資源及防護設施。
3. 研擬緊急應變組織功能及成員。
4. 分析所有應變計畫並評估其可行性。

5.決定外界（其他鄰近工廠、機關、社區等）可提供的支援項目及範圍。

分析工作完成後，企劃小組即依據分析結果，研擬可行的緊急應變計畫，內容包括緊急應變組織、功能、應變行動訓練、演習等，**表7-2**列出計畫的基本項目。

表7-2　緊急應變計畫內容[2]

1.緊急應變組織
  * 負責人員、單位名稱及指揮系統
  * 負責人員、單位的功能
  * 負責人員緊急連絡電話
2.場所風險評估
  * 危害物質存量及位置
  * 危害物質特性資訊如物質安全資料表
  * 設備或系統的隔離閥位置
  * 消防、滅火步驟
  * 特殊處理及經手需求
3.地區風險評估
  * 附近工廠危害物質存量及特性
  * 附近社區、商業區的人口分布
  * 附近工廠、機關、警察局、消防單位、新聞單位連絡人及電話
  * 通報附近工廠、社區有關意外發生或危害物質排放消息的方式及步驟
4.通報及傳播系統
  * 警報系統
  * 傳播工具及設備（無線電活、緊急用專用電話線等）
  * 通報對象
  * 與新聞界連絡的人員姓名電活
  * 通知失事或受傷員工家屬的步驟
  * 資訊彙總及發布中心
5.緊急設備及設施
  * 救火設備
  * 醫療急救供應
  * 毒性物質偵測器
  * 風速／風向偵測器
  * 呼吸器
  * 防護衣
  * 圍堵設施

（續）表7-2　緊急應變計畫內容[2]

- ・人員疏散及逃避路徑及運轉工具
6.恢復正常操作狀況的步驟
7.訓練及演習
 ・意外或緊急狀況發生通報步驟
 ・警報系統意義及因應
 ・防火器材、設施位置、使用方法
 ・防護器具（防護衣、護目鏡、頭盔等）的位置及使用方法
 ・人員疏散步驟路徑
 ・定期演習
8.緊急應變組織及計畫的測驗
 ・定期舉行假想式演習
 ・定期檢視及測試消防設施
 ・疏散演習
9.計畫改善及修正
 ・至少每年應檢討計畫
 ・依據演習及測驗結果，修正計畫內容
10.緊急應變步驟及措施
 ・連絡及傳播步驟
 ・颱風、地震、火災等天災來臨時的應變步驟
 ・公共設施（水電、天然氣等）供應失常之應變步驟
 ・炸彈或恐怖份子威脅時之應變步驟
11.緊急操作手冊
 每一個單元工廠及公共設施單位皆應具備緊急操作手冊，詳示：
 ・緊急起動／停俥步驟
 ・可能發生的意外分析
 ・意外發生後採取的應變措施

　　緊急應變組織是意外發生時，實際執行因應工作的單位，其組織體系如圖7-5所顯示，它的負責人是由廠長或副廠長擔任，他的主要責任包括所有災害救災、消防、疏散、控制等措施的監督及指揮。緊急應變中心則由緊急應變行動協調主管負責，其任務為：

　　1.協助緊急應變負責人組織及指揮緊急行動。

　　2.研擬策略，以降低意外發生所造成的災害。

　　3.與意外現場救災人員保持連絡。

　　4.協調執行現場救災、醫療、人員疏散行動所需之人員及資源的調配、支援。

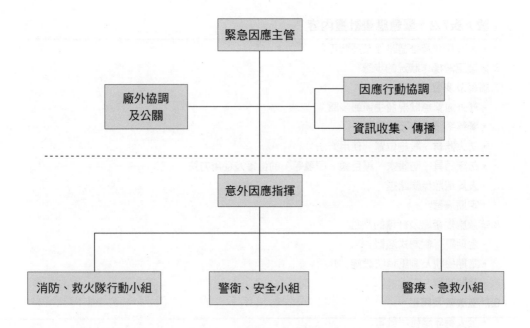

圖7-5 緊急應變組織體系[3]

現場救護及意外控制行動則由意外應變指揮負責,他的任務為:

1.指揮及協調所有現場的行動及人員。

2.評估意外。

3.提供有關保護廠中員工安全建議,例如緊急疏散。

4.執行現場救災、消防及災害控制任務。

負責人必須非常瞭解場所的布置,並且其技術背景,通常是由救火隊長,工業安全主管或生產部門經理擔任。

緊急應變組織的功能為資訊傳播及連絡、救火及救護、潑灑及洩漏控制、製程緊急停俥、醫療、安全、環境及災情評估、公關、資源調配等。

緊急應變企劃中包括下列應變行動執行步驟及順序:

1.意外發生後的警示。

2.意外評估及分類。

3.宣告進入緊急狀況,緊急應變小組開始作業。

4.通報地方警政當局及傳播機構。

5.執行應變行動及防護措施。

6.協調廠外救護、救火單位。

7.進行善後工作。

　　任何一個緊急應變企劃皆必須配合足夠的訓練及演習，否則無法有效發揮作用，所有員工應熟悉基本警示訊號及主要疏散路徑；直接參與緊急應變行動的人員必須定期接受訓練，以熟悉應變步驟。演習方法可分為沙盤推演、局部功能性演習及全面性演習。沙盤推演僅限於桌上或紙上談兵，參與者依據假想狀況，提出因應方案；局部功能性演習僅限於部分地區及單項特殊意外，如火災，參與演習者可依據假想狀況，進行疏散、救護、救火行動；全面性假想意外演習的目的在於測試應變組織的機動性及應變能力，因此必須定期舉行。

　　廠區內的緊急應變行動應與廠外社區緊急應變中心、警察局、消防隊及其他工廠甚或各機構密切配合，並主動將正確的資訊傳播至各新聞傳播機關。

 **7.7 風險管理**

　　風險管理（Risk Management）是降低生產程序及操作的危險程度的管理工具，生產機構宜訂定短、中、長期管理目標，逐年降低程序及操作的危害。

　　風險管理計畫包括：

1.定期性安全查核。

2.新廠或製程改善設計時的危害辨識。

3.局部性風險評估等。

　　定期性的安全查核對象為運轉中的生產場所，主要工作在於檢視操作條件及操作步驟是否合乎安全規定、操作及維修紀錄是否齊全。簡化的查核工作有如經常性的體檢，所需時間僅為幾十分鐘，查核人員則由安全工程師、經理及職工代表組成。危害辨識方法已在第四章中詳細討論，主要目的在於設計階段中發現危害因素，由於生產場所不同規模的改善不斷地進行，為了避免疏忽，危害辨識的工作必須視為必備的工作，任何專案，未經危害辨識或設計，或未依照危害辨識的改善建議執行時，即不應批准實施。

由於化工廠不斷地演進，許多生產單元工廠已具相當歷史，彼時設計標準及安全考慮可能已不符目前要求，最理想的方法是全面進行風險評估，一次修正所有危險性較大的程序。然而全面性的評估及改善工作，不僅耗時而且費用很大，也難以一時全部執行，因此可行的方式為訂定中、長期目標，逐年評估，並即時進行改善。

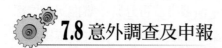 **7.8 意外調查及申報**

意外調查是收集、彙總有關意外發生的資訊，判斷意外發生的原因，並提出改善建議的工作，其結果可以提供經營及安全管理者參考，以避免日後重蹈覆轍，目前化工廠意外調查的結果，如原因、建議、災情報告皆已公開，工業安全專家普遍認為過去數十年以來，化學工業安全紀錄的穩定改善與調查結果的公開有著很大的關係，吾人可以不斷地自失敗中吸取教訓，以降低意外的發生，近年來意外調查的技術不斷地演進，調查作業已系統化、專業化。

調查工作是為了發現事實，而非找出錯誤或是找出指責的對象，在調查作業未完成之前不宜判斷是非，否則事實真相難以發掘。作業程序，可分為下列六個基本步驟：

1.詳細描述意外發生的過程。
2.彙總收集相關事實。
3.分析事實及詳列可能造成意外發生的原因。
4.研習與意外原因相關的系統製程及操作方法。
5.演繹最可能造成意外的原因。
6.研擬改善建議以避免重蹈覆轍。

良好的意外調查可以找出可能造成意外發生的原因，協助生產機構發現程序或操作上的弱點。生產機構宜以意外的發生為教訓，不斷改善，以達到安全生產的最終目的。

傳統的調查方法僅為發現造成意外的原因以及提出改善建議，其目的往往僅是為了應付社會、政府或管理階層的壓力，作業過程流於形式化，使得改善建議便往往不著邊際，而難以付諸實現。近年來層次性的調查方法（Layered

Investigations）逐漸為調查者使用，此種新式調查方法的分析較為深入，並要求不同層次的改善建議。由於意外發生後所能收集及發掘的過程事實或相關事件有限，大規模的調查也難以收集更多的資訊，但是事實分析的深入程度卻可能導引出新的結論或改善建議，分析事實時，參與者宜避免存有成見，客觀地分析與意外發生有關的事實，其間的過程有如腦力激盪（Brain Storming）。英國化學工業安全專家克萊茲氏（Kletz）強調改善建議至少宜分為下列三個層次，以防止並降低意外發生的可能性[4]：

1.第一層次：立即付諸實施的技術上的改善建議。

2.第二層次：避免危害的建議。

3.第三層次：改善安全管理系統的建議。

表7-3列出一些進行層次性調查工作時所應提出的問題，這些問題可以協助調查者發掘防止意外發生的方法。

表7-3　層次性調查工作所使用的示範問題[4,5]

1.哪些設備失常或失誤？
- 如何防止失常或失誤發生
- 如何降低失常或失誤發生的機率
- 如何偵測失常或失誤發生
- 設備功能
- 替代設備類別
- 是否可使用安全性較高的設備替代

2. 洩漏、失火、爆炸、裂解的物質？
- 如何防止洩漏（或失火、爆炸、裂解等）
- 如何偵測物質的洩漏（或失火、爆炸、裂解等）
- 物質用途及功能
- 是否可以降低存量或以其他安全性較高的物質取代

3.如何改善操作人員的表現？
- 可以改善的項目
- 管理者如何協助操作人員改善

4.與意外相關的作業項目之目的？
- 為何進行此類作業
- 如何取代
- 是否可請其他單位協助或發包至其他單位代工
- 何時可以交由其他單位代工

調查作業過程包括下列八個不同的任務：

1.調查小組成立。

2.初步調查。

3.設定目標並分配工作。

4.收集意外發生前客觀情況資訊。

5.收集及組合與意外相關資訊。

6.研習與分析收集資訊。

7.討論及結論。

8.撰寫調查報告。

表7-4列出上列八個任務的說明。

表7-4　調查工作任務說明[5]

任務	說明
1.調查小組	小組應於意外發生後一、兩日內成立，小組成員包括與意外地點或單位工廠相關的技術、生產、研發、工安及環保單位代表
2.初步調查	由資深工業安全師擔任，聽取意外簡報，初步瞭解狀況
3.設定目標，分配工作	決定調查目標，責成小組成員負責，並訂定時間表，限期完成
4.收集意外發生前的客觀狀況	收集流程圖、作業手冊、圖片、操作數據及條件
5.收集及組合與意外相關的資訊	檢視意外發生時及發生後現場所拍攝的照片，與現場目擊者面談，以瞭解意外發生過程及演變，收集損失資訊，工作時，力求客觀，儘量避免主觀的判斷
6.研習與分析收集的資訊	分析意外發生原因、發生過程，並進行現場樣品測試及模擬實驗工作
7.討論及結論	討論調查結果，提出調查結論，提出層次性建議
8.撰寫調查報告	報告內容力求明白清楚

調查報告是調查作業的主要成果，其形成宜力求彈性，內容明白清晰。結論中應避免模稜兩可，語焉不詳的字句，以免混淆視聽。報告應包含下列項目：

1.緒論。

2.意外發生場所或單元工廠描述。

3.意外簡報。

4.調查結果。

5.討論事項。

6.結論。

7.層次性改善建議。

克萊茲氏建議一種將意外發生的原因及改善建議並列的摘要表[6]，此類摘要表不含發生過程的細節，適於高層管理者作為改善工作的依據，**表7-5**列出克氏推薦的，摘要列出意外的調查結果，以供參考。

意外調查小組所需的基本工具為：

1.錄音機、錄影機及照相機。

2.筆、紙、筆記本、繪圖工具、手提式電腦。

表7-5 意外調查結果摘要表[6]

1.意外名稱：
2.主要損失：
3.日期：
4.地點：
5.事件原因及改善建議：

事件原因	改善建議
造成意外的原因或事件 意外發生前的條件、狀況 導致意外發生的步驟或事件發生順序	防止連鎖事件發生的改善建議 ・第一層次 ・第二層次 ・第三層次
管理決策及作業影響 ・ ・ ・ ・	加強訓練、講習、查核的改善建議 ・ ・ ・ ・
造成意外發生前條件或狀況的事件 ・ ・ ・ ・	改善基本設計方法或作業程序的建議 ・ ・ ・ ・

3.軟尺、皮尺、繩索。

4.不同大小的紙袋、公文封，及塑膠袋用以收集現場樣品及證物。

5.個人防護設備，如頭盔、護目鏡、耳塞、安全鞋及防護衣等。

7.9 安全訓練

職工安全訓練是確保員工熟悉安全法規、準則、合理的操作步驟，及適當的緊急應變措施的必須的工作，訓練計畫應具系統性及層次性，所欲達成的目標必須明白地界定，否則極易流於形式化、表面化，徒然浪費人力、物力罷了，訓練方式可分為：

1.課堂講習。

2.現場實習，例如消防、緊急應變措施、疏散等。

3.閱讀資料。

4.定期性安全檢討會議。

5.使用多媒體視聽教材如錄影機、錄音機。

6.電腦模擬。

訓練手冊宜妥善準備，並定期修訂，主要訓練計畫可分為下列三類：

1.新進員工訓練。

2.定期性員工訓練。

3.管理階層訓練。

新進員工訓練，包括安全法規準則介紹、警示訊號辨認、緊急疏散路徑辨識、基本消防、防火常識、工業衛生介紹、衛生及醫療設施、簡單急救箱的使用、危害傳播介紹等，其目的在於協助新進員工瞭解與工作有關的基本安全規定及因應原則；定期性訓練計畫包括安全意識的建立，化工生產製程中的主要危害，如靜電、失火、爆炸、毒性物質排放等介紹，化工生產所需原料、副產品、產品的處理方法及物質安全資料表之研習，緊急應變措施及疏散計畫，個人防護工具，如護目鏡、耳塞、頭盔、防護衣服之使用及選擇，滅火器介紹及使用，現場救火實習、安全設計方法、危害辨識等介紹。

管理階層訓練著重於簡易風險評估方法介紹、安全作業流程、緊急應變計畫、安全管理會議、與意外事件及災變研習等，訓練計畫以一至三年為一週期，反覆舉行，以加強職工印象及效果，訓練紀錄應妥善保存，並列入考評紀錄。

 7.10 消防組織及訓練

　　大型化學工廠往往必須自行設立消防組織，以便及時撲滅火災，**圖7-6**顯示決定自設消防組織的考慮事項[7]，首先必須考慮是否有此必要，例如思考下列一些問題：

1.是否易於發生火災，或者發生火災的機率很高？
2.財產損失及營運停頓所造成的後果？
3.自設消防隊，是否會降低火災所造成的損失？
4.地方公共消防隊是否稱職，可及時趕至失火現場救助？

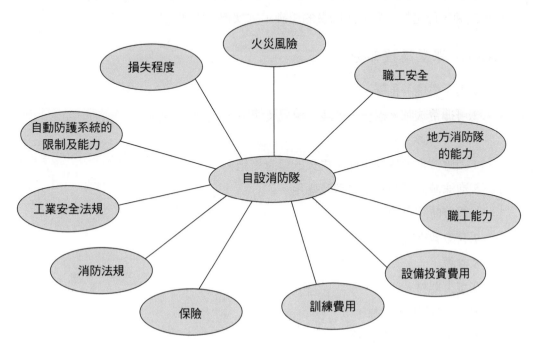

圖7-6　自設消防組織時應考慮的事項[7]

5.現有自動灑水、消防系統或失火／爆炸抑止系統是否周全？

6.自設消防組織後，財物保險費是否降低？

然後再進行費用／利益評估，比較所獲得的利益與所需投資費用，例如：

1.自設消防組織所需費用。

2.訓練員工所需時間。

3.訓練機構及地點。

4.是否會減少火災發生後財產的損失。

任何一個工廠皆必須經過以上的考慮，評估得失，以決定是否有必要自設消防隊，**圖7-7**顯示消防隊的組織。美國消防協會出版的**NFPA 600**（*Private Fire Brigades*）及**NFPA 1500**（*Fire Department Occupational Safety and Health Program*）建議消防隊員每月皆必須接受訓練。

7.10.1 救火訓練課程內容

美國德州農工大學（**Texas A & M University**）定期在校區舉行長達一週的救火訓練，最適於工業消防隊員的培訓，其課程內容如下：

7.10.1.1 課堂講授部分

1.火（燃燒）化學。

2.可攜帶式滅火器——維護、檢視及使用。

3.呼吸防護。

4.因應液化天然氣洩漏、失火的緊急措施。

5.泡沫滅火劑的基本原理及應用。

6.焊接時防火須知。

7.有效救火訓練。

8.檢視。

9.滅火器材。

10.可供使用的資源。

11.水——NFPA第15節。

12.火焰傳布。

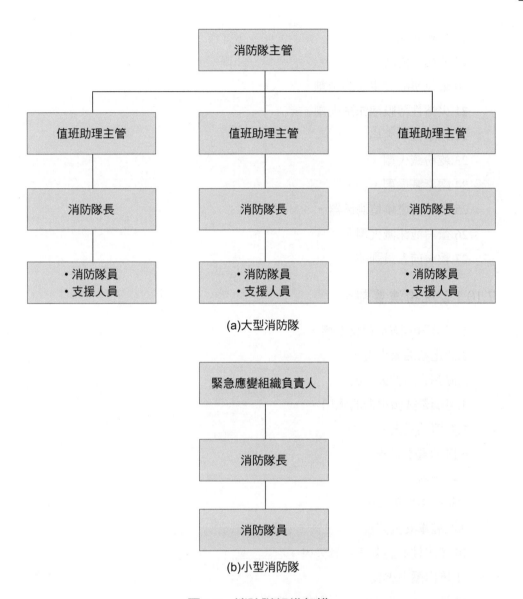

(a)大型消防隊

(b)小型消防隊

圖7-7　消防隊組織架構

13.火災損失。

14.相互支援。

15.緊急企劃。

16.滅火劑。

17.特殊器材及工具。

18.小組討論。

19.連絡、溝通。

20.緊急事故發生前的企劃。

21.火熔性薄膜泡沫滅火劑。

22.以水控制火焰。

23.乾粉滅火劑。

24.鹵素滅火劑。

25.蒸氣及燃燒偵測儀器。

26.蛋白泡沫滅火劑。

27.救火前人員訓練。

7.10.1.2 現場演習部分

1.工業用消防水管及噴嘴。

2.液化石油氣火災。

3.協調式的救火行動。

4.可攜帶式滅火器的應用。

5.充填站失火。

6.自動灑水系統。

7.呼吸器。

8.製程中儲槽失火。

9.油罐車安全裝置。

10.著火性液體泵浦封緘失火。

11.坑內壓力火災。

12.油品潑灑至地面上所引起的火災。

13.頭頂上管線架失火。

14.製程設備——塔、槽、凸緣失火。

15.大型化學工廠火災。

7.10.2 六小時工業消防課程

美國馬里蘭州工業安全及消防專家約翰・朗（John Long）建議一個六小時

的工業消防課程，內容著重於救火車與消防器材的操作[8]，每個月每個救火車上的隊員（四人），必須重複此訓練，值得一般工廠效法。

7.10.2.1 第一小時

  1.將救火車由消防站開至現場，準備泵送消防水。

  2.由加壓儲槽中泵送消防水。

  3.由救火車噴放三百磅乾粉化學滅火劑。

  4.由救火車噴放泡沫滅火劑。

  5.由救火車操作濕水系統。

7.10.2.2 第二小時

  1.找到消防栓，找出2.5英寸管徑消防水軟管。

  2.將2.5英寸軟管套至消防栓管口。

  3.練習噴水。

7.10.2.3 第三小時

  1.重複第二小時實習的步驟。

  2.解釋油槽附設的固定泡沫釋放系統的構造及功能。

7.10.2.4 第四小時

以救火車及手持消防軟管撲滅A級火災。

7.10.2.5 第五小時

以救火車及手持消防軟管撲滅B級火災。

7.10.2.6 第六小時

  1.保持加壓水槽水位。

  2.保持所有軟管清潔及乾燥。

  3.保持救火車清潔。

  4.將車上噴嘴、雲梯、繩索回復原位。

  5.檢視機油、冷卻器，並加填汽油。

6.檢視滅火器，使其恢復至備用狀態。

7.維護救火車車房內的整潔。

 ## 7.11 職業安全管理制度

7.11.1 責任照顧制度

　　責任照顧制度是化學品製造廠商為了確保化學品的安全生產及處置、降低化學物質的運輸及儲存危險，和預防傷害與疾病的發生，並以不斷改善健康、安全、環保績效、增進社會、經濟及環境的利益為指導原則。此制度係1984年由加拿大化學工業協會（CCPA）首先推動，其後美國、英國、澳洲、日本等四十個國家的產業協會相繼成立單一推動組織。我國亦於1998年正式成立「中華民國化學工業責任照顧協會」。

　　責任照顧制度強調「預防重於治療」的重要性，各會員公司不僅嚴格執行管理準則，以「自我評估」、「績效衡量」、「管理系統驗證」等管制品質，並相互支援，分享成功的經驗，建立合夥關係，將制度推展至上、下游業者或其他行業。

　　包含指導原則（Guiding Principles）、管理準則（Codes of Practice）、公眾諮詢委員會（Public Advisory Panel）、會員自我評估（Members Self-Performance）、績效衡量（Measures of Performance）、管理體系的驗證（Management Systems Verification）、執行領導小組（Executive Leadership Groups）、相互支援（Mutual Assistance）、合夥計畫（Partnership Program）、會員義務（Obligation of Membership）等十大要項[8]。茲將十大要項簡述於後：

1.指導原則：由會員公司共同研訂責任照顧制度指導原則，除涵蓋化學工業以安全、衛生與環保為依歸的經營策略，並包括公眾的參與及企業持續改善的承諾。

2.管理準則：依據指導原則所訂定的管理策略，訂定管理準則，包括研究發展、製程安全、緊急應變、社區溝通、化學品運輸、產品保障、配銷、廢棄物管理與減量、危害性廢棄物管理等。

3.公眾諮詢委員會：由公民代表、環保專家、社區領袖等組成，以公正客
　觀的態度擔任公眾與企業的橋樑，監督企業在安全衛生及環境保護的改
　善工作。

4.會員自我評估：會員公司應自我評估各項管理制度，若有不足，則予彌
　補。

5.績效衡量：此為衡量化學工業在安全、衛生與環保方面的改善與努力，
　藉由建立管理準則指導手冊注意事項及查核表，以協助各會員公司執行
　所承諾項目，全面提升可信度，以恢復公眾對企業的信心。

6.管理體系的驗證：由第三適當團體的參與，分別對各國會員廠進行驗
　證，現正由CMA規劃中。

7.執行領導小組：負責召開區域性的會員會議，研商及交換執行責任照顧
　事務經驗。

8.相互支援：藉由區域性的會議，分享他人成功的經驗。

9.合夥計畫：將責任照顧制度推廣至上、下游業者或其他行業。

10.會員義務：會員廠參加制訂各項管理準則及可行性計畫，計畫採用相同
　標題與標誌。

7.11.2 職業安全衛生管理系統

　　職業安全衛生管理系統（OHSAS 18000）係以標準化作業模式推動安全
衛生工作，並強調持續改善，以降低企業的安全衛生的風險與提升總體績效。
此管理系統係由1996年英國標準協會（British Standards Institution, BSI）所頒
布的「BS 8800職業安全衛生標準」所衍生而出。BSI自1998年起，即邀集全
球七大主要驗證機構（BSI、DNV、BVQI、Lloyds、SGS、NSAI、NQA）與
其他標準制定機構，共同制定「OHSAS 18000職業安全衛生評估系列標準」
（Occupational Health and Safety Assessment Series, OHSAS），於1999年4月公
布系列中OHSAS 18001的規範，及2000年2月公布OHSAS 18002指導綱要。此
標準系列不僅成功地整合各驗證機構的觀點，將系統標準化外，還採取與ISO
9001品質管理系統與ISO 14001環境管理系統相同的企劃、設計、控制與行動
（PDCA）的架構，以便利企業整合管理系統[9]。

　　以企業的經營角度而言，系統整合可以降低經費支出、人力投入與資源的

運用。品質、環境與安全衛生雖然不同，但只要詳細規劃，可以與企業的經營管理系統相互整合，藉由PDCA的循環運作，創造「零缺點」的產品及高生產力的「零汙染、零災害」的工作環境。雖然ISO技術管理委員會至今並未接受此系統，但它已普遍為跨國企業所接受。

　　本系統協助事業單位建立、實施、達成、審查及維持企業組織的職業安全衛生政策，以提升安全衛生績效，主要內容包括組織架構、規劃作業、權責、實務、程序、過程及資源。本系列包含OHSAS 18001與18002兩個主要項目，18001為1999年4月公布實施的為驗證用規範，其管理模式如圖7-8所顯示，是企業建立職業安全衛生管理系統的依據與核心標準。18002為2000年2月所公布的指導綱要，為解釋與提供建立OHSAS 18001驗證用規範的導引文件。

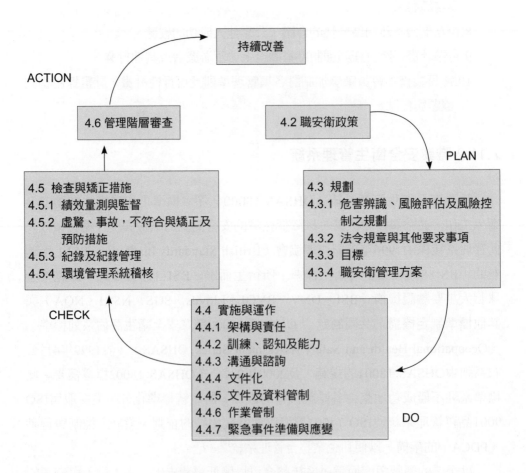

圖7-8　OHSAS 18001管理系統

7.11.3 台灣職業安全衛生管理系統

　　台灣職業安全衛生管理系統TOSHMS（Taiwan Occupational Safety and Health Management Systems），已於2007年12月7日由行政院勞工委員會公布一系列標準。其目的在於創新我國職場安全衛生管理制度，促進勞工安全健康及產業競爭力。行政院勞工委員會並公布「台灣職業安全衛生管理系統驗證規範總說明、指引」及「台灣職業安全衛生管理系統指導綱領總說明」，引導國內將安全衛生管理內化為企業管理之一環，逐步邁向系統化之職業安全衛生管理系統制度發展[10]。

7.11.3.1 TOSHMS驗證規範及激勵

　　為便於國內許多企業已因應市場之需求，正逐步推動OHSAS 18001之驗證作業，行政院勞工委員會鑑於為求周延並滿足企業「獲取國外驗證」與「符合國內規範」之雙重需求，特依循OHSAS 18001：2007之架構及要求，並參考ILO-OSH 2001及TOSHMS指引之相關要求，以及台灣法規而成的，訂定「台灣職業安全衛生管理系統驗證規範」，並結合民間認證及驗證體系，與國際認證系統接軌，建立相互認可機制，使通過TOSHMS驗證者，可視其需求一併取得OHSAS 18001之驗證，以激勵組織建立及推動職業安全衛生管理系統。為便於組織品質、環境及職業安全衛生管理系統之整合，規範已同時考慮CNS 12681（ISO 9001：2000，品質管理）與CNS 14001（ISO 14001：2004，環境管理）標準之相容性。

7.11.3.2 符合勞工安全衛生規範

　　行政院勞工委員會2008年1月9日修正之「勞工安全衛生組織管理及自動檢查辦法」第十二條之二，第一類事業（具顯著風險者之事業）勞工人數在三百人以上之事業單位，應參照中央主管機關所定之職業安全衛生管理系統指引，建立適合該事業單位之職業安全衛生管理系統，並自發布後六個月施行。前項管理系統應包括下列安全衛生事項：

　　1.政策。

　　2.組織設計。

　　3.規劃與實施

4.評估。

5.改善措施。

前兩項安全衛生管理之執行，應留存紀錄備查，並保存紀錄三年。

7.11.3.3 與OHSAS 18001系統模式比較

「台灣職業安全衛生管理系統驗證規範」涵蓋職業安全衛生管理，係用以提供各組織一個有效能之職業安全衛生管理要項，這些要項能夠與其他管理要求事項互相整合，並協助各組織達成職業安全衛生與經濟之各項目標。這些標準與其他標準一樣，本意都不是被用來製造非關稅貿易障礙，或增加或改變組織之法規義務。

從TOSHMS驗證規範與OHSAS 18001：2007的比較來看，TOSHMS是在OHSAS 18001：2007之上，增加要求，但沒有改變職業健康與安全管理系統的架構，也沒有減少任何既存的要求。TOSHMS規範與職業安全衛生管理系統模式如**圖7-9(a)**及**(b)**所顯示。

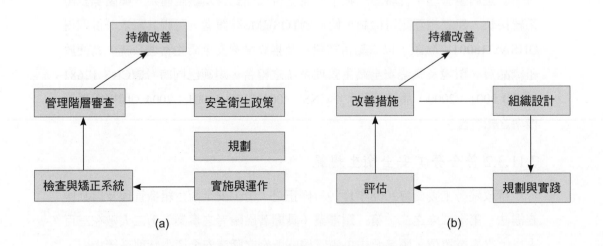

圖7-9　OHSAS 18001：2007(a)與TOSHMS模式(b)比較

參考文獻

1. T. A. Kletz, Grey Hairs Cost Nothing, Presented at 18th *Loss Prevention Symposium*, 1984 AIChE Meeting, Philadelphia, Pennsylvania, August 19-24, 1984.

2. Chemical Manufacturers Association, *Community Awareness and Emergency Response Program*, Washington, D. C., USA. 1985.

3. C. C. Burns and P. M. Armenante, Emergency Preparedness, in *Risk Assessment and Risk Management for the Chemical Process Industry*. Edited by H. R. Greenberg and J. J. Cramer, Van Nostrand Reinhold, New York, USA, 1991.

4. T. A. Kletz, Layered Accident Investigations, *Hydrocarbon Processing*, pp. 372-382, Nov. 1979.

5. A. D. Craven, *Safety and Accident Prevention in Chemical Operations*, Edited by H. H. Fawcett and W. S. Woods, pp. 659-680, 1982. John Wiley & Sons, New York, N.Y., USA.

6. T. A. Kletz, *Learning from Accidents in Industry*, p. 22, Butterworths, Boston, MA, USA, 1988.

7. J. J. Long, Fire Brigde Training, Chapter 10, p. 410, *Fire Protection Manual for Hydrocarbon Processing Plants*, 2nd Edition, Edited by C. H. Vervalin, Gulf Publishing Co., Texas, 1987.

8. 中華民國化學工業責任照顧協會，《責任照顧制度》，2011。

9. 高毅民，〈OHSAS 18001與OHSAS 18002標準條文介紹〉，英國標準協會（British Standards Institute），2000。

10. 勞委會，〈台灣職業安全衛生管理系統指引總說明〉，行政院勞工委員會，2007。

附錄一

簡稱及名詞譯釋

製程安全管理

Chemical Process Safety Management

304

簡稱譯釋

ACGIH	American Conference of Governmental Industrial Hygienists	美國政府工業衛生人員協會
AGA	American Gas Association	美國氣體工業同業公會
AIChE	American Institute of Chemical Engineers	美國化學工程師學會
AIChE-DIERS	American Institute of Chemical Engineers-Design Institute for Emergency Relief Systems	美國化學工程師學會—緊急疏解系統設計院
AIChE-DIPPR	American Institute of Chemical Engineers-Design Institute for Physical Property Data	美國化學工程師學會—物理性質數據設計院
AIHA	American Industrial Hygiene Association	美國工業衛生學會
API	American Petroleum Institute	美國石油協會
ARC	Accelerating Rate Calorimeter	加速率計熱法
ASSE	American Society of Safety Engineers	美國安全工程師學會
CAA	Clear Air Act	美國清潔空氣法案
CAS	Chemical Abstract Service	美國化學文摘服務社
CCF	Common Cause Failure	一般原因所造成的失誤
CCPS	Center for Chemical Process Safety	化學程序安全中心
CERCLA	Comprehensive Environmental Response, Compensation Liability Act	美國綜合性環境應變、補償及責任法案
CFR	Code of Federal Regulation	美國聯邦法規
CMA	Chemical Manufacturers Association	化學製造業同業公會
CPQRA	Chemical Process Quantitative Risk Analysis	計量式化學製程風險分析
DOT	Department of Transportation	美國交通部
EPA	Environmental Protection Agency	環保署
ERPG	Emergency Response Planning Guidelines	緊急應變計畫準則
ETA	Event Tree Analysis	事件（終局）樹分析，事故樹分析
FMEA	Failure Modes and Effects Analysis	失誤模式及後果分析
FMECA	Failure Modes, Effects, and Criticality Analysis	失誤模式、後果及嚴重性分析
FTA	Fault Tree Analysis	失誤樹分析，故障樹分析
HAZOP	Hazard and Operability Study	危害及可操作性分析
HI	Hazard Identification	危害辨識
HE	Hazard Evaluation	危害評析（估）
HEL	High Explosion Limit	爆炸上限
HEP	Hazard Evaluation Procedures	危害評估步驟
HRA	Human Reliability Analysis	人為可靠性分析
IChemE	Institution of Chemical Engineers (United Kingdom)	英國化學工程師學會

ICI	Imperial Chemical Industries	卜內門化學公司
IDLH	Immediately Dangerous to Life and Health	危害物質的立即危險值
LCLo	Lethal Concentration Low	致命濃度下限
LC_{50}	Lethal Concentration, 50% Mortality	50%機率之致命濃度
LD_{50}	Lethal Dose, 50% Mortality	50%機率之致命劑量
LEL	Lower Explosive Limit	爆炸下限
LFL	Lower Flammable Limit	燃燒下限
LPG	Liquefied Petroleum Gas	液化石油氣
MHI	Material Hazard Index	物質危害指數
MSDS	Material Safety Data Sheet	物質安全資料表
MORT	Management Oversight and Risk Tree Analysis	管理疏忽及風險樹分析
NIOSH	National Institute of Occupational Safety and Health	美國國家職業安全衛生研究所
NOAA	National Oceanic and Atmospheric Administration	美國海洋及大氣署
OPA 90	Oil Pollution Act of 1990	1990年美國頒布之油品汙染法案
OSHA	Occupational Safety and Health Administration	職業安全衛生署
POB'S	Polychlorinated Biphenyls	多氯聯苯
PEL	Permissible Exposure Limit	許可暴露限值
PFD	Process Flow Diagram	流程圖
PHA	Preliminary Hazard Analysis	初步危害分析
P & ID	Piping and Instrumentation Diagram	管線及儀器圖
PSM	Process Safety Management	製程安全管理
RCRA	Resource Conservation and Recovery Act	美國資源保存及回收法案
SARA	Superfund Amendments Reauthorization Act of 1986	美國超級基金附加條款及再撥款法案（1986）
SCBA	Self Contained Breathing Apparatus	自閉式呼吸裝置
SHI	Substance Hazard Index	物質危害指數
SIC	Standard Industrial Classification	標準工業類別
STEL	Short Term Exposure Limit	短期暴露限制
TSCA	Toxic Substance Control Act	美國毒品控制法案
TLV	Threshold Limit Value	恕限值
TWA	Time Weighted Average	時間性平均值
UEL	Upper Explosive Limit	爆炸上限濃度
UFL	Upper Flammable Limit	燃燒上限濃度

名詞譯釋

著火及爆炸	
Aeration	充氣
Autoignition Temperature (AIT)	自燃溫度
Combustion or Fire	燃燒或著火
Deflagration	突燃
Detonation	爆震
Easily Liquefied Gas	易液化氣體
Explosion	爆炸
Boiling Liquid, Expanding Vapor Explosion (BLEVE)	沸騰液體膨脹蒸氣爆炸
Confined Explosion	局限性爆炸
Dust Explosion	塵爆
Mechanical Explosion	機械爆炸
Unconfined Vapor Cloud Explosion	非局限性蒸氣雲爆炸
Flash Point (FP)	閃火點
Fire Point	著火點
Flammability Limits (LFL and UFL)	著火限度（下限及上限）
Polymerization	聚合反應
Runaway Polymerization	失控聚合反應
Shock Wave	震波
緊急疏解系統	
Accumulation	積聚（壓）
Blow-Down	排放
Chattering	顫動
Back Pressure	背壓
Blowdown (or reseat) Pressure	排放壓（或返座壓）
Operating Pressure	操作壓
Overpressure	過壓
Maximum Allowable Working Pressure (MAWP)	最高容許的工作壓力
Set Pressure	設定壓
Relief System	疏解系統（釋放系統）
Relief Valve	疏解閥（釋放閥）
Pressure Relief Valve	壓力疏解閥
Safety Valve	安全閥
Safety Relief Valve	安全疏解閥

風險評估	
Accident	意外；造成人類、財產或環境損失的非企劃性（非預期性）事件
Acute Hazard	劇烈性危害；短期暴露所產生的危害
Administrative Control	行政控制；行政措施或人為控制
Basic Event	基本事件
Catastrophic Incident	重大意外；影響波及周圍社區的意外
Cause-Consequence Analysis	因果分析；應用邏輯組合（失誤樹及事件樹模式）以描述可能發生的後果的分析方法
Chronic Hazard	週期性危害；連續性暴露所產生的危害
Consequence	後果、影響；火災、爆炸或毒品洩放等意外事件直接造成的損害
Consequence Analysis	災害後果分析、影響分析
Dow F & E Index	陶氏失火及爆炸指數；陶氏化學公司所發展的化學程序發生火災及爆炸相對危險程度指數
Engineering Control	工程控制；可將程序維持於安全操作狀況或於操作失常時安全停機的軟／硬體系統
Episodic Event	突發性事件；突然發生（非預期或企劃）的短期事件
Episodic Release	突發性的短期排放
Event	事件；人為或機械設備產生的事件
Event Tree	事件樹，事故樹；描述災變發生的事項及情況系統圖
External Event	外在事件；泛指系統（工廠）以外發生的：天災（颱風、地震、火災、龍捲風、雷擊）；人禍（飛機失事、飛彈、火災、蓄意破壞事件）
Failure Mode	失誤模式
Failure Mode and Effects Analysis (FMEA)	失誤模式及後果分析；評析活動或設備失敗的原因、頻率及效應的方法
Failure Tree	失誤樹，故障樹；導致失誤原因的系統圖
Frequency	頻率；單位時間內發生的次數
Hazard	危害；足以造成人體、財產或環境損害的內在性物理／化學特性
Hazard and Operability Analysis (HAZOP)	危害及可操作性分析；確定程序危害及操作問題的非計量式系統分析
Hazard Evaluation	危害評析；程序或活動的危害程度的分析
Hazard Identification	危害辨識物質程序及工廠危害性的辨識
Human Reliability Analysis	人為可靠度分析；分析人類執行任務／工作的可靠度的方法
Incident	意外；可能造成災禍的事件
Likelihood	確度；事件發生的頻率或機率的測量

Mitigation System	干擾災禍蔓延或降低災情後果的設施或系統
Mond Index	蒙得指數；英卜內門公司（ICI）所發展的化學毒性及危害性指數
Quantitative Risk Analysis	危險計量分析；以計量方式分析災禍發生的頻率及後果（危險）的方法
Risk	風險；意外發生的頻率及後果的組合
Risk Assessment	風險評估；評估／分析風險程度
Risk Measures	危險測量；人體受傷或財產損失發生的機率及頻率的組合
Safety System	安全系統；防止意外發生及蔓延的設備或系統
Task Analysis	任務分析；分析人為失誤的方法
Worst Case Consequence	最壞情況（最保守估計）下所可能造成的後果
Worst Credit Incident	可信的最嚴重的意外

附錄二

1970-2009年間化學、石化、煉油與油氣處理業100大意外統計

（The 100 Largest Losses, 1972-2009, Large property damage losses in the hydrocarbon industries, Marsh & Mercer Consultants）

表II-1　1970-2009年間石油、石化工業百件重大工業意外統計　　單位：百萬美金

項次	時間	地點	類型	損失
		煉油廠		
1	9/12/2008	Texas, USA	颶風	750
2	2/18/2008	Texas, USA	火災／爆炸	380
3	8/16/2007	Pascagoula, Mississippi, USA	火災／爆炸	230
4	10/12/2006	Mazeikiu, Lithuania	火災／爆炸	180
5	3/23/2005	Texas, USA	火災／爆炸	270
6	1/4/2005	Fort McMurray, Alberta, Canada	火災／爆炸	160
7	9/26/2003	Tomakomai, Hokkaido, Japan	地震	140
8	11/22/2002	Port of Mohammedia, Morocco	火災／爆炸	180
9	2/7/2002	Shuaiba, Kuwait	產品汙染	210
10	8/14/2001	Lemont, Illinois, USA	火災	210
11	4/23/2001	Carson City, California, USA	火災	170
12	4/9/2001	Wickland, Aruba, Dutch Antilles	火災	230
13	6/25/2000	Mina Al-Ahmadi, Kuwait	火災／爆炸	600
14	8/17/1999	Korfez,Gulf of Izmit, Turkey	地震	300
15	3/251999	Richmond, California, USA	爆炸	170
16	9/1/1998	Pascagoula, Mississippi, USA	颶風	290
17	8/7/1994	Ryazan, Russia	火災／爆炸	170
18	7/24/1994	Pe, Broke, UK	火災	130
19	11/9/1992	La Mede, France	蒸氣雲爆炸	400
20	10/16/1992	Sodegaura, Japan	火災／爆炸	280
21	10/8/1992	Wilmington, California, USA	火災／爆炸	140
22	12/24/1989	Baton Rouge, Louisiana, USA	蒸氣雲爆炸	130
23	9/18/1989	Croix, Virgin Islands, USA	颶風	310
24	4/10/1989	Richmond, California, USA	火災	170
25	5/5/1988	Norco, Louisiana, USA	蒸氣雲爆炸	560
26	4/14/1988	USA	火災／爆炸	170
27	12/13/1984	Amuay, Venezuela	火災	130
28	8/15/1984	Fort McMurray, Alberta, Canada	火災	160
29	7/23/1984	Romeoville, Illinois, USA	爆炸	400
30	9/1/1979	Deer Park, Texas, USA	爆炸	140
31	5/30/1978	Texas City, USA	火災	180
		石化廠		
32	9/12/2008	Texas, USA	颶風	220
33	3/20/2007	Nigata, Japan	火災／爆炸	290
34	4/29/2006	Texas, USA	火災／爆炸	250

項次	時間	地點	類型	損失
35	12/10/2005	Munchsmunster, Germany	爆炸	230
36	4/23/2004	Illipoplis, Illinois, USA	爆炸	180
37	1/20/2004	Gresik, East Java, Indonesia	火災／爆炸	150
38	9/21/2001	Toulouse, France	爆炸	610
39	6/22/1997	Deer Park, Texas, USA	火災／爆炸	210
40	12/13/1994	Port Neal, Iowa, USA	爆炸	240
41	10/20/1994	Cedar Bayou, Texas, USA	機械損壞	220
42	5/27/1994	Belpre, Ohio, USA	爆炸	300
43	6/20/1991	Dhaka, Bangladesh	爆炸	130
44	5/1/1991	Sterlington, Louisiana, USA	火災／爆炸	220
45	3/12/1991	Seadrift, Texas, USA	爆炸	160
46	3/11/1991	Pajaritos, Coatzacoalcos, Mexico	火災／爆炸	170
47	10/23/1989	Pasadena, Texas, USA	蒸氣雲爆炸	1,300
48	3/7/1989	Antwerp, Belgium	爆炸	150
49	2/14/1989	Germany	火災／爆炸	150
50	5/4/1988	Henderson, Nevada, USA	爆炸	580
51	11/14/1987	Pampa, Texas, USA	蒸氣雲爆炸	430
52	7/3/1987	Zwijndrecht, Antwerp, Belgium	爆炸	160
53	5/19/1985	Priolo, Italy	火災	150
54	9/15/1984	Cheshire, UK	火災	130
55	10/21/1980	Newcastle, Delaware, USA	蒸氣雲爆炸	120
56	10/2/1975	Antwerp, Belgium	火災／爆炸	230
57	6/1/1974	Flixborough, UK	蒸氣雲爆炸	250
		氣體工廠		
58	1/19/2004	Skikda, Algeria	火災／爆炸	560
59	7/13/2003	Karachaganak, Kazakhstan	設計／施工不良	150
60	9/25/1998	Longford, Victoria, Australia	爆炸	680
61	12/25/1997	Bintulu, Sarawak, Malaysia	火災／爆炸	430
62	7/26/1996	Cactus, Reforma, Mexico	蒸氣雲爆炸	220
63	8/15/1987	Juaymah, Saudi Arabia	蒸氣雲爆炸	130
64	4/15/1978	Abqaiq, Saudi Arabia	蒸氣雲爆炸	120
65	5/11/1977	Abqaiq, Saudi Arabia	機械損壞	190
66	4/3/1977	Umm said, Qatar	火災	180
		儲運所		
67	7/8/2003	Harare, Zimbabwe	火災／爆炸	290
68	1/31/2002	Raudhatain, Kuwait	火災／爆炸	210
69	3/5/1987	Ecuador	地震	240

項次	時間	地點	類型	損失
70	1/8/1979	Bantry Bay, Ireland	爆炸	210
71	7/8/1977	Fairbanks, Alaska, USA	火災	140
72	1/31/1975	Marcus Hook, USA	火災／爆炸	200
		油井		
73	2009	Angola	火災／爆炸	140
74	8/21/2009	Timor Sea, Australia	油氣噴出	350
75	6/4/2009	Ekofisk, North Sea	碰撞	750
76	10/2/2007	Indonesia	不詳	140
77	11/5/2006	North Sea, Norway	不詳	280
78	4/20/2006	South China Sea, China	設計／施工不良	150
79	7/10/2005	Gulf of Mexico, USA	颶風	290
80	7/10/2004	Mediterranean, Egypt	油氣噴出	230
81	4/15/2003	Esravos, Nigeria	暴動	650
82	1/6/2003	Fort McMurray, Alberta, Canada	火災／爆炸	160
83	8/25/2002	North Sea, Norway	打樁作業	150
84	5/15/2001	Campos Basin, Brasil	火災／爆炸／沉沒	710
85	12/31/2000	North Sea, Norway	設計／施工不良	190
86	11/2/1999	Indonesia	機械損壞	320
87	12/3/1998	Gulf of Mexico, USA	火災／爆炸／沉沒	170
88	3/25/1993	Lama lake, Maraacaibo, Venezuela	火災／爆炸／沉沒	170
89	11/2/1992	North West Shelf, Australia	機械損壞	470
90	8/23/1991	Sleipner, North Sea, Norway	結構失效	720
91	3/19/1989	Baker, Gulf of Mexico, USA	火災／爆炸	750
92	1/20/1989	Treasure Saga, North Sea, Norway	油氣噴出	410
93	12/17/1988	Rowan Gorilla 1, North Atlantic, Canada	機械損壞	170
94	7/7/1988	Piper Alpha, North Sea, USA	火災／爆炸	1,600
95	4/24/1988	Enchova, Campos Basin, Brasil	火災／爆炸	640
96	12/20/1987	Cook Inlet, Alaska, USA	油氣噴出／失火	170
97	11/4/1987	Gulf of Mexico, USA	油氣噴出	270
98	8/26/1986	Japan Sea, Japan	觸地／氣候	150
99	8/1/1975	North Sea, UK	碰撞	210
100	7/1/1975	Fateh L3, Dubai, UAE	油氣噴出	310
小計				29,840

表II-2　1970-2009年間各行業別意外型態與損失

	煉油廠	石化廠	氣體工廠	儲運所	油井	件事小計	財物損失*	平均損失*
火災／爆炸	11	8	2	3	8	32	10,460	327
爆炸	3	10	1	1	0	15	4,340	289
火災	8	2	1	1	0	12	1,980	165
蒸氣雲爆炸	3	4	3	0	0	10	3,660	366
油氣噴出	0	0	0	0	6	6	1,740	290
颶風	3	1	0	0	1	5	1,860	372
機械損壞	0	1	1	0	3	5	1,370	274
地震	2	0	0	1	0	3	680	227
設計／施工不良	0	0	1	0	2	3	490	163
碰撞	0	0	0	0	2	2	960	480
產品遭受污染	1	0	0	0	0	1	210	210
結構失效	0	0	0	0	1	1	720	720
暴動	0	0	0	0	1	1	650	650
觸地／氣候	0	0	0	0	1	1	150	150
打樁作業	0	0	0	0	1	1	150	150
不詳	0	0	0	0	2	2	420	210
總件數	31	26	9	6	28	100	-	-
總損失*	7,940	7,230	2,660	1,290	10,720	-	29,840	298

*單位：百萬美金

表II-3　1970-2009年間每五年意外統計

期間	煉油廠		石化廠		氣體工廠		儲運所		油井		小計	
	件	損失*	件	損失*	件	損失*	件	損失*	件	損失*	件	損失*
1970-1974	0	0	1	250	0	0	0	0	2	520	3	770
1975-1979	2	320	1	230	3	490	3	550	0	0	9	1,590
1980-1984	3	690	2	250	0	0	0	0	0	0	5	940
1985-1989	5	1,340	7	2,920	1	130	1	240	8	4,160	22	8,790
1990-1994	5	1,120	7	1,440	0	0	0	0	3	1,360	15	3,920
1995-1999	3	760	1	210	3	1,330	0	0	2	490	9	2,790
2000-2004	8	1,900	3	940	2	710	2	500	6	2,090	21	6,140
2005-2009	5	1,810	4	990	0	0	0	0	7	2,100	16	490
小計	31	7,940	26	7,230	9	2,660	6	1,290	28	10,720	100	29,840

*單位：百萬美金

附錄三

嚴重化學災變

附錄三詳細描述下列七個代表性的嚴重災變,以供讀者參考:

1. 2005年英國石油公司(British Petroleum)德克薩斯市煉油廠(Texas City refinery)爆炸事件。
2. 2005年英國邦斯菲爾德儲運站(Buncefield Oil Storage Depot)火災。
3. 1990年日本有機過氧化物工廠爆炸事件。
4. 1989年美國菲利浦石油化學公司高密度聚乙烯工廠爆炸事件。
5. 1984年印度博帕市(Bhopal)毒氣事件。
6. 1976年義大利薩維梭(Seveso)事件。
7. 1974年英國傅立克斯鎮(Flixborough)爆炸事件。

一、英國石油公司德克薩斯市煉油廠爆炸事件

(一)摘要

2005年3月23日(星期三)下午一點三十分,美國德州休士頓東南郊40哩的英國石油公司德克薩斯市煉油廠發生爆炸意外,總共造成十五人死亡、一百七十多人受傷,財物損失約美金七億元。死亡人員大都是承攬商J. E. Merritt員工。本意外發生前,汽油異構化工場萃餘油分餾塔(Raffinate Splitter)剛停爐檢修完畢。當進料開爐升溫期間,發生操作異常現象,塔槽壓力驟升三組安全閥全部跳脫排放至排放槽與煙囪。由於排放量太大,部分油液由煙囪頂部像噴泉般噴出。大量噴出的油氣雲遇不明火源後發生約五次巨大燃燒爆炸,烈焰上衝二十多公尺高。爆炸威力遠在5哩(8公里)外都感覺得到,大火歷經兩小時撲滅。

此工廠占地1,200英畝(486公頃),有三十座煉製工場,員工一千六百人。它是BP在北美最大的一座煉油廠,每天煉製四十六萬桶原油,為美國第三大煉油廠。生產汽油、柴油、航空燃油及石化原料等;汽油日生產量超過1,100萬加侖,占BP公司在北美產量的30%,占全美國產量的3%。

(二)事故原因分析

◆直接原因

萃餘油分餾塔開爐升溫期間,壓力急速升高,釋壓閥跳脫大量排放,超出

圖Ⅲ-1　工廠地理位置　　　　　　　　　　圖Ⅲ-2　肇事工場位置

圖Ⅲ-3　異構化工場火災現場

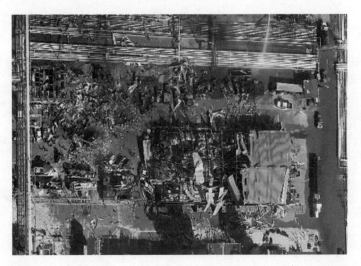

圖III-4　事故附近150呎內遍布工程車輛及承商臨時工作站

F-20之處理負荷，造成部分油氣、油液由其頂部排氣口噴出外洩，F-20噴出外洩之碳氫化物蒸氣雲遇不明火源後，發生燃燒爆炸。

◆ 間接原因

1.不安全環境／狀況

(1)廢氣氣液排放處理系統為開放式，由於沒有密閉，導致大量油液、油氣滿溢及逸散至大氣中，遇火源發生燃燒爆炸。

(2)工場開爐期間，未管制及通知附近機動車輛及承攬商臨時工作站，以致在F-20附近之承攬商臨時工作站之工作人員未警覺。F-20第一次有油氣排出時，警報系統並未作動示警，廠方也未即時通知附近人員緊急疏散，使離F-20最近之工作站內開會討論大修工作的承攬商J. E. Merritt人員傷亡最慘重。

(3)萃餘油分餾塔塔底油液送出流量計指示偏差。事故當日九點五十二分餾塔以20,000桶／天流量進料，當時塔底油液送出至儲槽之液位控制閥為關閉狀態，但流量計仍顯示3,000～4,700 BPD流量，有可能誤導操作人員誤判有油料送出。正常操作液位高約6.5呎（液位計50%），事故發生時萃餘油分餾塔油液已滿溢至第十三層塔盤（油液高137呎），進料層為第三十一層，萃餘油分餾塔塔高164呎，塔盤七十層。

(4)萃餘油分餾塔E-1101液位傳送器、萃餘油分餾塔與廢氣氣液分離槽
F-20高液位警報器不正常。3月20日已申請維修，但事故後查核發現，
至開爐時仍未修復完成，而進行開爐升溫循環。

2.不安全動作／行為

(1)未依開爐步驟與標準作業程序開爐操作。熱循環時以75°F/hr速度升
溫，與SOP 50°F/hr不符，塔底溫度升至302°F，與SOP之275°F不符。

(2)開爐補油循環操作不當，約三小時有補入無送出，造成塔槽油液氾
濫。當塔底控制閥打開送出，進料被大量送出熱油液換熱後，進料溫
度大幅上升，以致造成塔槽內溫度異常上升，壓力隨著異常上衝，塔
槽內氾濫之油液衝出而造成BlowDown & Stack（F-20）無法負荷，而
由Stack頂部噴出排放。

◆基本原因

1.分煉設備系統功能歷經三次修改後，廢氣氣液分離設備F-20未考量排氣
開放處理方式已有潛在危害，而作變更管理（MOC），實施危害分析，
予以改善。E-1101原係用來分離回收二甲苯，1985年改為進料分煉前處
理，自1987年起又改為分離來自ARU之非芳香烴萃餘油中輕／重成分的
分煉設備。

F-20於1950年代設置，當工場操作異常或停爐時，作為直接開放式釋壓
排放高易燃性物質至大氣。當E-1101之功能修改後，未考慮F-20之處理
方式已有潛在危害而作變更管理，實施危害分析而進行修改。

從1995年至2005年3月23日期間，曾發生四次從F-20（BlowDown Drum &
Stack）排放大量可燃性物質，並形成油氣雲，所幸均未被引燃。

(1)1986年與1994年該廠製程安全標準PSS NO. 6顯示：BlowDown & Stack
System（F-20）若仍需要，應改換為以減壓與其他處理單元及H. C.回
收系統相連接，或既有負荷不足時，改為至Flare系統。

目前該廠製程安全標準PSS NO. 6亦顯示：

新的BlowDown Stack直接排放大氣已不被允許；當既有設備負荷不足
時或當既有設備修改時，應改換為以減壓與其他處理單元及H. C.回收
系統相連接，或改為排放至密閉Flare系統。

(2)Amoco於1997年修改主要製程設備時，亦曾提醒建議要修改連接至密

製程安全管理
Chemical Process Safety Management

320

閉燃燒塔系統，但一直未改善。

2.開爐監督管理不當，操作人員緊急應變之能力與操作處理訓練不足。當日白天班值班主管，於開爐升溫關鍵期間離開工作崗位不在場。操作人員未依循SOP開爐操作，操作人員經驗不足被故障不正確液位指示器誤導，高液位警報又故障，使液位累積三小時十五分鐘，造成塔槽油液滿溢及超壓噴出排放，引起火災／爆炸重大事故。

3.E-1101 Raffinate Splitter以往開爐紀錄資料顯示，常發生高液位及高壓現象與油液噴出逸散現象，這些異常開爐現象，BP公司均視為虛驚事件（near miss），未調查處理改善，安全管理有問題。從2000年以來，統計E-1101共十七次開爐過程中，八次塔槽超壓，超過正常壓力值兩倍；數次安全釋壓閥跳脫，十三次液位過高。

4.承攬商臨時工作站之設置，安全評估不周全。依該廠變更管理規定，離製程區350呎內設置承攬商臨時工作站，須提出申請並經過詳細評估及核准。本次事故波及的承攬商臨時工作站共四十座，均設於汽油異構化工場與石油腦脫硫工場及超裂解工場間，甚至死傷最嚴重之Trailer，離F-20僅121呎。這些承攬商臨時工作站都是配合附近的超裂解工場（Ultra Cracking Unit）大修而設，並均依規定提出申請。該區域在1997年就已經做過全面性的評估，2002年又再度做分析研究，當時並未將F-20可能有油氣逸散的潛在因素納入考量，進行評估危害物質形式、潛在引火源及風向等因素。核准在該區設承攬商臨時工作站已成為慣例，而不認為有危害因素存在。

(三)檢討改善及防範措施

1.設備系統功能修改後，F-20應考量潛在危害作變更管理（MOC）實施危害分析，若改排放至密閉回收Flare燃燒系統，並追蹤改善完成，則事故將可避免。

1995年至2005年3月23日期間，發生四次從F-20排放大量可燃性物質，並形成油氣雲。Amoco於1997年修改主要製程設備時，亦曾提醒建議要修改連接至密閉Flare系統，但卻未執行。

該廠製程安全標準PSS NO.6亦顯示：BlowDown Stacks（F-20）直接排放大氣已不被允許，應改至Flare系統。

1992年OSHA提示F-20直接開放式排放可燃性物質至大氣，是不安全的。但此份提示被棄置，F-20未連接至Flare系統。

2.萃餘油分餾塔在液位指示器、液位警報器及控制閥故障狀況下，不應進行開爐操作。何況依以往開爐紀錄，常發生高液位及高壓力現象。開爐補油循環操作，應有質量平衡觀念及進行現場與控制室液位指示校對，掌控液位狀況。3月22日及23日大夜班補油至液位指示100%，3月23日白天班九點五十二分又開始補油點火升溫熱循環，至十二點五十八分系統油液才由塔底送出，共約補油三小時但未送出，以致造成塔槽氾濫，油液滿至第十三層塔盤（進料層為第三十一層）。

3.工場開爐操作期間，應加強附近安全管制。事故現場發現為配合附近超裂解工場大修需求，於ISOM & NDU間設置一些承攬商臨時工作站，甚至設置於離BlowDown & Stack（F-20）僅121呎內。有危害區域之工場或工場開停爐中，應考量危害物質形式、潛在引火源及風向等因素，進行安全管制。US CSB調查發現：離F-20 480呎之Trailer處有人員受傷害，離F-20 600呎之Trailer遭受損傷。BP宣稱將規定設置Trailer須離潛在危害處至少500呎，並遷移非必須之承商工作人員至煉製區外辦公處所。

4.開爐步驟SOP應即時更新，以最新版呈現；開爐時並應依循開爐SOP步驟執行。同時亦應加強員工操作訓練與緊急應變處理能力。

5.開爐進料期間，值班主管人員應在場指揮監督（事故發生後，經BP調查已將該主管開除）。

(四)調查建議

　　英國石油公司接納美國化學安全與危害調查委員會之建議，由前美國國務卿James Baker領導之十二人專案小組，針對Texas City煉油廠安全文化、製程安全管理成效等議題，收集相關製程安全管理資料，於2007年1月完成對製程安全管理有深遠影響之貝克報告「The Report of the BP U.S. Refineries Independent Safety Review Panel」。貝克專案小組向英國石油公司提出十項改善建議，其中最具關鍵的便是製程安全主動式與被動式績效指標，簡言之，即對於製程安全管理與現場操作人員管理，要藉由內外部之交叉查核，讓煉製工廠得以安全運轉操作。

(五)結語

1. 假使BP確實追蹤執行將BlowDown & Vent Stack修改至Flare System，應可減低這事件的嚴重性。依US CSB調查發現：BP於1995年與2002年有機會將Vent Stack修改，但未做。2005年8月4日BP宣稱經查核BP在美國五座煉製工廠中，發現有三套排放煙囪直接將油氣排放大氣中，預定今年年底前將全部改至燃燒塔系統。

2. 承攬商工作站太靠近ISOM工場，尤其離釋放危害物質的煙囪（F-20）只有121呎，這是造成重大傷亡的主要因素。

   US CSB要求美國煉油石化業，須重新思考工作站設置地點。

   US CSB於2005年10月25日發出兩項新的緊急建議給：

   (1) 美國石化貿易組織及API，希望儘速發展出新的安全指引，以建立有危害區域之製程工場，設置Trailer的最小安全距離。

   (2) API & NPRA，希望以快訊通知會員，在API新安全指引未完成前，立刻進行對有危害區域之製程工場附近，設置Trailer的安全位置，須慎重考量。

3. 工場開停爐操作期間，隨時可能有潛在危險，若考量此點因素，將汽油異構化工場附近加強安全管制，禁止機動車輛進入及禁止設置承攬商臨時工作站，則傷亡事故應可大幅降低。

4. 開爐補油熱循環操作時，若操作人員有質量平衡觀念及進行現場與控制室液位指示校對，充分掌控液位狀況，應不會造成塔槽油液氾濫，而衍生事故產生。

5. BP此事故是美國歷年來第三大傷亡事故案例，對煉油及石化業界來講，BP此事故案例方可說是近年來最典型、最值得探討的一件工安事故，其中許多缺失，可能在業界也有相同類似現象，值得大家警惕與借鏡，以防範於未然。

資料來源：1. 台灣中油，〈英國石油公司（British Petroleum）德克薩斯市（Texas City）煉油廠爆炸事件〉，內部職災報告，台灣中油公司，2006。

2. US CSB, Preliminary Findings in BP Texas City Refinery Accident; Investigators Present Data in Public Meeting, 2005.10.27, Chemical Safety Board, Washington, D. C..

二、英國邦斯菲爾德儲運站火災

(一)摘要

　　2005年12月1日（星期日）清晨六點，英國邦斯菲爾德（Buncefield）儲運站發生第一次爆炸，接著於六點二十六分及二十七分發生兩次爆炸，結果導致二十座儲槽（每座容量1.2萬公秉）燃燒，火球高達300呎，濃煙高達10,000呎，爆炸威力相當於2.4級地震。本意外造成四十一人輕傷，二人重傷住院但情況穩定，儲運站嚴重毀壞。財物損失四億美元，如果將賠償、訴訟與調查費用包括在內，

圖Ⅲ-5　意外現場

總損失高達十五億美元。

邦斯菲爾德儲運站發生爆炸燃燒後，附近房子、車子、樹木、玻璃多受波及，M1公路封閉15哩，疏散居民二千人。一百五十位來自二十個鄉鎮消防單位之消防員，動用六具高容量之幫浦，每分鐘以泡沫與32,000公升水混合滅火。火勢於12月13日（星期二）熄滅。

12日，赫德福德郡和倫敦北區已經有二百多所學校關閉，人們擔心直衝雲霄的煙霧會危及人的健康。警方警告，當大火減弱後，半空的灰塵會較接近地面，影響人們的呼吸道，引致咳嗽、眼部敏感及噁心，長者、呼吸病患者及兒童特別易受影響，當局呼籲爆炸現場附近居民留在家中並關好門窗。據悉，有一千二百萬人住在爆炸煙霧的範圍。首當其衝的是在爆炸現場當值的警員，當地醫院表示約二十五名警員感到不適。

當邦斯菲爾德油庫大爆炸釋出的黑煙吹向倫敦時，夾雜濃煙灰塵的「黑雨」可能會嚴重危害英國首都倫敦居民的健康。英國氣象部門發言人表示，「黑雨」降下會汙染草原，可能會危害吃草的牲畜，使英國東南部供應的牛奶含有汙染物質。

(二)位置

邦斯菲爾德油品儲運站位於英國倫敦北方25哩，是航空燃油之主要供應站。它自1968年開始營運，供油量占全英國的5%，儲運量為英國第五位。儲存之油品包括超低硫柴油、無鉛汽油、高級無鉛汽油精、煤油、工業及農業用製氣油、航空燃油等。其中HOSL區由道特爾（TOTAL）英國公司及德士古（Texaco）公司共同投資，股權分別為60%及40%，其餘由BP、Shell及BPA（British Piping Agent）共用。

圖III-6　火場位置　　　　　　　　圖III-7　救災實況

(三)原因

　　純屬意外；據報告指出，該區上空正好有油氣之蒸氣雲，經火花或熱源點燃後，因連鎖反應導致二十座油槽發生火災，點火源仍調查中。燃燒物質為飛機燃油，供應對象為希斯洛國際機場與倫敦周邊另三個中型機場。儲槽結構設置的不合理和防火堤密封性的失效是造成事故範圍擴大的重要因素。

(四)法律責任

　　2010年7月16日，英國法院判處包括道特爾在內的五家英國石油公司為2005年邦斯菲爾德油庫火災負責，五家公司將支付巨額罰款。道特爾公司被罰六百二十萬英鎊、道特爾公司的合資公司赫特福德石油儲存有限公司單獨被罰二百四十五萬英鎊，其他遭罰的公司還有曼澤維爾控制系統有限公司、TAV工程有限公司以及英國管道署有限公司。

　　健康與安全主管戈登‧麥克唐納在法庭宣判後說：「今天五家公司為邦斯菲爾德油庫爆炸承擔責任，爆炸對當地社區和環境造成破壞。環境署和康健與安全部門對爆炸進行了調查，這是英國付出代價最高的油庫爆炸事故，這本不應該發生。」

資料來源：1. 張承明，《國外製程安全相關重大職災探討IOSH99-S502》，台北市：勞工安全衛生研究所，2011年。

　　　　　2. 台灣中油，〈英國邦斯菲爾德儲運站火災〉（Buncefield Oil Storage Depot Fire），內部職災報告，2005。

三、日本有機過氧化物工廠爆炸事件

　　有機過氧化物（Organic Peroxides）可以起始自由根類的聚合反應（Free Radical Polymerization），是化學工業不可缺少的促進劑。90～95%的有機過氧化物應用於聚合反應或聚合物的交連（Cross Linking）。主要的化合物可分為下列四種：(1)烴基過氧化物（Alkyl Peroxides）；(2)雙烴基過氧化物（Dialkyl Peroxides）；(3)過有機酸酐（Diacyl Peroxides）；(4)過氧醚（Peroxyesters）。

表III-1　有機過氧化物的相對危害分類

1. 爆震危害（Detonation Hazard）
   - 過氧二異丙醯（Diisopropyl Peroxy Dicarbonate）（99%未冷凍）
2. 突燃危害（Deflagration Hazard）
   - 過氧化乙醯基（Acetyl Peroxide）（25%；在苯二甲酸甲酯溶液中）
   - 過氧化二苯甲醯（Benzoyl Peroxide）
   - 過氧化異丁酸丁酯（Butyl Peroxy Isobutyrate）（75%在苯溶液中）
   - 過氧化二三級丁基（Di-T-Butyl Peroxide）
3. 火災危害
   - 過氧化二苯甲醯（Benzoyl Peroxide）（50%在矽酮流體中）
   - 過氧化—二（2,4—二氯苯甲醯）（2,4-Dichlorpbenzoyl Peroxide）（50%在矽酮流體中）
   - 三級丁基過氧化氫（T-Butyl Hydroperoxide）（70%及90%）
   - 過苯甲酸三級丁酯（T-Butyl Peroxybenzoate）
   - 環己酮過氧化物（Cyclohexanone Peroxide）（85%，苯二甲酸二丁酯溶液）
   - 過氧化丙基（25%，碳氫化合物溶液）
4. 中度火災危害
   - 枯烯過氧化氫（Cumene Hydroperoxide）
   - 二枯烯過氧化氫（Dicumyl Peroxide）
   - 過氧化月桂醯（Lauryl Peroxide）

資料來源：田村留三，〈過氧化二苯甲醯（BPO）爆炸事件〉，《防火防爆手冊》，技術系統株式會社，東京，1994。

　　由於過氧化物穩定性低，易於分解、爆炸，儲運、使用時必須謹慎，**表III-1**列出商用有機過氧化物的危險分類，以供參考。

　　本文茲介紹發生於日本的爆炸事件，說明其發生原因及防範對策等，藉以吸引讀者的注意。

(一)摘要

　　1990年5月26日上午十時四十一分，東京市內的一個過氧化二苯甲醯（Benzoyl Peroxide, BPO）製造工廠中的分裝作業室內發生爆炸，九人死亡，十七人受傷，房屋、廠房八棟（約900平方公尺）燒燬。

(二)生產流程

　　過氧化二苯甲醯（BPO）為無臭白色結晶固體，熔點在103～105°C之間，

是化學工業常用的聚合起始劑（Polymerization Initiator）、漂白劑、乾燥劑。乾燥粉末加熱至105°C以上時會爆炸；它微溶於水，溶於一般有機溶劑，在受機械摩擦，撞擊，或與濃硫酸、硝酸接觸時會分解而爆炸。

　　過氧化二苯甲醯的合成反應為：

$$\text{COCl} + H_2O_2 + 2NaOH \longrightarrow \text{CD}-\text{O}-\text{OOOC} + 2NaCl + H_2O$$

　　產出率約75%，產品經水洗、在安息香酸甲酯中溶解、結晶後，再加甲醇後，經離心分離、乾燥後分裝。工廠布置圖顯示於**圖Ⅲ-8**中，**圖Ⅲ-9**顯示BPO製造流程。

(三)發生過程

　　爆炸是由BPO分裝室開始的，由於BPO受熱或摩擦撞擊後會產生爆炸，爆炸發生後，引發出一連串的爆炸，八人當場死亡，十七人受傷，八棟廠房炸毀，面積達900平方公尺（**表Ⅲ-2**），工廠西鄰的高橋鑄造公司亦被炸毀。

表Ⅲ-2　燒燬房屋一覽表（BPO工廠）

棟記號	名稱	燒燬面積（m²）
A	庫房、倉庫	15
B	事務所前乾燥室（全燬）	59
C	BPO合成工場（全燬）	198
I	濕體前乾燥室（全燬）	65
J	水分調整室（全燬）	152
K	事務所・食堂（全燬）	271
O、P	分裝室（全燬）	59
—	高橋鑄造公司（全燬）	98

資料來源：田村留三，〈過氧化二苯甲醯（BPO）爆炸事件〉，《防火防爆手冊》，技術系統株式會社，東京，1994。

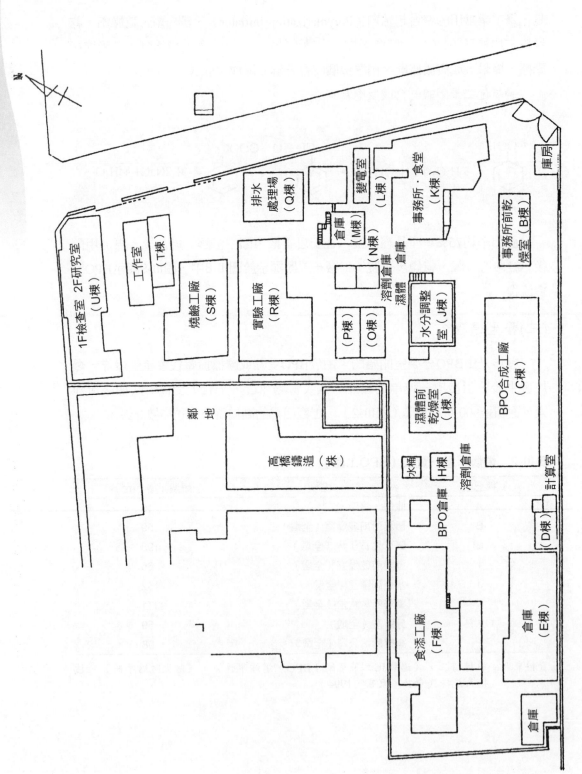

圖III-8　東京過氧化二苯甲醯（BPO）工廠平面圖

資料來源：田村留三，〈過氧化二苯甲醯（BPO）爆炸事件〉，《防火防爆手冊》，技術系統株式會社，東京，1994。

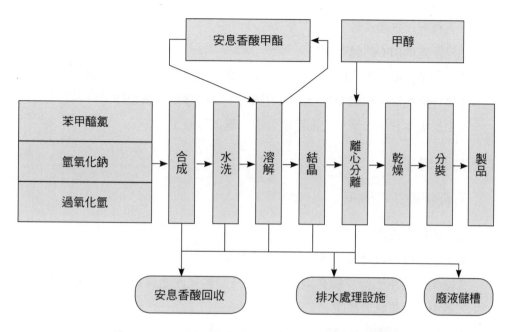

圖III-9　BPO結晶品（純度98%以上）製造過程

資料來源：田村留三，〈過氧化二苯甲醯（BPO）爆炸事件〉，《防火防爆手冊》，技
　　　　　術系統株式會社，東京，1994。

(四)發生原因

　　分裝室內的點火源甚多，例如電子天秤、螢光燈、換氣風扇等皆可能引爆
過氧化二苯甲醯（BPO），調查人員認為造成爆炸的原因不外是下列兩點：

1.由於前段分離、乾燥工作不甚理想，BPO固體裡面夾帶易燃性有機溶
　劑，分裝室內的有機溶劑氣化後與空氣形成易燃性混合氣體，遇靜電或
　其他點火源而引火爆炸，爆炸後又引發室內BPO粉末分解爆炸。
2.BPO在分裝室內受摩擦而分解，分解後的氣體物質充滿分裝室內，遇
　靜電、螢光燈等點火源而引爆。室內一座電子天秤的台車亦可能摩擦
　BPO，而造成其分解。

(五)爆炸擴大的原因

　　爆炸擴大的原因不外下列幾點：

1.BPO結晶體極為細小，表面積大，引火爆炸後，燃燒速度快，現場工作

人員難以逃離疏散。

2.分裝室內BPO內儲存量高。

3.分裝室位於工廠大門附近，爆炸發生後出口堵塞，工作人員難以逃生。

4.爆炸發生後，火焰及設備向四方彈射，又引發出連鎖爆炸。

5.由於場地狹小，廠房之間距離太近，難以隔離災害。

(六)防範對策

防範對策有以下幾項：

1.降低BPO純度。

2.生產設備的設計及製造宜考慮本質安全。

3.乾燥、溶劑去除步驟必須澈底執行，加強室內通風及可燃物質的偵測，避免可燃蒸氣的積滯。

4.加強分裝室的安全設施：

(1)分裝室內使用的電器設備應具防爆功能。

(2)保持室內樑、窗台、機械設備清潔，避免粉塵的堆積。

(3)確保疏散逃生路徑的暢通。

(4)設備表面亦裝設由特殊材質製成的軟墊，以避免撞擊、摩擦或靜電產生。

5.加強分裝作業的安全程度：

(1)分裝用具宜採用軟質材料，並經常保持清潔。

(2)去除及降低可能產生摩擦、撞擊的作業程序。

(3)作業桌檯宜保持適當濕度，加強通風。

(4)工作人員應穿著特殊材質製成的衣、鞋，以避免靜電的產生。

6.儲存的安全措施：

(1)倉庫宜遠離其他設施，並以防爆壁隔離。

(2)倉庫宜保持陰涼。

(3)容器、桶槽的轉倒及搬運必須謹慎，防止桶槽相撞或墜落。

(4)應用防爆的電器設備。

7.加強安全教育。

8.建立安全標準，並澈底執行。

四、美國菲利浦石油化學公司高密度聚乙烯工廠爆炸事件

(一)摘要

　　1989年10月23日位於美國德州帕薩丁納市（Pasadena, Texas, USA）的菲利浦石油化學公司所屬的高密度聚乙烯工廠發生爆炸事件（**圖III-10**），造成二十三人死亡、三百一十四人受傷，爆炸威力相當於10噸的三硝基甲苯炸藥，一時黑煙蔽天，周圍10哩之內皆會感到震波，兩個生產高密度聚乙烯的工廠全部被毀壞，財產損失高達近八億美元。

　　爆炸是由於乙烯原料及異丁烯（催化劑攜帶流體）由高壓（50公斤／平方公分）反應迴路中洩出，形成巨大的蒸氣雲後，遇點火源著火爆炸。至於為何乙烯及異丁烯會由迴路中逸出，雖難有定論，但絕對非操作失誤或蓄意破壞所造成的。最可信的原因為維護工作執行得不夠澈底，以及安全管理不當。美國職業安全衛生署調查報告中，指出廠方作業及管理不合安全規定者，達五十五項之多，應繳交罰款五百七十萬元。工會則將責任推至公司管理階層，因為公司為了降低人事負擔，使用大量臨時合約雇工，合約雇工的經驗及安全訓練皆較正式工會成員為低，易於失誤及疏忽。

圖III-10　美國德州菲利浦石油化學公司聚乙烯工廠爆炸圖

資料來源：*Chemical & Eng. News*, p. 4, Oct. 30, 1989.

由於該工廠產量占美國高密度聚乙烯市場的需求量17%，爆炸後，供應失調，價格上漲約8〜10%。

此事件發生後，震驚美國化學工業界、國會及政府主管機關，因而加速工業安全管理法規之修正，OSHA 1910‧119（化學工廠風險管理系統法規）之迅速頒布及執行與此事件有很大的關係。

(二)場地狀況

美國菲利浦石油化學公司是美國菲利浦石油公司（Philips Petroleum Corp.）附屬的化學公司，發生意外的工廠位於石油及石化中心的德克薩斯州休士頓市（Houston, Texas）近郊帕薩丁納市（Pasadena），附近工廠林立，人口約十萬人，多為工廠員工或支援服務人員，工廠占地面積約330萬平方公尺，主要產品為：

1. 高密度聚乙烯（HDPE）：68萬噸／年。
2. 聚丙烯（PP）：23萬噸／年。
3. 煤油（Kerosene）：8萬噸／年。

從業人員約九百人，其中六百人為合約雇工，三百人為正式員工，流程圖如圖III-11所示，乙烯原料經乾燥、與氫氣混合，再與由異丁烷傳送的觸媒在高壓環狀反應器中聚合，聚合後的固體成品由反應器底部的沉積柱（Settling Legs）的閥釋出。

(三)發生過程

事故發生的前一天（10月22日，星期日），承包維修工作的公司費雪工程公司（Fish Engineering Company）的作業人員已將第六號環狀反應器的六個沉積柱（圖III-12）的三個修護完成，第二天（10月23日）開始維修第四號沉積柱，至中午吃飯時尚未完成，工人即停工進食，下午一時開始工作時，乙烯、異丁烷、氫氣等易燃氣體由聚合物閥洩出，引火而爆炸，其威力約相當於2.4噸TNT炸藥。

爆炸發生十至十五分後，一個容量為75立方公尺的儲槽爆炸，二十五至四十五分後，其他反應器也發生爆炸，噴出大量易燃易爆氣體，總質量約38噸之多，總威力達10噸TNT炸藥，一時黑煙蔽天，周圍10哩之內皆可感覺爆炸震波，兩條生產線全部破壞。

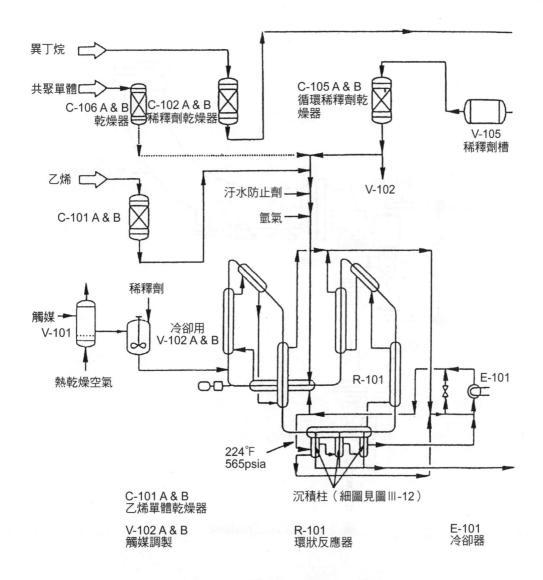

圖III-11　高密度聚乙烯製造流程圖

(四)原因

依據美國職業安全衛生署（OSHA）所召集的由現場技術人員、工業安全、衛生人員、地方主管官員、工業衛生專家所組成的調查小組調查報告，意外發生前現場作業人員於休息時將可燃物質偵測器關閉，由空氣驅動的聚合物閥裝置錯誤。

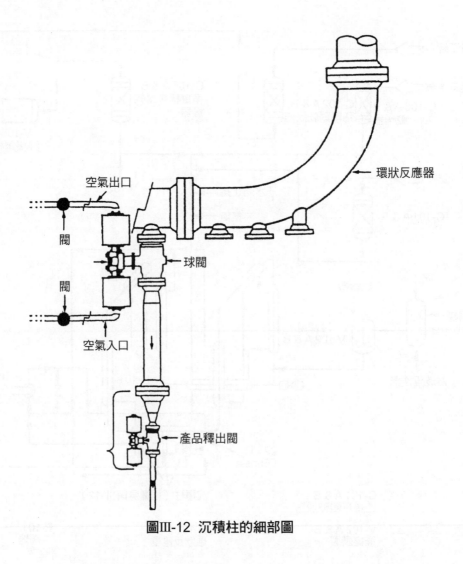

圖III-12 沉積柱的細部圖

可能引燃噴出的易燃性氣體的點火源為:

1.觸媒再生裝置。

2.電銲設備。

3.反應器附近的車輛(十一輛)。

4.控制室後處理工程建築物內的一般電器設備。

5.堆高機。

6.以柴油為冷媒的冷卻系統。

(五)消防

爆炸及火勢維持了十小時之久，消防用水雖然有專用管線，但是化學災害後一部消防泵損壞，水壓不足，難以有效發揮功能，必須由冷卻水塔、池、排水處理槽等水源取水，馬達驅動的消防設備也因電力中斷而無法使用，三台柴油泵浦中，一台因損壞在維修中，一台因燃料不足而停俥，僅有一台派上用場，一直到意外發生後十小時，才將火熄滅。由於災情現場溫度高，設備及結構皆被損壞，陷身在火海中的工作人員難以逃生。

(六)調查結果

OSHA調查小組指出工廠中不合工業安全地方多達五十五項，主要內容可歸類為下列幾項：

1. 風險評估、危害辨識及安全查核工作不澈底。
2. 無防止可燃性物質洩漏的安全對策。
3. 菲利浦化學公司與費雪工程公司從業人員未能澈底執行安全作業準則。
4. 可燃性氣體偵測及警示設備不宜停機，而且應在其他可能外洩的場所增設。
5. 工廠內點火源過多。
6. 儀器室的結構無法抗拒火災及爆炸，而且通風不良。
7. 工廠內消防設施不足。

資料來源：平井純，〈德州高密度聚乙烯工廠爆炸事件〉，《防火防爆對策手冊》，上原陽一與小川輝繁編修，技術系統株式會社，東京，1994。

五、印度博帕市事件

1984年12月3日印度博帕市（Bhopal, India）的化學工廠（**圖III-13**）發生劇毒性氣體外洩，造成兩千餘附近居民的死亡，是最近十年以來最嚴重的化學災變。博帕農藥化學工廠是由美國聯碳公司（Union Carbide Corporation）與地方人士合資經營的。建廠初期，周圍2.5公里之內，並無人居住，由於該工廠是當地主要的雇主，周圍空地逐漸形成住家及商店的聚集地。

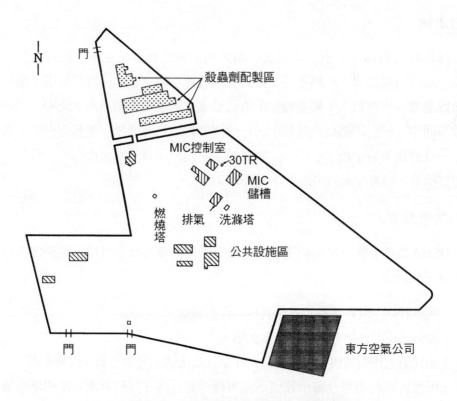

圖III-13　印度博帕市農藥工廠布置圖

資料來源：A. Kalelkar, Investigation of Large-Magnitude Incidents: Bhopal as a Case Study, Preventing Major Chemical and Related Process Accidents, IchemE Symposium Series, No. 110, pp. 553-575, 1988.

　　該化學工廠的主要產品為殺蟲劑，劇毒的異氰酸甲酯（Methyl Isocyanate, MIC）是主要的中間產物之一。異氰酸甲酯揮發性高，反應性極強，易於著火，八小時平均最高暴露限制僅為百萬之零點零二（0.02 ppm）。如果人體接觸濃度超過百萬分之二十一（0.21 ppm），鼻喉即會感到嚴重的刺激，濃度更高時，會因窒息而死亡。

　　異氰酸甲酯在常壓下的沸點僅為39.1℃，其蒸氣密度約為空氣的兩倍，如果蒸氣外洩，會沉浮在地面上；與水接觸，會放出熱量。如果冷卻系統失控，無法及時散熱時，會導致沸騰；因此一般異氰酸甲酯的儲槽皆具冷凍設施。

　　意外發生時，生產異氰酸甲酯的單元工廠由於勞資糾紛並未運轉，但是儲槽中的異氰酸甲酯與水或其他雜質作用，溫度逐漸升高而沸騰，造成壓力的增加及疏解閥釋放。由於壓力疏解系統中的洗滌塔及燃燒塔（**圖III-14**）並未運

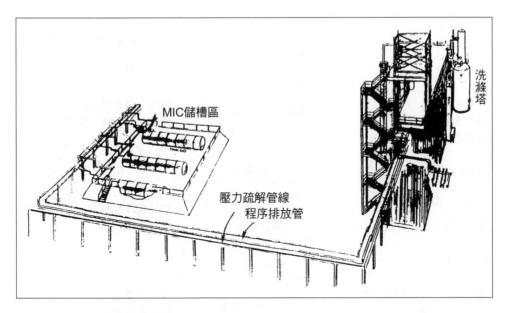

圖III-14　MIC（異氰酸甲酯）儲槽及疏解系統

資料來源：同圖III-13。

轉，約25噸的異氰酸甲酯氣體未經處置，直接排入大氣之中。幾分鐘之內，窒息性的氣體散布至附近城鎮，造成二千餘人的死亡，受傷人數超過二萬人，工廠的員工及設備卻未受損。**圖III-15**顯示意外事件發生的順序。

　　雜質進入儲槽的原因雖不得而知，但是，如果安全檢討工作執行澈底。設計上的缺失及時事先發現，並加以修正，則可防止慘劇的發生，而且如果停機時，將異氰酸甲酯的儲量降低，亦可減少災情。

六、義大利薩維梭事件

(一)摘要

　　薩維梭鎮是距離義大利米蘭市25公里的小鎮，居民約有一萬七千人，1976年7月10日艾克梅沙化學工廠中生產三氯酚（Trichlorophenol）的反應器失去控制，溫度升高產生了四氯雙苯基戴奧辛（2,3,7,8-Tetrachloro-dibenzo-dioxin, TCDD），其中約兩公斤經壓力疏解系統逸入大氣之中，再經雨水進入土壤之中，汙染面積達25平方公里（**圖III-16**）。

條件	事件發生順序	導致情況的條件、事件
人煙稠密		經濟發展及人口壓力
經濟危機 員工穩定性低 危害物儲量大	危險狀況，一般操作 程度 頻率	乾旱：農民收入低，無力購買農藥；政府支持競爭對象
水進入MIC儲槽	失誤事件	
冷凍系統停機 未安裝線上監視儀表	工廠停工 非正常操作	維護管理不良 設計上缺失
控制失常	失誤事件	
壓力升高　防毒面具不足 未使用轉移槽 操作員不具緊急因應能力	質能控制失常 緊急排放	操作管理能力差 操作員訓練不足
完全失控	失誤事件	
洗滌塔停機 燃燒塔停機 水牆低，水力不足	排放控制 洗滌塔及燃燒塔	維護管理能力差 設計缺失
大量劇毒物質排放	失誤事件	
未使用警報器；民眾及地方當局未接受警示；未進行緊急疏散	接觸障礙 物理障礙及距離	緊急應變計畫及管理不足
社區民眾接觸劇毒物質	失誤事件	
未能及時提供醫護人員意外原因及醫療方法	後果 緩和 醫療及其他協助	緊急應變計畫及管理不足
災變，人員傷亡	失誤事件	

圖III-15　博帕市農藥工廠劇毒物質排洩事件發生順序圖

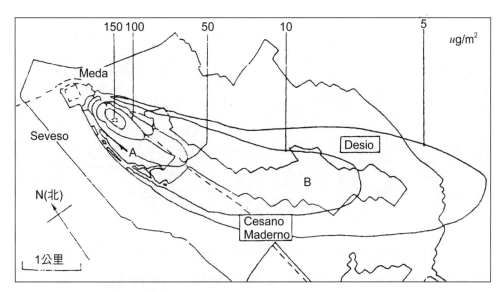

說明：圖中曲線為等濃度線

圖III-16　義大利薩維梭鎮地區遭受TCDD汙染濃度分布圖

　　TCDD是目前公認為最毒的物質，動物實驗的結果顯示，僅需吸取體重十億分之一（10^{-9}）的劑量，即會致命。意外發生時，工廠與地方政府的溝通不良，附近居民未能即時疏散，約二百五十人受傷，汙染嚴重地區目前仍以圍牆包圍，並且嚴禁人員進入。

　　如果設計時考慮過了TCDD逸放的危險，而安裝適當的圍堵設備，則可防範此類意外的發生。

　　此事件的發生引起歐洲共同市場的重視，歐洲共同市場並因此而頒布「薩維梭訓令」。

(二)製程簡介

　　艾克梅沙化學工廠的主要產品為三氯酚（2,4,5-Trichlorophenol），其化學反應如下：

上列反應的副產品為2,3,7,8—四氯雙苯基戴奧辛（2,3,7,8-Tetrachloro-dibenzo-dioxin, TCDD），在正常狀況下，TCDD濃度約10 ppm。

上列反應是在一個容量為一萬公升的真空反應器產生，反應器外裝置水蒸汽盤管，水蒸汽的溫度為190℃，反應器內壁溫度約180℃，反應溫度則控制於135～160℃之間。根據過去的經驗，溫度超過230℃以上，反應會加速而失去控制。

三氯酚的製造過程為批式，所有的步驟在批式反應器中進行，每一反應週期所需時間為十一至十四小時，每步驟所需時間如下：

反應物進料　　　　　　　一小時
反應時間　　　　　　　　四至六小時
溶媒萃取及蒸餾　　　　　三至四小時
水解　　　　　　　　　　十五分鐘
其他（準備、清洗、善後）二至三小時
合計　　　　　　　　　　十一至十四小時

(三)發生經過

1976年7月9日下午四時開始進料,約2,000公斤的四氯苯(TCB),609公斤的苛性鹼(NaOH),1,000公斤的單氯醋酸(ClCH$_2$COOH),進入反應器中,7月10日上午四時四十五分(十三小時後),反應器停止加熱,五時攪拌器停機,此時反應器尚殘留未完全分解的三氯酚,溫度約158℃,遠低於危險溫度(230℃)。上午六時,電源及溫度記錄全部切斷,操作員也因反應全部完成而離開現場,反應器則置於無監視狀態之下。

7月10日上午十二時三十七分,壓力設定於533巴斯噶(4 torr)的爆破盤破裂,白色蒸氣由反應器中逸出,升至三十至五十公尺的高空,隨風飄散,由於當時風是由北向南吹,白色粉霧向工廠南方的住宅區擴散。

依據事後調查結果,總共約2公斤的TCDD散失在大氣之中或沉在地表面上,再經雨水帶入土壤之中,每平方公尺土壤中所含濃度最高達240微克,每平方公尺濃度超過5微克以上的面積高達25平方公里(**圖III-16**)。

(四)原因探討

意外發生於反應完成、加熱及監視儀控系統全部停止後六小時又三十七分,反應失控而造成反應器內壓力上升,導致爆破盤破裂。由**圖III-17**可知,溫度在170～190℃之間時,即有上升的趨勢,溫度到達230℃以後,發熱溫度急速上升,由於裂解反應為放熱反應,會造成溫度的上升,溫度上升後,反應速率加速,兩者相輔相成,反應器內的壓力逐漸升高,終將超過爆破盤的設定壓力,而造成反應器內物質的排放。

然而為什麼反應物質在停機的狀況下,會升高至170～190℃之間呢?依據斯范諾斯氏(T. G. Theofanous)的分析,7月10日為週末,義大利法律規定工廠必須停工,蒸汽鍋爐的負載低,蒸汽壓力雖然仍控制於12巴(1,200 kpa)左右,溫度遠超過正常溫度(190℃),可能高達300℃。反應完成後,加熱蒸汽閥雖然關閉,反應器外壁溫度仍為300℃左右(**圖III-18**),十五分鐘後,攪拌器停機,反應器內液體呈靜止狀態,由反應器上方殼壁傳至液體上部十公分左右的熱量,無法經由攪拌平均分配於所有液體之中,造成上方液體溫度逐漸上升,而導致失控反應的發生。

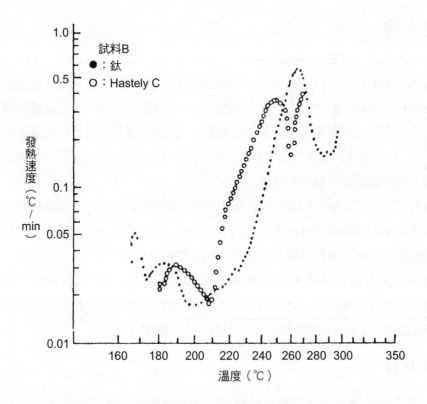

註：由於材質不同，發熱曲線亦異

圖III-17　由加速熱卡計所得的發熱溫度與溫度的關係

(五)防範對策

防範對策可分為下列兩種：

1.蒸氣溫度應控制於190℃以下，以免蒸氣在超熱狀態（Superheated Conditions）供應。反應器外壁的溫度也應監控。

2.爆破盤的出口不宜直接通於大氣之中，應設法以管線收集至處理系統之中。

資料來源：1.上原陽一，〈薩維梭事故〉，《防火防爆對策》，技術系統株氏會社，東京市，1994。

2.T. A. Kletz, *Plant Design for Safety*, Hemisphere Publishing, New York, 1991.

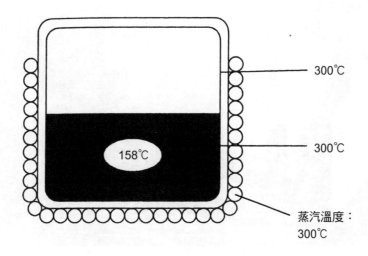

圖III-18　反應器溫度分布圖

七、英國傅立克斯鎮事件

(一)摘要

　　1974年6月發生於英國傅立克斯鎮（Flixborough）尼龍原料工廠的爆炸事件（圖III-19），是有史以來調查最深入的化學災變事件，對於化學工業界及工程界的影響很大，災變發生後，促使政府、工程界開始注意製程安全與運轉。

　　工廠的主要原料為環己烷，其製造程序包括六個串聯式反應器，環己烷先與空氣作用，產生環己酮，再經氧化，形成環己醇。每個反應器的容量為20噸，反應溫度與壓力分別為155℃及7.9大氣壓力。

　　災變前幾個月，第五號反應器有洩漏現象，必須停機修補，為了避免生產停頓，生產部門決定將五號反應器隔絕，再將五號及六號反應器相連。

　　所需連接管線的28英寸不鏽鋼管當時並無庫存，該廠以20英寸管取代，由於口徑減少，截面積僅有所需28英寸管的一半，管內流速增至一倍以上，壓差及張力增加。為了增加管線的彈性，以降低張力的影響，因此在反應器接頭處使用彈性伸縮管。然而，由於管線支撐不足而破裂，30噸的環己烷外洩揮發，形成蒸氣雲後引火爆炸，造成二十八人死亡，三十六人受傷，大火燃燒十日之久，並波及附近社區，損壞一千八百二十一幢房屋及一百六十七間商店工廠，財產損失超過四億美元。

製程安全管理

Chemical Process Safety Management

344

(a)環己烷工場爆炸現場

(b)己內醯胺工場爆炸現場

圖III-19　英國傅立克斯鎮尼龍原料工廠爆炸現場

(二)場地狀況

此工廠由尼龍專業公司（Nypro Co.）所經營，於1967年成立，荷蘭國家礦業公司（DSM）占45%股權，英國國家煤礦理事會（National Coal Board）占45%，Fisons公司占10%。主要產品為己內醯胺（Caprolactam），產量為每年7萬噸。工廠占地約60英畝（**圖III-20**）。舊廠係以酚的氫化法製造，而新廠則以環己烷為原料，經氧化過程，產生環己酮及環己醇，然後再合成己內醯胺。事故發生前，廠內儲存大量的易燃原料，包括33萬加侖環己烷、66,000加侖石油腦、11,000加侖甲苯、26,400加侖苯及460加侖汽油。

空氣、觸媒與環己烷在7.9大氣壓力的反應槽中反應，反應溫度為155℃，由於產出率低，每個反應槽僅產生6%環己酮及環己醇，必須使用六個串聯反應槽，以增加產品的產出率，然後經分餾塔分離，未反應的環己烷再回流至反應槽中心反應（**圖III-21**）。

每個反應槽的高度相差14英寸，液體受重力影響而流動（自R2521至R2526），每個反應槽之間以28英寸不鏽鋼管相連，鋼管與反應槽之間為伸縮軟管，管中僅部分為液體所占，其餘部分為氣體，以平衡壓力。

(三)原因

意外的發生是由於環己烷由第四號與第六號反應塔之間的20英寸管洩出後揮發形成蒸氣雲，著火爆炸。

事變前三個月（1974年3月27日）第五號反應槽（R2525）外槽殼上有一道六公尺長的裂縫，由於小量的環己烷由裂縫中洩出，因此可判斷不鏽鋼製的內槽亦已損壞，廠內高級主管開會決定必須將該槽隔離修補，將第四號與第六號反應槽相連。

這個工作屬於管線的連接，廠中人員並不重視，任由現場修護人員執行，由於當時廠中並無28英寸的不鏽鋼管，現場維修人員決定以三段20英寸管線焊接（成曲折形）（**圖III-22**），然後以凸緣與28英寸管及彈性軟管相連。

在整個維修過程中，沒有一張工程圖出現，工作人員僅使用粉筆在地板上繪出圖形，未經過工程師檢視，也沒有人懷疑是否修改的部分及彈性軟管可以承受管徑縮小後所增加的張力。現場施工及設計人員也未參考任何設計手冊或準則。連接管線是以**圖III-22**所顯示的四個鷹架上的橫桿所支撐，修改工作完成

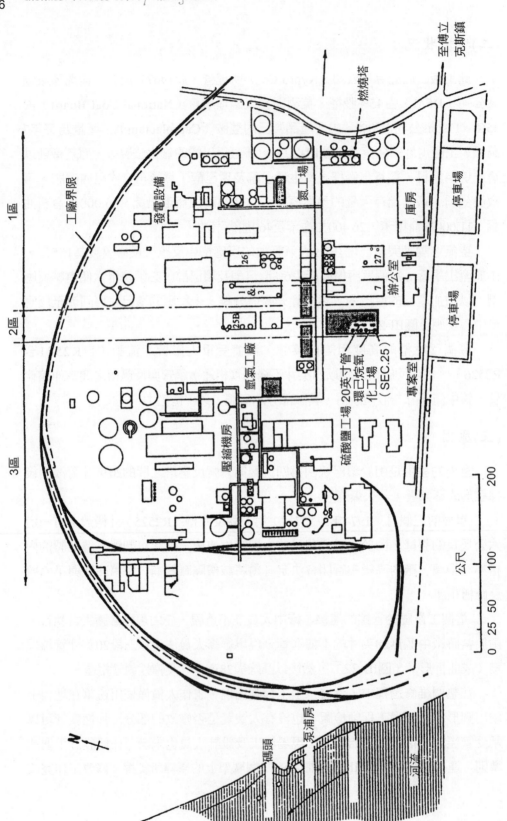

圖III-20 英國傅立克斯鎮尼龍專業公司工廠

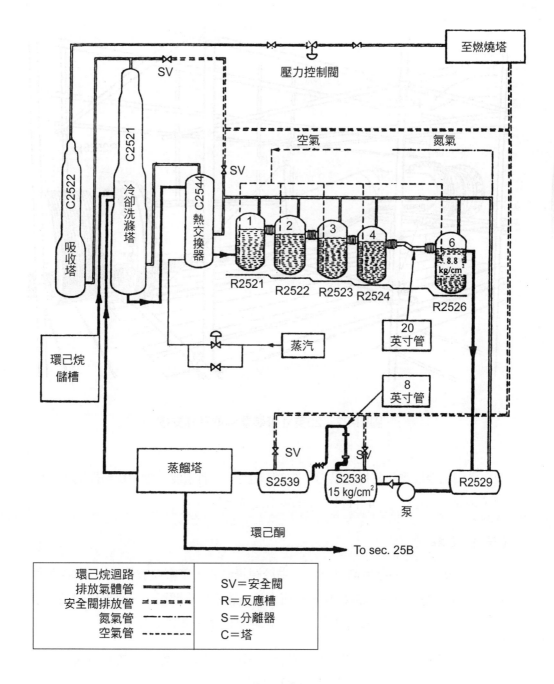

圖III-21 環己烷氧化工場流程

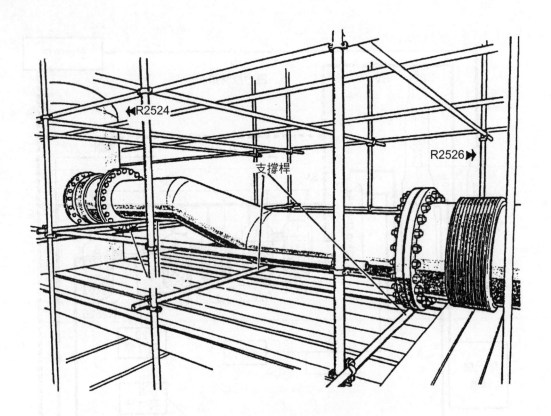

圖III-22　20英寸管裝置例置及其支撐

後，僅測試至反應正常操作壓力（約8大氣壓），而未測試壓力疏解閥的設計壓力（10.6大氣壓力），4月1日工作即恢復正常運轉。

(四)發生經過

5月29日（意外發生前三天），由於視鏡洩漏，工廠停機修護，一直到6月1日才完成維修工作，準備起動，然而由於一連串的小問題，一直無法起動，至下午四點五十三分發生爆炸事件，茲將起動前的情況簡述於後：

上午四時　　　　　　開始進行環己烷循環及蒸氣加熱，由於發現洩漏，馬上停止循環及加熱。

上午五時　　　　　　洩漏停止，開始循環。

上午六時　　　　　　壓力上升至8.2大氣壓（$8.5kg/cm^2$），一號反應槽溫度僅110℃，發現洩漏，停止循環及加熱，由於不產生火

花的工具鎖在櫃中，無法偵測洩漏源。

上午七時	壓力降至4.3大氣壓（4.5kg/cm²），第三班人員上班。
上午十一至十二時	壓力上升至8.9大氣壓（9.2kg/cm²），釋放部分氣體，以降低壓力至8.5大氣壓（8.8kg/cm²）。
下午三時	第三班上班，以後三小時發生情況不得而知，因為控制室內所有工作人員全部陣亡。
下午四時五十三分	爆炸。

爆炸威力在15～45噸TNT炸藥之間，據推測爆炸係氣雲遇著氫氣工廠中的熱源而引發的，爆炸前，現場生還人員曾聽到約兩分鐘長的噪音，可能是由於環己烷的洩漏所引起的。

百分之九十以上的工廠在第一次爆炸即被摧毀，由於儲槽及反應器破裂，大量可燃性液體流出，火勢蔓延30英畝地區，由於火勢及煙幕過大，消防人員必須疏散8哩以外的村民。

(五)消防

本次災變動用二百五十名消防人員，使用5哩長6英寸及2.75英寸消防水管救火，其中十九人在救火中受到火及酸性物質的灼傷，消防工作在6月1日下午十一點停止，當時使用二十二個噴射水頭。兩個環己烷儲槽及兩個反應器在控制下繼續燃燒，一直到6月13日為止。消防人員一直工作至6月19日才離開現場。

(六)調查及立法

此事件發生後，震驚了整個英國，大幅改變了政府及化學工業對於工業安全的態度，英國政府不僅組織了調查小組，深入調查發生的原因、經過及其後果，並且成立了一個嚴重危害顧問委員會（Advising Committee on Major Hazards, ACMH），全面檢討工業危害，並發表三個深遠的報告，提出辨識、認知、去除／降低及評估等四個控制工業危害的原則，並列入法規之中，這四個原則已普遍為工業化國家所接受。

資料來源：FPA, The Flixborough Disaster, Case Histories of Fires, Explosions and Detonations, *Fire Protection Manual for Hydrocarbon Plants*, Vol. 2, 1981.

附錄四

美國工業衛生學會修正的職場環境暴露限值

職場環境暴露限值（Workplace Environmental Exposure Levels, WEEL）

Chemical Name (CAS Number)	8-hr TWA	Ceiling or Short-Term TWA
Acetone Cyanohydrin (75-86-5)	2 ppm, skin	5 ppm, 15 min, skin
Acetophenone (98-86-2)	10 ppm	-
Aldicarb (116-06-3)	0.0001 ppm, skin	-
Allyl Isothiocyanate (57-06-7)	-	1 ppm, 15-min, skin, DSEN
para-Aminobenzoic Acid (150-13-0)	5 mg/m^3	-
Aminotri (Methylenephosphonic Acid) (6419-19-8)	10 mg/m^3	-
n-Amyl Alcohol (71-41-0)	100 ppm	-
Benzaldehyde (100-52-7)	2 ppm	4 ppm, 15-min, DSEN
Benzenesulfonic acid, 5-chloro-2-((2-Hydroxy-1-napthalenyl)-azo)-4-methyl, barium salt (2:1) (5160-02-1)	1 mg/m^3	-
Benzophenone (119-61-9)	0.5 mg/m^3	-
Benzoyl Chloride (98-88-4)	-	5 ppm, ceiling, skin, DSEN
Benzyl Alcohol (100-51-6)	10 ppm	-
4-tert-Butylcatechol (98-29-3)	-	2 mg/m^3 ceiling, skin, DSEN
Butyraldehyde (123-72-8)	25 ppm	-
Chloramphenicol (56-75-7)	0.5 mg/m^3	-
1-Chloro-1, 1-Difluoroethane (75-68-3)	1,000 ppm	-
bis-(2-Chloroisopropyl) Ether (39638-92-9)	3 ppm	-
2-Chloro-1,1,1,2-Tetrafluoroethane (2837-89-0)	1,000 ppm	-
2-Chloropropane (75-29-6)	50 ppm	-
Chlorosulfonic Acid (7790-94-5)	-	0.1 mg/m^3, ceiling
Chlorotrifluoroethylene (79-38-9)a	5 ppm	-
Cumene Hydroperoxide (80-15-9)	1 ppm, skin	-
Decabromodiphenyl Oxide (1163-19-5)	5 mg/m^3	-
1-Decene (872-05-9)	100 ppm	-
Dehydrolinalool (29171-20-8)	2 ppm	-
Diallylamine (124-02-7)	1 ppm, skin	-
Dibromoneopentyl Glycol (3296-90-0)	0.2 mg/m^3	-
Dibutylamine (111-92-2)	-	5 ppm, ceiling, skin
1,1-Dichloro-1-Fluoroethane (1717-00-6)	500 ppm	3,000 ppm, 5-min. STEL
2,4-Dichlorophenol (120-83-2)	1 ppm, skin**	-
Diethylene Glycol (111-46-6)	10 mg/m^3	-
Diethylene Glycol Monoethyl Ether (111-90-0)	25 ppm	

Agent (CAS Number)	8-hr TWA	Ceiling or Short-Term TWA
Diethylbenzenes, mixed isomers (25340-17-4)	5 ppm	-
1,1-Difluoroethane (75-37-6)	1,000 ppm	-
Difluoromethane (75-10-5)	1,000 ppm	-
Diisobutylene (25167-70-8)	75 ppm	-
Dimethylamine (598-56-1)	1 ppm	3 ppm
Dimethyldichlorosilane (75-78-5)	-	2 ppm, ceiling
n, n-Dimethyl-para-toluidine (99-97-8)	0.5 ppm	-
Dimethyl Ether (115-10-6)	1,000 ppm	-
Dimethyl Sulfoxide (67-68-5)	250 ppm	-
Dimethyl Terephthalate (120-61-6)	5 mg/m^3, total	-
Dowtherm Q (612-00-0, 68987-42-8)	1 ppm	-
1,2-Epoxybutane (106-88-7)	2 ppm	-
Erythromycin (114-07-8)	3 mg/m^3	-
Furan (110-00-9)	See Footnote below	-
Glycidyl Methacrylate (106-91-2)	0.5 ppm, skin, DSEN	-
Glyoxal (107-22-2)	0.1 mg/m^3, aerosol	-DSEN
1,4-Hexadiene (592-45-0)	10 ppm	-
1,1,1,3,3,3-Hexafluoropropane (690-39-1)	1,000 ppm	-
Hexamethylene Glycol (629-11-8)	10 mg/m^3	-
1,6-Hexanediamine (124-09-4)	1 ppm	-
Hexanediol Diacrylate (13048-33-4)	1 mg/m^3, DSEN	-
n-Hexyl Alcohol (111-27-3)	40 ppm, eye irritation	-
HFE-7100 (163702-07-6, 163702-08-7)	750 ppm	-
Hydroxybenzoic Acid (99-96-7)	5 mg/m^3	-
Isobutyraldehyde (78-84-2)	25 ppm	-
Isocyanuric Acid (108-80-5)	10 mg/m^3, total; 5 mg/m^3, respirable	-
Isophthalic Acid (121-91-5)	10 mg/m^3, total; 5 mg/m^3, respirable	-
Isoprene (78-79-5)	2 ppm	-
d-Limonene (138-86-3)	30 ppm	-
Lithium Hydroxide (1310-65-2)	-	1 mg/m^3, ceiling
Lithium Oxide (12057-24-8)	-	1 mg/m^3, ceiling
Footnote: Worker exposure by all routes should be minimalized to the fullest extent possible		

Agent (CAS Number)	8-hr TWA	Ceiling or Short-Term TWA
Mancozeb (8018-01-7)	1 mg/m^3, DSEN	-
Melamine (108-78-1)	10 mg/m^3, inhalable 5 mg/m^3, respirable	-
2-Mercaptobenzothiazole (149-30-4)	5 mg/m^3, skin, DSEN	-
Mercaptoethanol (60-24-2)	0.2 ppm, skin	-
3-Methoxypropylamine (5332-73-0)	5 ppm	15 ppm, 15-min.
Methyl Ethyl Ketoxime (96-29-7)	10 ppm, DSEN	-
N-Methyl-2-Pyrrolidone (872-50-4)	10 ppm, skin	-
Methyltrichlorosilane (75-79-6)	-	1 ppm, ceiling
Monochloroacetic Acid (79-11-8)	0.5 ppm, skin	-
l-Octanol (111-87-5)	50 ppm	-
l-Octene (111-66-0)	75 ppm	-
Pentaerythritol Triacrylate (3524-68-3)	1 mg/m^3, DSEN	-
1,1,1,2,2-Pentafluoroethane (3 54-33-6)	1,000 ppm	-
1,1,1,3,3-Pentafluoropropane (460-73-1)	300 ppm	-
2-Phosphono-1,2,4 butanetricarboxylic acid (37971-36-1)	10 mg/m^3, aerosol	-
Picolines (109-06-8; 108-99-6; 108-89-4)	2 ppm, skin	5 ppm, 15-min., skin
Piperidine (110-89-4)	1 ppm, skin	-
Polyethylene Glycols (MW > 200) (25322-68-3)	10 mg/m^3, aerosol	-
Polypropylene Glycols (25322-69-4)	10 mg/m^3, aerosol	-
Potassium Bromate (7758-01-2)	0.1 mg/m^3	-
Propargyl Bromide (106-96-7)	0.1 ppm, skin	-
2-Propenoic Acid, Isooctyl Ester (29590-42-9)	5 ppm	-
Propionaldehyde (123-38-6)	20 ppm	-
Propylene Glycol (57-55-6)	10 mg/m^3	-
Propylene Glycol Monomethyl Ether Acetate (108-65-6)	50 ppm	-
Quinoline (91-22-5)	0.001 ppm, skin	-
Sodium Chloroacetate (3926-62-3)	0.5 ppm	-
Sodium Hypochlorite (7681-52-9)	-	2 mg/m^3, 15 min.
2,3,5,6-Tetrachloropyridine (2402-79-1)	5 mg/m^3	-
Tetrachlorosilane (10026-04-7)	-	1 ppm, ceiling
Tetraethylene Glycol Diacrylate (17831-71-9)	1 mg/m^3, skin	-DSEN
Agent (CAS Number)	**8-hr TWA**	**Ceiling or Short-Term TWA**

Tetraethylene Pentamine (112-57-2)	5 mg/m^3, skin, DSEN	-
1,1,1,2-Tetrafluoroethane (811-97-2)	1,000 ppm	-
2,3,3,3-Tetrafluoropropene (754-12-1)	500 ppm	-
1,3,3,3-Tetrafluoropropylene (1645-83-6)	800 ppm	-
Tetrahydrofurfuryl Alcohol (97-99-4)	0.5 ppm	-
Titanium Tetrachloride (7550-45-0)	0.5 mg/m^3	-
2,4-Toluene Diamine (95-80-7) and mixed isomers (25376-45-8)	0.005 ppm, skin	-
para-Toluenesulfonyl Chloride (98-59-9)	-	5 mg/m^3, ceiling
Trichlorosilane (10025-78-2)	-	0.5 ppm, ceiling
Triethoxysilane (998-30-1)	0.05 ppm	-
Triethylene Glycol Diacrylate (1680-21-3)	1 mg/m^3, skin	-
Triethylenetetramine (112-24-3)	1 ppm, skin	-
Triethylphosphate (78-40-0)	7.45 mg/m^3	-
1,1,1-Trifluoro-2,2-Dichloroethane (306-83-2)	50 ppm	-
1,1,1-Trifluoroethane (420-46-2)	1,000 ppm	-
2,2,2-Trifluoroethanol (75-89-8)	0.3 ppm	-
Trimethoxysilane (2487-90-3)a	0.05 ppm	-
Trimethylamine (75-50-3)	1 ppm	-
Trimethylchlorosilane (75-77-4)	-	5 ppm, ceiling
Trimethylolpropane Triacrylate (15625-89-5)	1 mg/m^3, skin	-
Trimethylolpropane Trimethacrylate (3290-92-4)	1 mg/m^3, skin	-
Trisodium Phosphate (7601-54-9)	-	5 mg/m^3, 15 min.
Urea (57-13-6)	10 mg/m^3	-
Vanillin (121-33-5)	10 mg/m^3	-
Vinylcyclohexene (100-40-3)	1 ppm	-
Vinyltrichlorosilane (75-94-5)	-	1 ppm, ceiling

Bold: Part of 2011 Update Set.

** Absorbed rapidly through the skin in molten or heated liquid form in amounts that have caused rapid death in humans.

附錄五

危害物質的立即危險值（IDLH、NIOSH）、許可暴露限值（PEL、OSHA）、緊急應變計畫準值（ERPGs）、物質危害指數（SHI）、劇烈毒性濃度（ATC）等

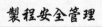

物質名稱	化學摘要編號 Cas No.	30秒立即危險值 IDLH NIOSH, 1995 (註一)	許可暴露限值 PEL OSHA ppm (註二)	許可暴露限值 PEL OSHA mg/m³ (註二)	緊急應變計畫準值-1 ERPG-1 ppm (註三)	緊急應變計畫準值-2 ERPG-2 ppm (註三)	緊急應變計畫準值-3 ERPG-3 ppm (註三)	燃燒下限 LEL (註三)	物質危害指數 SHI (註四)	劇烈毒性濃度 ATC ppmv (註五)	劇烈毒性反應 Acute Toxicity Effects
Acetaldehyde	7784-42-1	2,000 ppm			10	200	1000		6620	150	CDEIKLT
Acetic acid	64-19-7	50 ppm	10	25	5	35	250				
Acetic anhydride	108-24-7	200 ppm			0.5	15	100				
Acetone	67-64-1	2,500 ppm [LEL]	1000	2400							
Acetonitrile	1975-05-08	500 ppm									
Acetylene tetrabromide	79-27-6	8 ppm									
Acrolein	107-02-0	2 ppm	0.1		0.05	0.15	1.5		94000	5	BCEHI
Acrylic Acid	1979-10-07				1	50	250				
Acrylamide	1979-06-01	60 mg/m3		0.3							
Acrylonitrile	107-13-1	85 ppm			10	35	75		2125	57.6	ADIT
Aldrin	309-00-2	25 mg/m3									
Allyl alcohol	107-18-6	20 ppm									
Allylamine	107-11-9								10177	25.6	AEI
Allyl chloride	107-05-1	250 ppm			3	40	300		13000	29	
Allyl glycidyl ether	106-92-3	50 ppm	C10	C 45							
2 Aminopyridine	504-29-0	5 ppm [Unch]									
Ammonia	7664-41-7	300 ppm	50	35	25	150	750		8470	1000	CDEI
Ammonia hydroxide (28%)	1336-21-6								1555	423	CDEI
Ammonium sulfamate	773-06-0	1,500 mg/m3									
n-Amyl acetate	628-63-7	1,000 ppm	100	525							
sec-Amyl acetate		1,000 ppm	125	650							
Aniline	62-53-3	100 ppm [Unch]	5	19							
o-Anisidine	104-94-9	50 mg/m3 [Unch]									
p-Anisidine		50 mg/m3 [Unch]									
Antimony compounds (as Sb)	7440-36-0										

物質名稱	化學摘要編號 Cas No.	30秒立即危險值 IDLH NIOSH, 1995 註一	許可暴露限值 PEL OSHA ppm 註二	許可暴露限值 PEL OSHA mg/m³ 註二	緊急應變計畫準值-1 ERPG-1 ppm 註三	緊急應變計畫準值-2 ERPG-2 ppm 註三	緊急應變計畫準值-3 ERPG-3 ppm 註三	燃燒下限 LEL 註三	物質危害指數 SHI 註四	劇烈毒性濃度 ATC ppmv 註五	劇烈毒性反應 Acute Toxicity Effects
ANTU	86-88-4	50 mg Sb/m3									
Arsenic (inorganic compounds, as)	7440-38-2	100 mg/m3									BCDE
Arsine	7784-42-1	5 mg As/m3	0.05	0.2	NA	25 μg/m3	100 μg/m3			1	
Azinphosmethyl	86-50-0	3 ppm									
Barium (soluble compounds, as Ba)	7440-39-3	10 mg/m3									
Benzene	71-43-2	50 mg Ba/m3			50	150	1000				
Benzoyl peroxide	94-36-0	500 ppm									
Benzoyl chloride	98-88-4				0.3	5	20				
Benzyl chloride	100-44-7	1,500 mg/m3			1	10	50				
Beryllium compounds (as Be)	7440-41-7	10 ppm [Unch]			NA	25 μg/m3	100 μg/m3				
Bis(Chloromethyl)ether	542-88-1				ID	0.1	0.5				
Boron oxide	1303-86-2	4 mg Be/m3		15							
Boron tribromide	10294-33-4								1447	50	CEI
Boron trifluoride	7636-07-02	2,000 mg/m3	C 1	C 3	2 μg/m3	30 μg/m3	100 μg/m3			3.86	CEI
Bromine	7226-95-6	25 ppm	0.1	0.7	0.1	0.5	5				
Bromoform	75-25-2	3 ppm	0.5	5							
Bromine pentafluoride	7789-30-4								45132	10	CEI
1,3-Butadiene	106-99-0	850 ppm						20,000			
2-Butanone	78-93-3	2,000 ppm [LEL]	200	590	10	200	5000				
2-Butoxyethanol	111-76-2	3,000 ppm [Unch]	50	240							
n-Butyl acetate	123-86-4	700 ppm [Unch]			5	200	3000	17000			
sec-Butyl acetate	105-46-4	1,700 ppm [LEL]									
tert-Butyl acetate	540-88-5	1,700 ppm [LEL]									
n-Butyl acrylate	141-32-2				0.05	25	250				
n-Butyl alcohol	71-36-3	1,500 ppm [LEL]	100	300							
sec-Butyl alcohol	78-92-2	1,400 ppm [LEL]									
tert-Butyl alcohol	75-65-0	2,000 ppm									

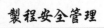

物質名稱	化學摘要編號 Cas No.	30秒立即危險值 IDLH NIOSH, 1995 (註一)	許可暴露限值 PEL OSHA ppm (註二)	許可暴露限值 PEL OSHA mg/m³ (註二)	緊急應變計畫準值-1 ERPG-1 ppm (註三)	緊急應變計畫準值-2 ERPG-2 ppm (註三)	緊急應變計畫準值-3 ERPG-3 ppm (註三)	燃燒下限 LEL (註三)	物質危害指數 SHI (註四)	劇烈毒性濃度 ATC ppmv (註五)	劇烈毒性反應 Acute Toxicity Effects
n-Butylamine	109-73-9	1,600 ppm	C 5	C15							
tert-Butyl chromate	1189-85-1	300 ppm									
n-Butyl glycidyl ether	2426-08-06	15 mg Cr(VI)/m3									
n-Butyl isocyanate	111-36-4	250 ppm			0.01	0.05	1				
n-Butyl mercaptan	109-79-5	500 ppm	10	35							
p-tert-Butyltoluene	98-51-1	100 ppm									
Cadmium dust (as Cd)	7440-43-9	9 mg Cd/m3									
Cadmium fume (as Cd)		9 mg Cd/m3[Unc									
Calcium arsenate (as As)	7778-44-1	5 mg As/m3									
Calcium carbonate	1317-65-3		-	15							
Calcium oxide	1305-78-8	25 mg/m3									
Camphor (synthetic)	76-22-2	200 mg/m3									
Carbaryl	63-25-2	100 mg/m3									
Carbon black	1333-86-4	1,750 mg/m3									
Carbon dioxide	124-38-9	40,000 ppm	5000	9000							
Carbon disulfide	75-15-0	500 ppm [Unch]			1	50	500				
Carbon monoxide	630-08-0	1,200 ppm			200	350	500			571	ADKL
Carbon tetrachloride	56-23-5	200 ppm			20	100	750				
Chlordane	57-74-9	100 mg/m3							330000	20	
Chlorinated camphene	8001-35-2	200 mg/m3									
Chlorinated diphenyl oxide	31242-93-0	5 mg/m3									
Chlorine	7782-50-5	10 ppm	C 1	C3	1	3	20				
Chlorine dioxide	10049-04-4	5 ppm	0.1	0.3	NA	0.5	3			20	
Chlorine trifluoride	7790-91-2	20 ppm [Unch]	C 0.1	C 0.4	0.1	1	10			9.6	
Chloroacetaldehyde	107-20-0	45 ppm	C 1	C 3							
alpha-Chloroacetophenone	532-27-4									9.6	CEI
Choloracetyl chloride	79-04-09				0.05	0.5	10				

物質名稱	化學摘要編號 Cas No.	30秒立即危險值 IDLH NIOSH, 1995 註一	許可暴露限值 PEL OSHA ppm 註二	許可暴露限值 PEL OSHA mg/m³ 註二	緊急應變計畫準值-1 ERPG-1 ppm 註三	緊急應變計畫準值-2 ERPG-2 ppm 註三	緊急應變計畫準值-3 ERPG-3 ppm 註三	燃燒下限 LEL 註三	物質危害指數 SHI 註四	劇烈毒性濃度 ATC ppmv 註五	劇烈毒性反應 Acute Toxicity Effects
Chlorobenzene	108-90-7	15 mg/m3	75	350							
o-Chlorobenzylidene malononitrile	2698-41-1	1,000 ppm			0.005 µg/m²	0.1 µg/m³	25 µg/m3				
Chlorobromomethane	74-97-5	2 mg/m3 [Unch]	200	1050							
Chlorodiphenyl (42% chlorine)	53469-21-9	2,000 ppm									
Chlorodiphenyl (54% chlorine)		5 mg/m3									
Chloroform	67-66-3	5 mg/m3 [Unch]	C 50	C 240	NA	50	5000				
Chloromethyl ether	107-30-2				NA	1	10		45933	5.5	CEI
1-Chloro-1-nitropropane	600-25-9	500 ppm									
Chloropicrin	1976-06-02	100 ppm			0.075	0.15	1.5		6579	4	BCEI
beta-Chloroprene	126-99-8	2 ppm							1419	166	ACDEIKL
Chlorosulfonate acid	7790-94-5				2mg/m3	10mg/m3	30mg/m3				
Chlorotrifouoroethylene	79-38-9				20	100	300				
Chromic acid and chromates	1333-82-0	300 ppm									
Chromium (II) compounds [as Cr(II)]		15 mg Cr(VI)/m3									
Chromium (III) compounds [as		250 mg Cr(II)/m3									
Chromium metal (as Cr)	7440-47-3	25 mg Cr(III)/m3									
Coal tar pitch volatiles	65996-93-2	250 mg Cr/m3									
Cobolt hydrocarbonyl	16842-03-8				ID	0.9 m/m3	3 mg/m3				
Cobalt metal, dust and fume (as Co)	7440-48-4	80 mg/m3									
Copper (dusts and mists, as Cu)	7440-50-8	20 mg Co/m3									
Copper fume (as Cu)	1317-38-0	100 mg Cu/m3									
Cotton dust (raw)		100 mg Cu/m3									
Crag (r) herbicide	136-78-7	100 mg/m3									
Cresol (o, m, p isomers)		500 mg/m3									
Crotonaldehyde	4170-30-3	250 ppm [Unch]			0.2	5	15		5981	6.6	CDEI
Cumene	98-82-8	50 ppm									
Cyanides (as CN)		900 ppm [LEL]									

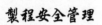

物質名稱	化學摘要編號 Cas No.	30秒立即危險值 IDLH NIOSH, 1995 (註一)	許可暴露限值 PEL OSHA ppm (註二)	許可暴露限值 PEL OSHA mg/m³ (註二)	緊急應變計畫準值-1 ERPG-1 ppm (註三)	緊急應變計畫準值-2 ERPG-2 ppm (註三)	緊急應變計畫準值-3 ERPG-3 ppm (註三)	燃燒下限 LEL (註三)	物質危害指數 SHI (註四)	劇烈毒性濃度 ATC ppmv (註五)	劇烈毒性反應 Acute Toxicity Effects
Cyanogen chloride	460-19-5									35	ACI
Cyanogen chloride	506-77-4	25 mg/m3 (as CN)			NA	0.4	4			4.8	ACEI
Cyclohexane	110-82-7	1,300 ppm [LEL]									
Cyclohexanol	108-93-0	400 ppm									
Cyclohexanone	108-94-1	700 ppm									
Cyclohexene	110-83-8	2,000 ppm									
Cyclopentadiene	542-92-7	750 ppm									
2,4-D	94-75-7	100 mg/m3									
DDT	50-29-3	500 mg/m3	-	1							
Decaborane	17702-41-9	15 mg/m3									
Demeton	8065-48-3	10 mg/m3									
Diacetone alcohol	123-42-2	1,800 ppm [LEL]									
Diazomethane	334-88-3	2 ppm [Unch]								10	CEI
Diborane	19287-45-7	15 ppm			NA	1	3			2.9	BDEIT
Dibutyl phosphate	107-66-4	30 ppm									
Dibutyl phthalate	84-74-2	4,000 mg/m3									
Dichloroacetylene	7572-29-4								346260	1.9	DEKL
o-Dichlorobenzene	95-50-1	200 ppm									
p-Dichlorobenzene	106-46-7	150 ppm									
Dichlorodifluoromethane	75-71-8	15,000 ppm									
1,3-Dichloro 5,5-dimethylhydantoin	118-52-5	5 mg/m3									
1,1-Dichloroethane	75-34-3	3,000 ppm									
1,2- Dichloroethane	107-06-2				50	200	300				
1,2-Dichloroethylene	75-35-4	1,000 ppm									
Dichloroethyl ether	111-44-4	100 ppm	C15	C 90							
Dichloromonofluoromethane	75-43-4	5,000 ppm									
1,1-Dichloro 1-nitroethane	594-72-9										

物質名稱	化學摘要編號 Cas No.	30秒立即危險值 IDLH NIOSH, 1995 註一	許可暴露限值 PEL OSHA ppm 註二	許可暴露限值 PEL OSHA mg/m³ 註二	緊急應變計畫準值-1 ERPG-1 ppm 註三	緊急應變計畫準值-2 ERPG-2 ppm 註三	緊急應變計畫準值-3 ERPG-3 ppm 註三	燃燒下限 LEL 註三	物質危害指數 SHI 註四	劇烈毒性濃度 ATC ppmv 註五	劇烈毒性反應 Acute Toxicity Effects
2,4-Dicholorphenol	120-83-2										
Dichlorosilane	4109-96-0	25 ppm			0.2	2	20		56000	27.2	CEI
Dichlorotetrafluoroethane	76-14-2	15,000 ppm									
Dichlorvos	62-73-7	100 mg/m3									
Dicyclopentadiene	77-73-6				0.01	5	75				
Dieldrin	60-57-1	50 mg/m3									
Diethylamine	109-89-7	200 ppm							1493	167.4	CEKL
2-Diethylaminoethanol	100-37-8	100 ppm									
Difluorodibromomethane	75-61-6	2,000 ppm									
Diglycidyl ether	2238-07-05	10 ppm									
Diisobutyl ketone	108-83-8	500 ppm									
Diisopropylamine	108-18-9	200 ppm									
Diketone	674-82-8				1	5	20				
Dimethyl acetamide	127-19-5	300 ppm									
Dimethylamine	124-40-3	500 ppm			0.6	100	350		8360	201	CEI
Dimethyl dichlorosilane	75-78-5				2	10	75				
Dimethyl disulfide	624-92-0				0.01	50	250				
N,N-Dimethylaniline	121-69-7	100 ppm [Unch]									
Dimethyl 1,2-dibromo 2,2-	300-76-5	200 mg/m3									
Dimethylformamide	68-12-2	500 ppm			2	100	200				
1,1-Dimethylhydrazine	54-14-7	15 ppm							7879	17.2	BCEIKLST
Dimethylphthalate	131-11-3	2,000 mg/m3									
Dimethyl sulfide	75-18-3										
Dimethyl sulfate	77-78-1	7 ppm			0.5	100	5000				
Dinitrobenzene (o, m, p isomers)											
Dinitroocresol	534-52-1	50 mg/m3									
Dinitrotoluene	25321-14-6	5 mg/m3 [Unch]									

物質名稱	化學摘要編號 Cas No.	30秒立即危險值 IDLH NIOSH, 1995 註一	許可暴露限值 PEL OSHA ppm 註二	許可暴露限值 PEL OSHA mg/m³ 註二	緊急應變計畫準值-1 ERPG-1 ppm 註三	緊急應變計畫準值-2 ERPG-2 ppm 註三	緊急應變計畫準值-3 ERPG-3 ppm 註三	燃燒下限 LEL 註三	物質危害指數 SHI 註四	劇烈毒性濃度 ATC ppmv 註五	劇烈毒性反應 Acute Toxicity Effects
Di sec-octyl phthalate	117-81-7	50 mg/m3									
Dioxane	123-91-1	5,000 mg/m3									
Diphenyl	92-52-4	500 ppm									
Dipropylene glycol methyl ether	34590-94-8	100 mg/m3									
Dowtherm J	25340-17-4				10	100	500				
Dowtherm Q	68987-42-8				ID	150 mg/m3	ID				
Endrin	72-20-8	600 ppm	-	15							
Epichlorohydrin	106-89-8	2 mg/m3			1800	3300	NA				
EPN	2104-64-5	75 ppm									
Ethanolamine	141-43-5	5 mg/m3									
2-Ethoxyethanol	110-80-5	30 ppm									
2-Ethoxyethyl acetate	111-15-9	500 ppm									
Ethyl acetate	141-78-6	500 ppm	400	1400							
Ethyl acrylate	140-88-5	2,000 ppm [LEL]	25	100	0.01	30	300				
Ethyl alcohol	64-17-5	300 ppm			1800	3300	NA	33000			
Ethylamine	75-04-07	3,300 ppm [LEL]									
Ethyl benzene	100-41-4	600 ppm							9340	123	CDEIKL
Ethyl bromide	74-96-4	800 ppm [LEL]									
Ethyl butyl ketone	106-35-4	2,000 ppm									
Ethyl chloride	75-00-3	1,000 ppm									
Ethyl chloroformate	541-41-3										
Ethylw mercaptan	1975-08-01				ID	5	10				
Ethylene chlorohydrin	107-07-3	3,800 ppm [LEL]	C 10	C 25							
Ethylenediamine	107-15-3	7 ppm	5	16							
Ethylene dibromide	106-93-4	1,000 ppm									
Ethylene dichloride	107-06-2	100 ppm									
Ethylene glycol dinitrate	628-96-6	50 ppm									

物質名稱	化學摘要編號 Cas No.	30秒立即危險值 IDLH NIOSH, 1995 (註一)	許可暴露限值 PEL OSHA ppm (註二)	許可暴露限值 PEL OSHA mg/m³ (註二)	緊急應變計畫準值-1 ERPG-1 ppm (註三)	緊急應變計畫準值-2 ERPG-2 ppm (註三)	緊急應變計畫準值-3 ERPG-3 ppm (註三)	燃燒下限 LEL (註三)	物質危害指數 SHI (註四)	劇烈毒性濃度 ATC ppmv (註五)	劇烈毒性反應 Acute Toxicity Effects
Ethyleneimine	151-56-4	75 mg/m3							8421	25	BCDIKT
2-Ethyl hexanol	104-76-7										
Ethylene oxide	75-21-8	100 ppm [Unch]			0.1	100	200			83.6	DEIT
Ethyl ether	60-29-7	800 ppm [Unch]			NA	50	500				
Ethyl formate	109-94-4	1,900 ppm [LEL]									
Ethylidence norbornene	16219-75-3				0.2	100	500				
Ethyl mercaptan	75-08-01	1,500 ppm							2100	277	CEIKL
N-Ethylmorpholine	100-74-3	500 ppm									
Ethyl silicate	78-10-04	100 ppm									
Ferbam	14484-64-1	700 ppm									
Ferrovanadium dust	12604-58-9	800 mg/m3									
Fluorides (as F)		500 mg/m3									
Fluorine	7782-41-4	250 mg F/m3			0.5	5	20			17	CEIKL
Fluorosulfonic acid	7789-21-1				2 mg/m3	10 mg/m3	30 mg/m3				
Fluorotrichloromethane	75-69-4	25 ppm [Unch]									
Formaldehyde	50-00-0	2,000 ppm			1	10	40		220000	7.5	DEIT
Formic acid	64-18-6	20 ppm			3	25	250				
Furfural	98-01-01	30 ppm [Unch]			0.2	10	100		151000	4.3	ADEI
Furfuryl alcohol	98-00-0	100 ppm									
Gasoline	86290-81-5				200	1000	4000	14000			
Gluteraldehyde	111-30-8				0.2	1	5				
Glycidol	556-52-5	75 ppm									
Graphite (natural)	7782-42-5	150 ppm									
Hafnium compounds (as Hf)	7440-58-6	1,250 mg/m3									
HCFC-123	306-83-2				ID	1000	10000				
HCFC-124	2837-89-0				1000	5000	10000				
HCFC-142b	75-68-3				10000	15000	25000	60000			

物質名稱 Substance	化學摘要編號 Cas No.	30秒立即危險值 IDLH NIOSH, 1995 註一	許可暴露限值 PEL OSHA ppm 註二	許可暴露限值 PEL OSHA mg/m³ 註二	緊急應變計畫準值-1 ERPG-1 ppm 註三	緊急應變計畫準值-2 ERPG-2 ppm 註三	緊急應變計畫準值-3 ERPG-3 ppm 註三	燃燒下限 LEL 註三	物質危害指數 SHI 註四	劇烈毒性濃度 ATC ppmv 註五	劇烈毒性反應 Acute Toxicity Effects
Heptachlor	76-44-8	50 mg Hf/m3									
n-Heptane	142-82-5	35 mg/m3	500	2000							
Hexachlorobutadiene	87-68-3										
Hexachloroethane	67-72-1	750 ppm									
Hexachloronaphthalene	1335-87-1	300 ppm [Unch]			1	3	10				
Hexafluoroacetone	684-16-2				NA	1	50			27.5	EIKLT
Hexafluoropropylene	116-15-4				0.1	50	500				
n-Hexane	110-54-3	2 mg/m3 [Unch]	500	1800							
2-Hexanone	591-78-6	1,100 ppm [LEL]			NA	500	5000				
1-Hexene	592-41-6							12000			
Hexone	108-10-1	1,600 ppm									
sec Hexyl acetate	108-84-9	500 ppm									
HFC 152 a	75-37-6				10000	15000	25000				
Hydrazine	302-01-2	500 ppm	1	1.3	0.5	5	30				
Hydrobromic acid (62%)	10035-10-6								2100	50	CEI
Hydrogen bromide	10035-10-6	50 ppm								50	CEI
Hydrogen chloride	7647-01-0	30 ppm	C 5	C 7	3	20	150		410000	102.1	CEI
Hydrogen cyanide	74-90-8	50 ppm	10	11	NA	10	25				
Hydrogen fluoride (as F)	7664-39-3	50 ppm [Unch]			0.2	20	50				
Hydrogen peroxide	7722-84-1	30 ppm [Unch]	1	1.4	10	50	100				
Hydrogen selenide (as Se)	7783-07-05	75 ppm [Unch]			NA	0.2	2			2	DEIL
Hydrogen sulfide	7783-06-04	1 ppm			0.1	30	100		350000	50	
Hydroquinone	123-31-9	100 ppm									
Iodine	7553-56-2	50 mg/m3	C 0.1	C 1	0.1	0.5	5				
Iron oxide dust and fume (as Fe)	1309-37-1	2 ppm									
Isoamyl acetate	123-92-2	2,500 mg Fe/m3									
Isoamyl alcohol (primary and		1,000 ppm									

物質名稱	化學摘要編號 Cas No.	30秒立即危險值 IDLH NIOSH, 1995 (註一)	許可暴露限值 PEL OSHA ppm (註二)	許可暴露限值 PEL OSHA mg/m³ (註二)	緊急應變計畫準值-1 ERPG-1 ppm (註三)	緊急應變計畫準值-2 ERPG-2 ppm (註三)	緊急應變計畫準值-3 ERPG-3 ppm (註三)	燃燒下限 LEL (註三)	物質危害指數 SHI (註四)	劇烈毒性濃度 ATC ppmv (註五)	劇烈毒性反應 Acute Toxicity Effects
Isobutyl acetate	110-19-0	500 ppm									
Isobutyl alcohol	78-83-1	1,300 ppm [LEL]									
Isobutyronitrile	78-82-0				10	50	200				
2-Isocyanatoethyl methacrylate	30674-80-7				ID	5	20				
Isoprene	78-79-5				5	1000	4000	15000			
Isophorone	78-59-1	1,600 ppm									
Isopropyl acetate	108-21-4	200 ppm									
Isopropyl alcohol	67-63-0	1,800 ppm	400	980							
Isopropylamine	75-31-0	2,000 ppm [LEL]							8300	74.7	ACEI
Isopropyl chloroformate	108-23-6	750 ppm			0.2	2	20				
Isopropyl ether	108-20-3	1,400 ppm [LEL]									
Isopropyl glycidyl ether	4016-14-2	400 ppm									
Ketene	463-51-4	5 ppm							6700000	1.7	EI
Lead compounds (as Pb)		100 mg Pb/m3									
Lindane	58-89-9	50 mg/m3	-	0.5							
Lithium hydride	7580-67-8	0.5 mg/m3			25 μg/m3	100 μg/m3	500 μg/m3				
L.P.G.	68476-85-7	2,000 ppm [LEL]	1000	1800							
Magnesium oxide fume	1309-48-4	750 mg/m3	-	15							
Malathion	121-75-5	250 mg/m3			0.2	2	20				
Maleic anhydride	108-31-6	10 mg/m3									
Manganese compounds (as Mn)		500 mg Mn/m3	-	C 5							
Marble (total dust)			-	15							
Marble (respirable fractions)			-	5							
Mercury compounds [except		10 mg Hg/m3			NA	0.25	0.5				
Mercury (organo) alkyl		2 mg Hg/m3									
Mesityl oxide	141-79-7										
Methacryldehyde	78-85-3								6300	25	CEI

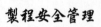

物質名稱	化學摘要編號 Cas No.	30秒立即危險值 IDLH NIOSH, 1995 / 註一	許可暴露限值 PEL OSHA ppm / 註二	許可暴露限值 PEL OSHA mg/m³ / 註二	緊急應變計畫準值-1 ERPG-1 ppm / 註三	緊急應變計畫準值-2 ERPG-2 ppm / 註三	緊急應變計畫準值-3 ERPG-3 ppm / 註三	燃燒下限 LEL / 註三	物質危害指數 SHI / 註四	劇烈毒性濃度 ATC ppmv / 註五	劇烈毒性反應 Acute Toxicity Effects
Methoxychlor	72-43-5	1,400 ppm [LEL]									
Methyl acetate	79-20-9	5,000 mg/m3									
Methyl acetylene	74-99-7	3,100 ppm [LEL]									
Methyl acetylenepropadiene mixture		1,700 ppm [LEL]									
Methyl acrylate	96-33-3	3,400 ppm [LEL]									
methyl acrylnitrile	126-98-7								22000	3.6	ADI
Methylal	109-87-5	250 ppm									
Methyl alcohol	67-56-1	2,200 ppm [LEL]	200								
Methylamine	74-89-5	6,000 ppm		260					29000	100	CEI
Methyl (namyl) ketone		100 ppm [Unch]									
Methyl bromide	74-83-9	800 ppm									
Methyl Cellosolve (r)	109-86-4	250 ppm									
Methyl Cellosolve (r) acetate	110-49-6	200 ppm									
Methyl chloride	74-87-3	200 ppm							15000	314.6	DIKT
Methyl chloroform	71-55-6	2,000 ppm									
Methyl chloroformate	79-22-1								27400	4.8	CEI
Methylcyclohexane	108-87-2	700 ppm									
Methylcyclohexanol	25639-42-3	1,200 ppm [LEL]									
o-Methylcyclohexanone	583-60-8	500 ppm									
Methylhydrazine	60-34-4								24000	2.1	BDIKT
Methyl iodide									18700	23.2	DEIL
Methylene bisphenyl isocyanate,	101-68-8	600 ppm			MA	5 mg/m3	55 mg/m3				
Methylene chloride	1975-09-02	75 mg/m3									
Methyl formate	107-31-3	2,300 ppm	100	250							
5-Methyl 3-heptanone	541-85-5	4,500 ppm									
Methyl hydrazine	60-34-4	100 ppm	C 0.2	C 0.35							
Methyl iodide	74-88-4	20 ppm							18700	23.2	DEIL

物質名稱	化學摘要編號 Cas No.	30秒立即危險值 IDLH NIOSH, 1995 (註一)	許可暴露限值 PEL OSHA ppm (註二)	許可暴露限值 PEL OSHA mg/m³ (註二)	緊急應變計畫準值-1 ERPG-1 ppm (註三)	緊急應變計畫準值-2 ERPG-2 ppm (註三)	緊急應變計畫準值-3 ERPG-3 ppm (註三)	燃燒下限 LEL (註三)	物質危害指數 SHI (註四)	劇烈毒性濃度 ATC ppmv (註五)	劇烈毒性反應 Acute Toxicity Effects
Methyl isobutyl carbinol	108-11-2	100 ppm									
Methyl isocyanate	624-83-9	400 ppm			0.25	0.25	1.5				
Methyl mercaptan	74-93-1	3 ppm			0.005	25	100		3300000	0.5	BDEIKL
Methyl methacrylate	80-62-6	150 ppm									
Methyl styrene	98-83-9	1,000 ppm									
Methyl tert-Butyl ether	163-04-4				5	1000	5000				
Methylene chloride	1975-09-02				300	750	4000	16000			
methyle trichlorosilane	75-79-6				0.5	3	15				
Mica	12001-26-2	700 ppm									
Molybdenum (insoluble compounds,	7439-98-7	1,500 mg/m3									
Molybdenum (soluble compounds, as		5,000 mg Mo/m3									
Momomethylamine	74-89-5				10	100	500				
Monomethyl aniline	100-61-8	1,000 mg Mo/m3									
Morpholine	110-91-8	100 ppm [Unch]									
Naphtha (coal tar)	8030-30-6	1,400 ppm [LEL]									
Naphthalene	91-20-3	1,000 ppm [LEL]	10	50							
Nickel carbonyl (as Ni)	13464-39-3	250 ppm							422000000	0.001	DEIT
Nickel metal and other compounds	7440-02-0	2 ppm									
Nicotine	1954-11-05	10 mg Ni/m3	-	0.5							
Nitric acid	7697-37-2	5 mg/m3	2	5	1	6	78		8100	4.9	BEI
Nitric oxide	98-95-3	25 ppm	25	30							
p-Nitroaniline	100-01-6	100 ppm [Unch]									
Nitrobenzene	98-95-3	300 mg/m3	1	5					14100	6.7	BEI
p-Nitrochlorobenzene	100-00-5	200 ppm [Unch]									
Nitroethane	79-24-3	100 mg/m3									
Nitrogen dioxide	10102-44-0	1,000 ppm [Unch]			1	15	30				
Nitrogen trifluoride	7783-54-2	20 ppm			NA	400	800			200	AIKL

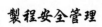

物質名稱	化學摘要編號 Cas No.	30秒立即危險值 IDLH NIOSH, 1995 (註一)	許可暴露限值 PEL OSHA ppm (註二)	許可暴露限值 PEL OSHA mg/m³ (註二)	緊急應變計畫準值-1 ERPG-1 ppm (註三)	緊急應變計畫準值-2 ERPG-2 ppm (註三)	緊急應變計畫準值-3 ERPG-3 ppm (註三)	燃燒下限 LEL (註三)	物質危害指數 SHI (註四)	劇烈毒性濃度 ATC ppmv (註五)	劇烈毒性反應 Acute Toxicity Effects
Nitroglycerine	55-63-0	1,000 ppm	C 0.2	C 2							
Nitromethane	75-52-5	75 mg/m3									
1-Nitropropane	108-03-2	750 ppm									
2-Nitropropane	79-46-9	1,000 ppm									
Nitrotoluene (o, m, p isomers)	88-72-2	100 ppm									
Octachloronaphthalene	2234-13-1	200 ppm [Unch]									
Octane	111-65-9	Unknown [Unch]									
1-Octanol	111-87-5				5	20	150				
1-octene	111-66-0				40	800	2000	8000			
Oil mist (mineral)	8012-95-1	1,000 ppm [LEL]									
Osmium tetroxide (as Os)	2081-12-0	2,500 mg/m3									
Oxalic acid	144-62-7	1 mg Os/m3									
Oxygen difluoride	7783-41-7	500 mg/m3							140000	0.15	CEHL
Ozone	10028-15-6	0.5 ppm [Unch]								0.48	DEHI
Paraquat	1910-42-5	5 ppm									
Parathion	56-38-2	1 mg/m3									
Particulate (total dust)			-	15							
Particulate (repirable fractions)			-	5							
Pentaborane	19624-22-7	10 mg/m3							750000	0.3	DIKL
Pentachloronaphthalene	1321-64-8	1 ppm									
Pentachlorophenol	87-86-5	Unknown [Unch]									
n-Pentane	109-66-0	2.5 mg/m3									
2-Pentanone	107-87-9	1,500 ppm [LEL]									
Perchloroethylene	127-18-4				100	200	1000				
Perchloromethyl mercaptan	593-42-3	1,500 ppm							95000	0.9	BDEKL
Perchloryl fluoride	7616-94-6	10 ppm [Unch]								38.5	AEHKL
Perfluoroisobutylene	382-21-8				NA	0.1	0.3				

物質名稱	化學摘要編號 Cas No.	30秒立即危險值 IDLH NIOSH, 1995 (註一)	許可暴露限值 PEL OSHA ppm (註二)	許可暴露限值 PEL OSHA mg/m³ (註二)	緊急應變計畫準值-1 ERPG-1 ppm (註三)	緊急應變計畫準值-2 ERPG-2 ppm (註三)	緊急應變計畫準值-3 ERPG-3 ppm (註三)	燃燒下限 LEL (註三)	物質危害指數 SHI (註四)	劇烈毒性濃度 ATC ppmv (註五)	劇烈毒性反應 Acute Toxicity Effects
Petroleum distillates (naphtha)	8002-05-09	100 ppm									
Phenol	108-95-2	1,100 ppm [LEL]			10	50	200				
p-Phenylene diamine	106-50-3	250 ppm [Unch]									
Phenyl ether (vapor)	101-84-8	25 mg/m3									
Phenyl etherbiphenyl mixture (vapor)	8004-13-5	100 ppm									
Phenyl glycidyl ether	122-60-1	10 ppm									
Phenylhydrazine	100-63-0	100 ppm									
Phosdrin	7786-34-7	15 ppm									
Phosgene	75-44-2	4 ppm [Unch]	0.1	4	NA	0.5	1.5				
Phosphine	7803-51-2	2 ppm [Unch]			NA	0.5	5			1.1	BDE
Phosphoric acid	7664-38-2	50 ppm	1 mg/m3		3 mg/m3	30 mg/m3	150 mg/m3				
Phosphorus (yellow)	7723-14-0	1,000 mg/m3	0.1 mg/m3								
Phosphorus pentachloride	10026-13-8	5 mg/m3									
Phosphorus pentoxide	1314-56-3				0.1 mg/m3	10 mg/m3	50 mg/m3				
Phosphorus pentasulfide	1314-80-3	70 mg/m3									
Phosphorus trichloride	7719-12-02	250 mg/m3			0.5	3	15				
Phorphoryl chloride	10025-87-3								7400	529	EI
Phthalic anhydride	85-44-9	25 ppm								4.8	CEIK
Picric acid	88-89-1	60 mg/m3	-	0.1							
Pindone	83-26-1	75 mg/m3									
Platinum (soluble salts, as Pt)		100 mg/m3									
Portland cement(total dust)	65997-15-1	4 mg Pt/m3	-	15							
Portland cement (respirable fractions)			-	5							
Propane	74-98-6	5,000 mg/m3	1000	1800							
n-Propyl acetate	109-60-4	2,100 ppm [LEL]									
n-Propyl alcohol	71-23-8	1,700 ppm									
Propylene dichloride	78-87-5	800 ppm									

物質名稱	化學摘要編號 Cas No.	30秒立即危險值 IDLH NIOSH, 1995 (註一)	許可暴露限值 PEL OSHA ppm (註二)	許可暴露限值 PEL OSHA mg/m³ (註二)	緊急應變計畫準值-1 ERPG-1 ppm (註三)	緊急應變計畫準值-2 ERPG-2 ppm (註三)	緊急應變計畫準值-3 ERPG-3 ppm (註三)	燃燒下限 LEL (註三)	物質危害指數 SHI (註四)	劇烈毒性濃度 ATC ppmv (註五)	劇烈毒性反應 Acute Toxicity Effects
Propylene glycol methyl ether acetate	108-65-6	400 ppm									
Propylene imine	75-55-8	100 ppm			50	1000	5000	15000			
Propylene oxide	75-56-9	400 ppm			50	250	750		3340	174	CDEIT
n-Propyl nitrate	627-13-4	500 mg/m3									
Pyrethrum	8003-34-7	5,000 mg/m3									
Pyridine	110-86-1	1,000 ppm									
Quinone	106-51-4	100 mg/m3									
Rhodium (metal fume and insoluble		100 mg Rh/m3									
Rhodium (soluble compounds, as		2 mg Rh/m3									
Ronnel	299-84-3	300 mg/m3									
Rotenone	83-79-4	2,500 mg/m3									
Selenium compounds (as Se)	7782-49-2	1 mg Se/m3									
Selenium hexafluoride	7783-79-1	2 ppm								5	DEI
Silica, amorphous	7631-86-9	3,000 mg/m3									
Silica, crystalline (respirable dust)											
cristobalite/tridymite:	14808-60-7	25 mg/m3									
quartz/tripoli:	14808-60-7	50 mg/m3									
Silver (metal dust and soluble	7440-22-4	10 mg Ag/m3									
Soapstone		3,000 mg/m3									
Sodium fluoroacetate	62-74-8	2.5 mg/m3									
Sodium hydroxide	1310-73-2	10 mg/m3			0.5 mg/m3	5 mg/m3	50 mg/m3				
Stibine	7803-52-3	5 ppm			ID	0.5	1.5			3	BDE
Stoddard solvent	8052-41-3	20,000 mg/m3	500	2900							
Strychnine	57-24-9	3 mg/m3 [Unch]									
Styrene	100-42-5				50	250	1000				
Sucose (total dust)			-	15							
Sucose (repirable fractions			-	5							

物質名稱	化學摘要編號 Cas No.	30秒立即危險值 IDLH NIOSH, 1995 (註一)	許可暴露限值 PEL OSHA ppm (註二)	許可暴露限值 PEL OSHA mg/m³ (註二)	緊急應變計畫準值-1 ERPG-1 ppm (註三)	緊急應變計畫準值-2 ERPG-2 ppm (註三)	緊急應變計畫準值-3 ERPG-3 ppm (註三)	燃燒下限 LEL (註三)	物質危害指數 SHI (註四)	劇烈毒性濃度 ATC ppmv (註五)	劇烈毒性反應 Acute Toxicity Effects
Sulfur dioxide	7746-09-05	700 ppm	5	15	0.3	3	25		130000	100	ABDEIT
Sulfuric acid	7664-93-9	100 ppm [Unch]	-	1	2 mg/m3	10 mg/m3	120 mg/m3		1900	4.8	CEI
Sulfur monochloride	10025-67-9	15 mg/m3							738000	1	BEHI
Sulfur pentafluoride	5714-22-7	5 ppm							6250	40	CI
Sulfur trioxide	7446-11-09										
Sulfuryl chloride	7791-25-5										
Sulfuryl fluoride	2699-79-8	1 ppm [Unch]			0.3	3	15			302	DEI
2,4,5-T	93-76-5	200 ppm									
Talc	14807-96-6	250 mg/m3									
Tantalum (metal and oxide dust, as)		1,000 mg/m3									
TEDP	3689-24-5	2,500 mg Ta/m3									
Tellurium compounds (as Te)	13494-80-9	10 mg/m3									
Tellurium hexafluoride	7783-80-4	25 mg Te/m3								1	CEI
TEPP	107-49-3	1 ppm [Unch]									
Terphenyl (o, m, p isomers)	26140-60-3	5 mg/m3									
1,1,1,2-Tetrachloro 2,2-	76-11-09	500 mg/m3									
1,1,2,2-Tetrachloro 1,2-	76-12-0	2,000 ppm									
1,1,2,2-Tetrachloroethane	79-34-5	2,000 ppm									
Tetrachloroethylene	127-18-4	100 ppm									
Tetrafluoroethylene	116-14-3				200	1000	10000	100000			
Tetrachloronaphthalene	1335-88-2	150 ppm									
Tetraethyl lead (as Pb)	78-99-2	Unknown [Unch]	-	0.075							
Tetrahydrofuran	109-99-9	40 mg Pb/m3			100	500	5000	18000			
Tetramethoxysilane	681-84-5	2,000 ppm [LEL]			NA	10	20				
Tetramethyl lead (as Pb)	75-74-1								7900	3.67	DIT
Tetramethyl succinonitrile	3333-52-6	40 mg Pb/m3									
Tetranitromethane	509-14-8	5 ppm [Unch]							5848	1.8	BDEL

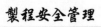

物質名稱	化學摘要編號 Cas No.	30秒立即危險值 IDLH NIOSH, 1995 (註一)	許可暴露限值 PEL OSHA ppm (註二)	許可暴露限值 PEL OSHA mg/m³ (註二)	緊急應變計畫準值-1 ERPG-1 ppm (註三)	緊急應變計畫準值-2 ERPG-2 ppm (註三)	緊急應變計畫準值-3 ERPG-3 ppm (註三)	燃燒下限 LEL (註三)	物質危害指數 SHI (註四)	劇烈毒性濃度 ATC ppmv (註五)	劇烈毒性反應 Acute Toxicity Effects
Tetryl	479-45-8	4 ppm									
Thallium (soluble compounds, as Tl)		750 mg/m3									
Thioyl chloride	7719-09-07	15 mg Tl/m3			0.2	2	10		74000	1.75	CEI
Thiram	137-26-8	100 mg/m3									
Tin (inorganic compounds, as Sn)		100 mg Sn/m3									
Tin (organic compounds, as Sn)		25 mg Sn/m3									
Titanium dioxide	13464-67-7	5,000 mg/m3									
Titanium tetrachloride	7550-45-0				5 mg/m3	20 mg/m3	100 mg/m3		10200	1.29	CI
Toluene	108-88-3	500 ppm			50	300	1000				
Toluene 2,4-diisocyanate	91-0-7	2.5 ppm			0.01	0.15	0.6				
o-Toluidine	95-53-4	50 ppm									
Tributyl phosphate	126-73-8	30 ppm									
1,1,1-Trichloroethane	79-01-06				350	700	3500				
1,1,2-Trichloroethane	79-00-5	100 ppm									
Trichloroethylene	79-01-06	1,000 ppm [Unch]			100	500	5000				
Trichloronaphthalene	1321-65-9	Unknown [Unch]									
1,2,3-Trichloropropane	96-18-4	100 ppm									
Trichlorosilane	10025-78-2				1	3	25		25200	27.2	CI
Triethoxysilane	998-30-1				0.5	4	10				
Trifluorochloroethylene	79-38-9									86.6	DKL
Trimethoxysilane	2487-90-3				0.5	2	5		10000	7.5	DEI
1,1,2-Trichloro 1,2,2-trifluoroethane	76-13-1	2,000 ppm									
Triethylamine	121-44-8	200 ppm									
Trifluorobromomethane	75-63-8	40,000 ppm									
Trimethylamine	75-50-3				0.1	100	500				
trimethylchlorosilane	75-77-4								2210	248.6	EI
2,4,6-Trinitrotoluene	118-96-7				3	20	150			113	CI

物質名稱	化學摘要編號 Cas No.	30秒立即危險值 IDLH NIOSH, 1995 (註一)	許可暴露限值 PEL OSHA ppm (註二)	許可暴露限值 PEL OSHA mg/m³ (註二)	緊急應變計畫準值-1 ERPG-1 ppm (註三)	緊急應變計畫準值-2 ERPG-2 ppm (註三)	緊急應變計畫準值-3 ERPG-3 ppm (註三)	燃燒下限 LEL (註三)	物質危害指數 SHI (註四)	劇烈毒性濃度 ATC ppmv (註五)	劇烈毒性反應 Acute Toxicity Effects
Triorthocresyl phosphate	78-30-8	500 mg/m3									
Triphenyl phosphate	115-86-6	40 mg/m3 [Unch]									
Triuranium octaoxide	1344-59-8				ID	10 mg/m3	50 mg/m3				
Turpentine	8006-64-2	1,000 mg/m3	100	560							
Uranium (insoluble compounds, as)	7440-61-1	800 ppm									
Uranium (soluble compounds, as U)	7440-61-1	10 mg U/m3									
Uranium dioxide	1344-57-6				ID	10 mg/m3	30 mg/m3				
Uranium Hexafluoride	7783-81-5				5 mg/m3	15 mg/m3	30 mg/m3				
Uranium Trioxide	1344-58-7				ID	0.5 mg/m3	3 mg/m3				
Vanadium dust	1314-62-1	10 mg U/m3									
Vanadium fume	1314-62-1	35 mg V/m3									
Vinyl acetate	108-05-4				5	75	500				
Vinyl chloride	1975-01-04				500	5000	20000	36000			
Vinyl trichlorosilane	75-94-5				0.5	5	50		1550	45.8	CI
Vinlidene chloride	75-35-4				ID	500	1000				
Vinyl toluene	2501301504	35 mg V/m3									
Warfarin	81-81-2	400 ppm									
Xylene (o, m, p isomers)	1330-20-7	100 mg/m3	100	435							
Xylidine	1300-73-8	900 ppm	5	25							
Yttrium compounds (as Y)	7440-65-5	50 mg/m3									
Zinc chloride fume	7646-85-7	500 mg Y/m3									
Zinc oxide	1314-13-2	50 mg/m3									
Zirconium compounds (as Zr)	7440-67-7	500 mg/m3 / 25 mg Zr/m3									

註一：IDLH NIOSH, 1995.

註二：29CFR 1910.1000 OSHA Table Z-1；C：上限

註三：2011年美國工業衛生學會修正之緊急應變標準濃度 (AIHA 2011 ERPGs)；NA：不適合；ID：資訊不足

註四：ORC, Process hazard management of substances with catastrophic potential, Organization Resources Counselors, Inc., Washington, D.C. 1988.

註五：New Jersey Department of Environmental Protection Title 7, Chapter 31 Toxic Catastrophe Prevention Act Program, 2009.

附錄六

丙酮物質安全資料表

丙酮／（ACETONE）物質安全資料表

一、物品與廠商資料

物品名稱	丙酮／（ACETONE）
其他名稱	Dimethyl formaldehyde、Dimethylketal、Dimethyl ketone、Ketone ProPane、beta-ketopropane、Methylketone、2-propanone、Pyroacrtic acid、Pyroacetic ethero
建議用途及限制使用	化學品，如甲基異丁基甲酮，甲基異丁基甲醇；異丁烯甲酯；油漆，洋乾漆，瓷漆等之溶劑，醋酸纖維素之紡織溶濟；精密精器之清理淨化；碘化鉀及高錳酸鉀之溶劑；醋酸纖維素纖維之去光澤劑；硫化橡膠產物之規格試驗。
製造商或供應商名稱、地址及電話	長春人造樹脂廠（股）公司大發二廠高雄縣大寮鄉大發工業區華西路八號(07)787-2654
緊急連絡電話／傳真電話	電話：07-7872654 傳真：07-7872941

二、危害辨識資料

物品危害分類	易燃液體第2級、腐蝕／刺激皮膚物質第3級、嚴重損傷／刺激眼睛物質第2級、吸入性危害物質第2級
標示內容	
象徵符號	
警示語	危險
危害警告訊息	高度易燃液體和蒸氣 造成輕微皮膚刺激 造成眼睛刺激 如果吞食並進入呼吸道可能有害
危害防範措施	置容器於通風良好的地方 遠離引燃品——禁止抽菸 若與眼睛接觸，立刻以大量的水洗滌後洽詢醫療
其他危害	-

三、成分辨識資料

純物質

中英文名稱	丙酮／（ACETONE）
同義名稱	Dimethyl formaldehyde、Dimethylketal、Dimethyl ketone、Ketone ProPane、beta-ketopropane、Methylketone、2-propanone、Pyroacrtic acid、Pyroacetic ethero
化學文摘社登記號碼（CAS No.）	67-64-1
危害物質成分（成分百分比）	>99

四、急救措施

不同暴露途徑之急救方法	吸入： 1.移走汙染源或將患者移到空氣新鮮處。 2.若不適的症狀持續立即就醫。
	皮膚接觸： 以溫水緩和沖洗受汙染部位五分鐘或直到汙染物除去。
	眼睛接觸： 1.立即將眼皮撐開，用緩和流動的溫水沖洗汙染的眼睛二十分鐘，或直到汙染物除去。 2.避免清水進入未受影響的眼睛。 3.立即就醫。
	食入： 1.若患者即將喪失意識或已失去意識或痙攣，勿經口餵食任何東西。 2.若患者意識清楚讓其用水澈底漱口。 3.切勿催吐。 4.讓患者喝下240～300毫升的水。 5.立即就醫。
最重要症狀及危害效應	濃度高於2,000 ppm可能造成嗜睡、噁心、嘔吐、酒醉感及頭暈。
對急救人員之防護	應穿著C級防護裝備在安全區實施急救。
對醫師之提示	誤食時，考慮洗胃及活性碳。

五、滅火措施

適用滅火劑	化學乾粉、酒精泡沫、二氧化碳。
滅火時可能遭遇之特殊危害	1.液體極易燃，室溫下可能被引燃。 2.蒸氣比空氣重會傳播至遠處，遇火可能造成回火。 3.會累積在封閉地區。 4.火場中的容器可能會破裂、爆炸。 5.即使被水稀釋的溶液也可能引燃。
特殊滅火程序	1.撤退並至安全距離或受保護的地點滅火。 2.位於上風處以避免危險的蒸氣和有毒的分解物。 3.滅火前先阻止溢漏，如果不能阻止溢漏且周圍無任何危險，讓火燒完，若沒有阻止溢漏而先滅火，蒸氣會與空氣形成爆炸性混合物而再引燃。 4.隔離未著火物質且保護人員。 5.安全情況下將容器搬離火場。 6.以水霧冷卻暴露火場的貯槽或容器。 7.以水霧滅火可能無效，除非消防人員受過各種易燃液體之滅火訓練。 8.如果溢漏未引燃，噴水霧以分散蒸氣並保護試圖止漏的人員。 9.以水柱滅火無效。 10.大區域之大型火災，使用無人操作之水霧控制架或自動搖擺消防水瞄。 11.盡可能撤離火場並允許火燒完。 12.遠離貯槽。 13.貯槽安全閥已響起或因著火而變色時立即撤離。 14.未著特殊防護設備的人員不可進入。
消防人員之特殊防護設備	消防人員必須配戴空氣呼吸器、消防衣、防護手套。

六、洩漏處理方法

個人應注意事項	1.限制人員進入，直至外溢區完全清乾淨為止。 2.確定是由受過訓之人員負責清理之工作。 3.穿戴適當的個人防護裝備。
環境注意事項	1.對洩漏區通風換氣。 2.移開所有引燃源。 3.通知政府職業安全衛生與環保相關單位。
清理方法	1.不要碰觸外洩物。 2.避免外洩物進入下水道、水溝或密閉的空間內。 3.在安全狀況下設法阻止減少溢漏。 4.用沙、泥土或其他不與洩漏物質反應之吸收物質來圍堵洩漏物。少量洩漏：用不會和外洩物反應之吸收物質吸收。以汙染的吸收物質和外洩物具有同樣的危險性，需置於加蓋並標示的適當容器裡，用水沖洗溢漏區域。小量的溢漏可用大量的水稀釋。大量溢漏：連絡消防隊，緊急處理單位及供應商以尋求協助。

七、安全處置與儲存方法

處置	1.此物質是易燃性和毒性液體，處置時工程控制應運轉及善用個人防護設備；工作人員應受適當有關物質之危險性及安全使用法之訓練。 2.除去所有發火源並遠離熱及不相容物。 3.工作區應有「禁止抽菸」標誌。 4.所有桶槽、轉裝容器和管線都要接地，接地時必須接觸到裸金屬。 5.當調配之操作不是在密閉系統進行時，確保調配的容器和接收的輸送設備和容器要等電位連接。 6.空的桶槽、容器和管線可能仍有具危害性的殘留物，未清理前不得從事任何焊接、切割、鑽孔或其他熱的工作進行。 7.桶槽或貯存容器可充填惰性氣體以減少火災和爆炸的危險。 8.作業場所使用不產生火花的通風系統，設備應為防爆型。 9.保持走道和出口暢通無阻。 10.貯存區和大量操作的區域，考慮安裝溢漏和火災偵測系統及適當的自動消防系統或足夠且可用的緊急處理裝備。 11.作業避免產生霧滴或蒸氣，在通風良好的指定區內操作並採最小使用量，操作區與貯存區分開。 12.必要時穿戴適當的個人防護設備以避免與此化學品或受汙染的設備接觸。 13.不要與不相容物一起使用（如強氧化劑）以免增加火災和爆炸的危險。 14.使用相容物質製成的貯存容器，分裝時小心不要噴灑出來。 15.不要以空氣或惰性氣體將液體自容器中加壓而輸送出來。 16.除非調配區以耐火結構隔離，否則不要在貯存區進行調配工作。 17.使用經認可的易燃性液體貯存容器和調配設備。 18.不要將受汙染的液體倒回原貯存容器。 19.容器要標示，不使用時保持緊密並避免受損。
儲存	1.貯存在陰涼、乾燥、通風良好以及陽光無法直接照射的地方，遠離熱源、發火源及不相容物。 2.貯存區考慮安裝溢漏和警報設備。 3.貯存設備應以耐火材料構築。 4.貯存區使用不產生火花的通風系統，核可的防爆設備和安全的電器系統。 5.地板應以不滲透性材料構築以免自地板吸收。 6.門口設斜坡或門檻或挖溝槽使洩漏物可排放至安全的地方。 7.貯存區應標示清楚，無障礙物，並允許指定或受過訓的人員進入。 8.貯存區與工作區應分開；遠離升降機、建築物、房間出口或主要通道貯存。 9.貯存區附近應有適當的滅火器和清理溢漏設備。 10.定期檢查貯存容器是否破損或溢漏。 11.檢查所有新進容器是否適當標示並無破損。 12.限量貯存。 13.以相容物質製成的貯存容器裝溢漏物。 14.貯桶接地並與其他設備等電位連接。 15.小量貯存於核可的防爆型冰箱，空桶可能仍有具危害性的殘留物仍應密閉並分開貯存。 16.貯存易燃液體的所有桶子應安裝釋壓閥和真空釋放閥。

17. 依化學品製造商或供應商所建議之貯存溫度貯存，必要時可安裝偵溫警報器，以警示溫度是否過高或過低。
18. 避免大量貯存於室內，盡可能貯存於隔離的防火建築。
19. 貯槽之排氣管應加裝滅焰器。
20. 貯槽須為地面貯槽，底部整個區域應封住以防滲漏，周圍須有能圍堵整個容量之防液堤。

八、暴露預防措施

工程控制	1. 使用不會產生火花，接地之通風系統，並與其他通風系統分開。 2. 排氣口直接通到窗外。 3. 供給充分新鮮空氣以補充排氣系統抽出的空氣。			
控制參數	八小時日時量平均容許濃度TWA	短時間時量平均容許濃度STEL	最高容許濃度CEILING	生物指標
	750 ppm	937.5 ppm	-	尿中丙酮 100 mg/L (Ns)
個人防護設備	呼吸防護	1. 2,500 ppm 以下：含有機蒸氣濾罐之化學濾罐式、動力型空氣淨化式、供氣式、自攜式呼吸防護具。 2. 未知濃度：正壓自攜式呼吸防護具、正壓全面型供氣式呼吸防護具輔以正壓自攜式呼吸防護具。 3. 逃生：含有機蒸氣濾罐之氣體面罩、逃生型自攜式呼吸防護具。		
	手部防護	防滲手套，材質以丁基橡膠、Teflon、4H、Barricade、Chemrel、Responder、Trellchem、Tychem10000為佳。		
	眼睛防護	化學防濺護目鏡、面罩（以八英寸為最低限度）。		
	皮膚及身體防護	上述橡膠材質連身式防護衣，工作靴，洗眼器和緊急淋浴設備。		
衛生措施	1. 工作後儘速脫掉汙染之衣物，洗淨後才可再穿戴或丟棄，且須告知洗衣人員汙染之危害性。 2. 工作場所嚴禁抽菸或飲食。 3. 處理此物後，須澈底洗手。 4. 維持作業場所清潔。			

九、物理及化學性質

外觀	無色、澄清狀液體	氣味	特殊甜味，薄荷味
嗅覺閾值	3.6-653 ppm（偵測）、33-699 ppm（覺察）	熔點	−94.6℃
pH值	-	沸點／沸點範圍	56.2℃
易燃性（固體，氣體）	-	閃火點	−18℃
分解溫度	-	測試方法	閉杯

自燃溫度	465 ℃	爆炸界限	2.5～12.8%
蒸氣壓	180 mmHg	蒸氣密度	2（空氣＝1）
密度	0.791（水＝1）	溶解度	全溶於水
辛醇／水分配係數（log Kow）	－0.24	揮發速率	5.6（乙酸丁酯＝1）

十、安定性及反應性

安定性	正常狀況下安定。
特殊狀況下可能之危害反應	1.氧化劑（如過氧化物、硝酸鹽、過氯酸鹽）強還原劑及氯化溶劑和鹼的混合物（如氯仿和氫氧化鈉）：劇烈反應，增加火災和爆炸的危險。 2.三級丁酸鉀、六氯三聚氰胺、二氯化硫：強烈反應。
應避免之狀況	火花、明火、熱、引燃源、長期暴露受熱。
應避免之物質	氧化劑、氯化溶劑、鹼的混合物、三級丁酸鉀、六氯三聚氰胺、二氯化硫、強還原劑。
危害分解物	熱分解產生一氧化碳、二氧化碳。

十一、毒性資料

暴露途徑	吸入、皮膚接觸、眼睛接觸、食入。
症狀	頭痛、虛弱、困倦、噁心、酒醉、嘔吐、虛脫、昏迷、皮膚脫脂、皮膚炎、方位感障礙。
急毒性	皮膚：直接接觸可能造成輕微的刺激。 吸入： 1.低濃度，沒有急性效應，高濃度下（約1,000 ppm）輕微的刺激鼻及咽。 2.濃度高於2,000 ppm可能造成嗜睡、噁心、嘔吐、酒醉感及頭暈。 3.濃度高於10,000 ppm，可能導致無意識及死亡。 食入： 1.刺激咽、食道及胃。 2.大量食入之症狀與吸入情況類似（如頭痛、虛弱、困倦等）。 3.若倒吸入肺部會引起致命的肺部傷害。 眼睛： 1.高濃度蒸氣（1,000 ppm）會造成輕微而短暫的刺激。 2.其液體對眼睛具嚴重刺激。 LD50（測試動物、吸收途徑）：5,800 mg/kg（大鼠，吞食）。 LC50（測試動物、吸收途徑）：50,100 ppm/6H（大鼠，吸入）；500 mg/24H（兔子，皮膚）：造成輕微刺激；20 mg/24H（兔子，眼睛）：造成中度刺激。
慢毒性或長期毒性	1.長期或頻繁接觸可能造成皮膚脫脂及皮膚炎（乾燥、刺激、發紅及龜裂）。 2.在1,000 ppm濃度下，每天暴露三小時，經七至十五年後會感到鼻及咽刺激、方位感障礙及無力。 3.暴露於丙酮下會增加氯化溶劑的肝毒性，例如:1,1-二氯乙烯，1,1,2-三氯乙烷、氯化碳、氯仿、三氯乙烯、溴二氯乙烯、二溴氯申烷等。31,500 ug/m³/24H（哺乳動物，吸入）影響其繁殖力。

十二、生態資料

生態毒性	LC50（魚類）：8,300-40,000 mg/l/96H EC50（水生無脊椎動物）：10 mg/l/48H（水蚤） 生物濃縮係數（BCF）：0.69
持久性及降解性	1.雖然丙酮在有氧及無氧狀況下均會迅速生物分解，但丙酮高濃度下對微生物有毒。 2.釋放至大氣中，會與氫氧自由基反應（半衰期約為22天）。 3.釋放至水中，預期會進行生物分解。 　半衰期（空氣）：279～2,790小時。 　半衰期（水表面）：24～168小時。 　半衰期（地下水）：48～336小時。 　半衰期（土壤）：24～168小時。
生物蓄積性	不會蓄積，大部分丙酮會由呼吸排出，小量丙酮會氧化成二氧化碳經由呼吸及尿中排出。
土壤中之流動性	釋放至土壤中，預期會進行生物分解及從土壤表面揮發。
其他不良效應	-

十三、廢棄處置方法

廢棄處置方法	1.參考相關法規規定處理。 2.量小時可於認可的溶劑燃燒爐內燃燒；量大時可於核准之焚化爐內焚化。 3.廢棄物在未處理前，應存放於安全容器中。 4.吸收了丙酮的物質可於核准的掩埋場掩埋。

十四、運送資料

聯合國編號	1090
聯合國運輸名稱	丙酮
運輸危害分類	第三類易燃液體
包裝類別	II
海洋汙染物（是／否）	否
特殊運送方法及注意事項	-

十五、法規資料

適用法規	1.勞工安全衛生設施規則。 2.危險物與有害物標示及通識規則。 3.有機溶劑中毒預防規則。 4.勞工作業環境空氣中有害物容許濃度標準。 5.道路交通安全規則。 6.事業廢棄物貯存清除處理方法及設施標準。 7.公共危險物品及可燃性高壓氣體設置標準暨安全管理辦法。

十六、其他資料

參考文獻	1.CHEMINFO資料庫，CCINFO光碟，2005-2。 2.RTECS資料庫，TOMES PLUS光碟，Vol. 63，2005。 3.HSDB資料庫，TOMES PLUS光碟，Vol. 63，2005。 4.ChemWatch資料庫，2004-4。
製表單位	名稱：長春人造樹脂廠股份有限公司大發二廠碳酸課 地址：高雄市大寮區大發工業區華西路六號 電話：(07)787-2654
製表人	職稱：副工程師 姓名：翁乾證
製表日期	2008/07/16下午03:37
修改日期	2012/03/06上午11:30
備註	

※長春企業集團對上述資料已力求正確，各項數據與資料僅供參考，使用者請依應用需求，自行判斷其可用性。

製程安全管理

作　　者／張一岑
出 版 者／揚智文化事業股份有限公司
發 行 人／葉忠賢
總 編 輯／閻富萍
特約執編／鄭美珠
地　　址／22204 新北市深坑區北深路三段 260 號 8 樓
電　　話／(02)8662-6826
傳　　真／(02)2664-7633
網　　址／http://www.ycrc.com.tw
 E-mail ／service@ycrc.com.tw
印　　刷／鼎易印刷事業股份有限公司
I S B N ／978-986-298-048-4
初版一刷／2012 年 7 月
定　　價／新台幣 450 元

本書如有缺頁、破損、裝訂錯誤，請寄回更換

國家圖書館出版品預行編目（CIP）資料

製程安全管理 / 張一岑著. -- 初版. -- 新北
市：揚智文化, 2012.07
　面；　公分

　ISBN 978-986-298-048-4（平裝）

　1.工業安全　2.工業管理

555.56　　　　　　　　　　101012215